Bibliothèque générale des Sciences sociales

H. Hauser

Ouvriers
du Temps Passé (XVᵉ et XVIᵉ Siècles)

PARIS FÉLIX ALCAN, 1898

OUVRIERS

DU

TEMPS PASSÉ

OUVRIERS

DU

TEMPS PASSÉ

(XVᵉ-XVIᵉ SIÈCLES)

PAR

H. HAUSER

Professeur à la Faculté des lettres de l'Université
de Clermont-Ferrand.

PARIS

ANCIENNE LIBRAIRIE GERMER BAILLIÈRE ET Cⁱᵉ

FÉLIX ALCAN, ÉDITEUR

108, BOULEVARD SAINT-GERMAIN 108

—

1899

OUVRIERS

DU

TEMPS PASSÉ

(XVᵉ-XVIᵉ SIÈCLES)

PAR

H. HAUSER

Professeur à la Faculté des lettres de l'Université
de Clermont-Ferrand.

PARIS

ANCIENNE LIBRAIRIE GERMER BAILLIÈRE ET Cⁱᵉ

FÉLIX ALCAN, ÉDITEUR

108, BOULEVARD SAINT-GERMAIN 108

1899

A

Monsieur Émile LEVASSEUR

MEMBRE DE L'INSTITUT

Hommage respectueux.

H. H.

AVANT-PROPOS

Ce livre a eu pour origine un cours professé à l'Université de Clermont pendant le semestre d'hiver 1896-1897. Quelques leçons détachées en ont déjà paru dans divers recueils : la *Revue internationale de sociologie*[1], la *Revue des cours et conférences*[2], la *Revue pour les jeunes filles*[3].

Il a semblé à l'éditeur et au secrétaire général de la présente *Bibliothèque* qu'il pourrait être intéressant de réunir les leçons de ce cours en un volume. L'auteur les a revues de très près à cette occasion, il les a presque complètement refondues ; ce n'est donc pas un cours, c'est bien un livre qu'il a la prétention, justifiée ou non, de présenter aujourd'hui au public.

[1] Un article formant le chapitre viii et trois articles fondus dans le chapitre x du présent livre ; le troisième de ces articles (section III du chapitre x) avait été présenté au Congrès des Sociétés savantes de 1898.

[2] Trois leçons qui ont servi de base aux chapitres i et ii, plus une leçon sur l'*Ouvrier français au xvi* siècle (1896-97, p. 207) et une sur la *Méthode en histoire sociale* (ibid., p. 656), qui sont en partie reprises dans cette introduction.

[3] L'appendice de ce volume.

INTRODUCTION

---

§ 1. — Sujet de ce livre

Le sujet de ce livre est le suivant : Entre le milieu
du xve et les premières années du xviie siècle, quelle
était, en France, la condition des ouvriers d'industrie ?

Il est à peine besoin de justifier le choix de ce
sujet. Peu de questions peuvent nous intéresser plus
vivement, à l'heure actuelle, que celle de savoir
comment vivaient autrefois les classes ouvrières,
quels rapports existaient entre le capital et le travail.
Ceux qui veulent maintenir telle quelle l'organisation
actuelle du travail, ceux qui rêvent d'évolution ou de
révolution sociale, tous ont un égal intérêt à savoir
comment les problèmes qui les passionnent se sont
posés et comment on a essayé de les résoudre dans
le passé. En fait, conservateurs et réformateurs ne
font jamais, dans leurs raisonnements, complètement
abstraction du passé; leur idéal social se réfère ou
s'oppose non seulement à la réalité sociale actuellement vivante, mais à la conception qu'ils se font de

la réalité sociale à un moment donné de l'histoire.
Parmi les idées-forces qui dirigent l'action de l'humanité, les souvenirs historiques, les résidus des expériences antérieures jouent un rôle au moins égal à celui des concepts formés directement au contact des choses, et au rôle des rêves d'avenir. Les rêves d'avenir eux-mêmes sont construits tantôt avec des débris du passé, tantôt avec des négations du passé, ou du moins débris et négations de la conception, vraie ou fausse, que nous nous faisons du passé. En ce sens on peut reprendre la formule célèbre d'Auguste Comte et dire que le cerveau de l'humanité se compose, en tout temps, de plus d'idées mortes que d'idées vivantes.

S'il en est ainsi, il est essentiel que notre conception du passé soit une conception objective, strictement conforme à la réalité historique, et non pas la construction arbitraire, charmante ou repoussante, de notre imagination. Avant de savoir si tels ou tels éléments du passé peuvent devenir parties intégrantes de l'édifice de l'avenir, il faut d'abord avoir soumis chacun de ces éléments à l'épreuve d'une critique sévère. Tout essai de solution de la question sociale doit être précédé par une histoire de la question sociale. Et cette histoire, il y a tout avantage à ce qu'elle soit écrite, non par un sociologue, mais par un pur historien, par un homme que n'anime aucun intérêt de parti ; qui n'appartienne ni au socialisme chrétien, ni au collectivisme révolutionnaire, ni à l'orthodoxie économique, mais qui ait pour préoccupation essentielle, pour curiosité dominante celle-ci : savoir comment les choses se sont passées. Tant pis si ses constatations sont désagréables aux théoriciens.

Pourquoi ai-je limité mon enquête à la période qui va du milieu du xv° aux premières années du xvii° siècle ? — Au xiii° et au xiv° siècle, la France a joui d'une organisation du travail relativement uniforme et stable ; c'est l'âge d'or du régime des communautés industrielles ; et, sans croire que cet âge n'a connu ni les conflits ni les misères, on doit admettre que la condition des ouvriers n'y a pas été trop mauvaise. Cette période a été, pour ce qui concerne l'industrie parisienne, admirablement étudiée par M. G. Fagniez[1]. — Au xvii° siècle, nous assistons, avec Colbert, à la constitution d'un nouveau régime corporatif, très puissamment organisé, très étroitement placé sous la domination de l'État, et qui ne sera détruit que par Turgot et la Révolution française ; ce régime, qui est proprement l'*ancien régime* économique, a naturellement attiré l'attention d'un très grand nombre d'historiens. Mais, dans l'entre-deux, entre les guerres anglaises et Colbert, s'étend une longue période, particulièrement intéressante ; on voit s'y disloquer peu à peu le régime des communautés, à la fois industrielles et religieuses, du temps de saint Louis ; on voit l'État chercher à prendre, en matière économique, cette autorité absolue qu'il acquerra au xvii° siècle. La révolution économique

---

[1] *Etudes sur l'industrie à Paris au xiii° et au xiv° siècle.* — Depuis, M. Fagniez a publié le 1er fasc. d'un recueil de *Documents sur l'histoire du commerce et de l'industrie* qui porte sur toute la France.

déterminée par la découverte des nouveaux mondes, la révolution sociale que marque l'avènement de la bourgeoisie, la révolution politique qui prépare le triomphe de la royauté, la révolution scientifique et industrielle causée par la Renaissance, la révolution religieuse elle-même, tous ces faits agissent pour modifier la condition de l'ouvrier. S'il fallait absolument donner des dates, la période que nous étudions ici serait enclose entre 1467, date des principales ordonnances de Louis XI sur les métiers, et 1581, date de la grande ordonnance par laquelle Henri III voulut étendre à tout le royaume l'institution des jurandes. Mais rien n'est faux comme une date trop précise : les ordonnances de Louis XI ne sont pas une chose absolument neuve et ne tracent pas une coupure entre ce qui précède et ce qui va suivre ; l'ordonnance de 1581 est d'abord restée lettre morte, puisqu'elle a dû être renouvelée par Henri IV en 1597 ; celle même de 1597 n'a été ni immédiatement ni complètement exécutée. Toujours est-il qu'il ne faut pas croire que, de Charles VI à Henri IV, rien n'a changé dans la condition des ouvriers, et, supprimant délibérément deux ou trois siècles d'histoire, faire du ministre de Louis XIV le continuateur du prévôt de saint Louis.

§ 2. — SOURCES

Les principales sources de ce livre sont naturellement les statuts mêmes des communautés. Presque tous ceux qui intéressent Paris sont aujourd'hui reproduits dans les trois volumes publiés par M. de Lespinasse (*Métiers et Corporations de Paris*) dans la collection de l'*Histoire générale de Paris*. Le troisième volume de ce recueil n'était pas encore paru lorsque j'ai commencé mon travail. C'est ce qui explique que mes recherches aient été faites presque exclusivement aux Archives nationales ; j'y ai dépouillé le fonds des *Bannières* (registres Y), qui contient l'enregistrement au Châtelet de tous les actes relatifs aux communautés, et la collection Rondonneau (série ADxi), où l'on retrouve une masse énorme de documents imprimés ou manuscrits. On ne s'étonnera donc pas de voir, au bas des pages, plus de références aux fonds des Archives nationales qu'au recueil de M. de Lespinasse. A la Bibliothèque nationale, j'ai utilisé les recueils de La Marre et Anisson-Duperron, et les factums du recueil Thoisy. En dehors de Paris, je n'ai pu étudier directement, sur pièces originales, que l'industrie lyonnaise : les Archives communales (séries BB et HH) et départementales (*Registres de la sénéchaussée*) m'ont fourni des renseignements de premier ordre.

Grâce à l'excellente *Bibliographie des corporations* de M. Hipp. Blanc, j'ai pu profiter de nombreux travaux antérieurs. Je signalerai en particulier ceux de MM. Pagart d'Hermansart sur Saint-Omer, Ouin-Lacroix sur Rouen, Cauvin sur le Mans, du Bourg sur Toulouse et le Midi. Comme travaux d'ensemble, je tiens à citer au premier rang l'*Histoire des classes ouvrières* de M. Levasseur ; le maître illustre auquel ce volume est dédié et qui a bien voulu m'encourager

à l'écrire, a su éviter, dans son livre, l'erreur ordinaire
des économistes ; il a trop le sens de l'histoire pour
sacrifier jamais la réalité vivante à des théories toutes
faites ; bien souvent, le lecteur s'en apercevra, je
n'ai fait que développer et confirmer quelques pages
de son histoire. Je n'en dirai autant ni des livres de
M. d'Avenel, ni de ceux, tout imprégnés de socialisme chrétien, de M. Hipp. Blanc. L'*Histoire des
corporations* de M. Martin Saint-Léon, bien qu'elle
ne soit pas l'œuvre d'un esprit absolument désintéressé, est écrite avec conscience et ne manque pas
de solidité. Je ne l'ai connue qu'au moment de mettre
sous presse, et d'ailleurs c'est précisément la période
dont je m'occupe que M. Martin Saint-Léon a le
moins profondément étudiée.

Je sais trop ce qui a manqué à ce livre pour être
autre chose qu'un essai. Ce ne sont pas quelques
recherches à Lyon, c'est un dépouillement complet
des registres du consulat lyonnais pendant deux
siècles qu'il aurait fallu faire avant d'écrire ce
volume. Il aurait fallu explorer aussi d'autres archives
communales [1], archives notariales, etc. Les procès
nous renseignent plus exactement que le texte
même des lois sur le fonctionnement réel d'une
institution ; il aurait donc fallu dépouiller les registres des Parlements et les procès-verbaux des
Grands jours. On pardonnera à un modeste travailleur, perdu dans un coin obscur, d'avoir reculé
devant une tâche impossible pour lui, et d'avoir

[1] Celles de Clermont, que j'avais sous la main, ne m'ont presque rien
fourni.

mieux aimé laisser ce livre imparfait que de ne
pas l'écrire du tout.

§ 3. — Méthode de ce livre

J'ai essayé d'appliquer dans ce livre les méthodes
que m'ont enseignées mes maîtres en histoire, per-
suadé que je suis que l'histoire sociale ne doit point
s'étudier ni s'écrire avec une autre méthode que
l'histoire politique, religieuse ou littéraire. J'ai abordé
cette étude sans parti pris, sans me soucier de savoir
si mes constatations serviraient d'arguments à telle
ou telle secte, conservatrice ou révolutionnaire. J'ai
pensé qu'il fallait étudier le passé, non pas à la
lumière de quelques formules *a priori*, mais uniquem-
ment à l'aide des textes contemporains[1].

Cette méthode ne laissera pas, sans doute, d'être
fastidieuse pour le lecteur. Il s'impatientera peut-être
de voir l'exposition interrompue par de longues cita-
tions, et parfois même réduite à un simple commentaire. Mais il m'a semblé que c'était le seul moyen
d'arriver à dégager des résultats positifs. C'est seulement par l'analyse minutieuse de quelques documents que l'on peut sortir des généralités. Les textes
dont je me suis servi sont, pour des raisons données
dans le paragraphe précédent, en assez petit nombre.
C'est un inconvénient; mais un inconvénient peu
grave, si du moins ces textes sont suffisamment
variés, et bien choisis. Un seul texte, comme celui

[1] Je les ai toujours reproduits avec la plus respectueuse fidélité,
mais j'ai cru devoir en rajeunir l'orthographe.

de l'ordonnance de 1539 sur les imprimeurs, nous renseigne à la fois sur le développement de l'industrie mécanique, sur les règlements d'atelier, sur les salaires, sur l'apprentissage, sur les coalitions, etc. ; à ces divers titres, il peut et doit servir de référence à plusieurs chapitres de ce livre.

Il ne faut pas, bien entendu, se laisser halluciner par les textes mêmes, et abdiquer devant eux tout droit à la critique. Les textes législatifs en particulier sont souvent menteurs : de ce qu'une prescription est inscrite dans un édit ou un statut, il ne s'ensuit pas nécessairement — pas plus au xvi⁰ siècle qu'au xix⁰ — qu'elle ait été appliquée. Que ces documents émanent des pouvoirs publics ou des corporations, il s'agit de les bien interpréter. En général, par exemple, les précautions prises par les classes possédantes indiquent la nature des dangers qui les menacent. En 1351, à la suite de la grande peste, le roi Jean fixe presque tous les salaires à un tiers au-dessus de ce qu'ils étaient « avant la mortalité » : il est donc vraisemblable que, sans l'intervention royale, la raréfaction de la main-d'œuvre en aurait élevé le prix encore davantage. Il en est de même de l'édit de 1601 sur les gages des gens des champs, évidemment destiné à enrayer la hausse des salaires produite par les guerres de religion.

A côté des documents législatifs, il importe de consulter d'autres documents, aussi variés que possible. D'abord les textes juridiques. A tout prendre un procès est pour nous bien plus intéressant qu'un statut ; le statut nous montre les ouvriers tels qu'on aurait voulu qu'ils fussent, le procès tels qu'ils étaient. L'édit de

1530 supprime les confréries ; en conclurons-nous qu'après 1530 il n'y eut plus de confréries? Nullement, puisque la confrérie des ouvriers typographes plaide encore contre celle des maîtres en 1542, 1544, 1570. Les contrats de travail ou d'apprentissage, qui ont été rédigés par des personnes concrètes et bien vivantes, nous font pénétrer bien plus avant dans la réalité que les règlements sur le travail ou sur l'apprentissage.

Les textes purement historiques ou même littéraires ne nous sont pas moins précieux. Ils ont même pour nous un grand avantage : c'est que leurs auteurs n'ont pas eu l'intention arrêtée de nous renseigner sur tel ou tel détail de l'évolution économique ; ils n'ont pas d'idée préconçue, ils peignent inconsciemment, et sans le vouloir, ce qu'ils voient. Un Seyssel, un Bodin, un La Noue ont su beaucoup mieux que les économistes les plus savants d'aujourd'hui si les hommes de leur temps étaient heureux ou non, s'ils pouvaient, avec un certain salaire, satisfaire aux besoins essentiels de ce temps-là. La poésie populaire elle-même nous dira comment vivaient les diverses classes de la nation. Pour mesurer le désastre économique amené par les guerres de François Ier, il suffit de lire cette plainte tragique, le *Da pacem du laboureur*, de 1545 :

> A la sueur de mon visage
> J'ay labouré, et meurs de faim ;
> Trois jours a qu'un morceau de pain
> Je ne mangeai, en mon ménage
> *Quia non est.*

Il est une autre méthode, d'apparence moins timide et plus scientifique, parce qu'elle introduit dans l'histoire sociale la notion du nombre. Elle consiste à déterminer, pour chaque époque et pour chaque classe, le revenu et le coût de la vie, et de les évaluer en chiffres comparables entre eux. Si cette entreprise était seulement possible, elle aboutirait à dresser des tables dont la seule inspection permettrait de déterminer la quantité de bonheur dont jouissaient, par exemple, l'ouvrier menuisier, le tailleur, le savetier, etc., au xvᵉ siècle.

Cette entreprise séduisante, M. d'Avenel, après d'autres, l'a tentée. Mais elle est absolument illusoire. Pour établir un prix quelconque, qu'il s'agisse du xvᵉ siècle ou du nôtre, il faut d'abord connaître la valeur de la monnaie en laquelle ce prix est exprimé. Or, c'est ce qui est presque toujours impossible pour l'histoire de l'ancienne France. Je laisse de côté une première difficulté, née de la variété infinie des espèces monétaires qui, de même que les mesures, variaient selon les lieux et pouvaient changer selon les temps : aussi bien ces espèces figurent-elles rarement dans les contrats de vente ou de louage. Que le prix ait été réellement payé en écus d'or, en carolus ou en testons, il est généralement stipulé en livres, sous et deniers tournois ou parisis. Il n'existe pas de pièce de monnaie qui vaille nécessairement une livre tournois ; mais chacune des pièces versées par l'acquéreur est évaluée, à ses titre et poids, dans son rapport avec cette monnaie idéale. Le malheur est que ce rapport est très variable. La livre tournois[1],

---

[1] La livre parisis est, avec la livre tournois, dans un rapport fixe. Il n'y a donc pas de difficulté de ce côté.

en effet, se définit une fraction du marc, c'est-à-dire d'un poids de 245 grammes d'argent fin ; mais cette fraction est instable. Au début du xiiie siècle, on taillait 2 livres 10 sols au marc, ce qui permet d'évaluer la livre tournois, monnaie de compte, à 98 grammes d'argent ; à la fin du xve siècle, il n'y avait déjà plus que 26 grammes d'argent à la livre, en 1600 seulement 11 grammes.

Encore se trouverait-on là uniquement en présence d'une complication, et non d'une difficulté insoluble, si l'on connaissait, année par année, le nombre de livres, sous et deniers que l'on taillait au marc. Mais à côté des ordonnances royales, dont nous n'avons peut-être pas la collection complète, bien des causes influaient sur le cours de la livre : la variation du rapport entre les deux métaux précieux, la persistance des vieilles habitudes, qui amenait souvent les commerçants à désobéir aux ordonnances et à maintenir les anciennes valeurs, etc. Aussi les valeurs de la livre diffèrent elles beaucoup suivant l'auteur qui les indique. De Wailly fixait, pour les environs de 1390, la valeur *intrinsèque* de la livre à 9 fr. 80 ; M. Lamprecht l'évalue à 9 fr. 77 ; M. d'Avenel à 8 fr. 90: pour le début du xve siècle, nous trouvons, chez nos trois auteurs, les trois prix de 9 fr. 81, 9 fr. 33 et 7 fr. 53. Il est possible que de Wailly ait tenu un compte exagéré du rapport de l'or à l'argent; que M. Lamprecht, tirant ses prix de l'histoire du commerce allemand, ait été influencé par les phénomènes du change ; il n'en reste pas moins que M. von Inama a raison de dire, dans la *Historische Zeitschrift*, qu'en présence de différences telles il ne saurait être question de « sécurité » dans l'évaluation de la livre tournois.

A la question, déjà si embrouillée, de la valeur *intrinsèque* de la livre se superpose la question, bien autrement compliquée, du pouvoir de l'argent aux diverses époques. M. d'Avenel a très bien vu la difficulté. Il s'est refusé à nommer, comme l'avaient fait quelques-uns de ses prédécesseurs, *pouvoir de l'argent* à telle date le poids de blé que l'on pouvait acheter à cette date contre un poids déterminé d'argent. En effet le prix du blé, surtout à des époques de communications difficiles, varie pour des causes naturelles, économiques et politiques, indépendantes du prix de l'argent. La demande du blé varie à son tour suivant le degré de civilisation, suivant l'état social et les habitudes de vie des régions. M. d'Avenel lui-même montre qu'il faudrait : 1° considérer trois *pouvoirs de l'argent*, un pour la classe riche, un pour la classe moyenne, un pour la classe inférieure[1] ; 2° savoir ce qu'un marc d'argent pouvait, en 1500 par exemple, acheter non seulement de blé, mais d'objets nécessaires ou superflus, de jouissances sensuelles, intellectuelles ou morales, et comparer ces quantités avec les quantités actuelles. Or, nous ne connaissons pas, pour les périodes anciennes, le rapport des diverses classes entre elles. Et si nous pouvons établir, pour 1898, le prix de toutes les denrées et de tous les plaisirs

---

[1] Division, d'ailleurs, tout arbitraire.

qui s'échangent contre un poids donné d'argent, une
telle opération est impossible pour l'an 1500. Pût-
on la faire qu'on n'aurait pas encore la solution du
problème : car le rapport des marchandises entre
elles et, pour ainsi parler, leur valeur sociale a
changé ; il fallait, au xve siècle, être riche pour avoir
des chemises de coton ; il faut qu'une femme aujour-
d'hui soit pauvre pour n'avoir pas une robe de soie.
Les exigences de nos pères n'étaient les nôtres en ce
qui concerne le logement ni le vêtement, ni l'alimentation, ni l'hygiène, ni les jouissances d'un ordre
relevé. Le problème des variations du pouvoir de
l'argent est donc presque aussi impossible à poser
qu'à résoudre. Aussi ne faut-il pas trop s'étonner si
M. d'Avenel accorde au kilogramme d'argent, dans
la seconde moitié du xve siècle, seulement six fois sa
valeur actuelle, tandis que Siméon Luce propose
de multiplier les prix anciens par 40 !

La méthode des prix engendre une troisième illusion, l'illusion des moyennes. Comment connaître le
prix moyen de l'hectolitre de blé en 1529, lorsque
nous constatons que, cette même année, il s'est
vendu une fois à Caen 1 fr. 71, à Paris 7 fr. 50,
à Orléans 6 fr. 49, etc ? Il nous faudrait avoir toutes
les mercuriales de tous les marchés [1].

Et de quel blé s'agit-il ? Celui de Caen était-il de
même qualité que celui d'Orléans ? Pour telle année
les moyennes s'établissent sur des chiffres très nom-

---

[1] Cette même année, à Lyon, il s'est vendu beaucoup plus cher qu'à
Paris. Or, Lyon ne figure pas sur les tables de M. d'Avenel. Cela seul
suffit à fausser sa moyenne.

breux, et par suite elles ont une base assez solide ; pour l'année suivante nous n'avons que deux ou trois chiffres : qui nous garantit que ces prix ne sont pas des prix extrêmes, très différents de la moyenne réelle de cette année-là ? « Il serait facile, dit excellemment M. von Inama, de réunir, sur les mêmes objets que M. d'Avenel, 9.000 prix de la France actuelle qui différeraient autant entre eux que les données de M. d'Avenel durant plusieurs siècles. Ce qui veut dire que tous les prix doivent d'abord être surtout jugés dans leur liaison avec le domaine économique, lieux et choses, auquel ils appartiennent ; tous les prix isolés, comme les présente d'Avenel, ont toujours en eux quelque chose de fortuit ; par la multiplication de leur nombre cet inconvénient diminue naturellement, sans pourtant dispararaître. » M. Fagniez avait déjà, dans ses belles *Études sur l'industrie parisienne*, montré que cette méthode est un instrument fragile et trompeur.

C'est pourquoi, dans les pages qui suivent, le lecteur trouvera si rarement des salaires exprimés en francs et centimes. Il m'eût été facile de donner à mon livre, en le semant de quelques chiffres, une apparence faussement rigoureuse, mais c'eût été aux dépens de la vérité.

§ 4. — QUELQUES RÉSULTATS

Et maintenant, quels sont les résultats essentiels auxquels m'a conduit la méthode que je viens d'exposer ?

A. Diversité du régime industriel. — En premier lieu, le régime industriel du xve et du xvie siècle a été infiniment plus divers et plus instable que ne le prétendent amis et ennemis des anciennes communautés. Les socialistes chrétiens qui rêvent de rétablir l'organisation des jurandes, les économistes orthodoxes qui n'en prononcent le nom qu'avec horreur, tous sont d'accord pour voir dans ce régime un bloc qu'il faut admirer ou rejeter en entier. Mais ce bloc n'a jamais existé. La belle ordonnance des corporations, avec leurs statuts, leur gouvernement intérieur, ont frappé les imaginations au point de faire croire que, dans la France entière, le travail était organisé sur la base corporative et que toutes les communautés étaient régies par des législations à peu près semblables. Or, cela n'est pas. L'une des principales causes de l'illusion que ce livre a la prétention de dissiper, c'est qu'on étudie trop exclusivement l'histoire des corporations parisiennes. Ouvrez nos histoires des corps de métier, sans en excepter la dernière en date, celle de M. Martin Saint-Léon, qu'y trouvez-vous? Un exposé assez complet, pour chaque période, de l'organisation des communautés de Paris; puis, à la fin du chapitre, une revue rapide des institutions similaires de la « province » : comme si cette expression, « la province », avait une valeur autre que négative; comme si elle n'embrassait pas, en somme, la France entière, Paris seul excepté. On note bien, dans ces annexes au chapitre principal, quelques-unes des différences caractéristiques entre l'organisation de tel métier à Paris et l'organisation du même métier à Rouen ou à Toulouse ; mais l'idée qui reste dans l'esprit du lecteur, c'est que ces différences sont insignifiantes et que tout le travail français est organisé sur le modèle parisien.

Paris se trouve posséder sur ces sujets une masse énorme de documents, facilement accessibles aux chercheurs, aux Archives nationales, à celles de la préfecture de police, à la Bibliothèque ; un très grand nombre d'entre eux sont même publiés dans l'*Histoire générale de Paris*. Cette masse en impose, et fait illusion. Ces documents, émanés plus ou moins directement du pouvoir royal, se caractérisent par une clarté, un esprit d'ordre et de méthode qu'on trouve rarement dans les statuts provinciaux et qui séduisent l'érudit. Ajoutez que les industriels parisiens de ce temps-là, étant d'un tempérament peu aventureux, cherchaient plûtôt à resserrer qu'à relâcher les liens dont on les enlaçait ; la liberté du travail était leur ennemie, leur idéal était un règlement de tout repos. Aussi la législation industrielle parisienne est-elle très riche et très minutieuse.

Doit-on en conclure qu'il en était ainsi par toute la France ? Ce serait oublier la situation spéciale où se trouvait Paris : la royauté y était toujours présente, au moins par sa justice ; la municipalité n'y possédait, depuis la fin du xive siècle, aucune espèce d'autonomie ; malgré son vain titre de prévôt des *marchands*, le chef de cette municipalité n'est pas le véritable chef des corps de métier, et ce n'est pas dans les actes du bureau de ville qu'il faut chercher l'histoire des communautés parisiennes. Pour leurs règlements, pour leurs procès, ces communautés relevaient exclusivement — et ceci dès le xiiiᵉ siècle — d'un fonctionnaire royal, le prévôt de Paris, et c'est à l'auditoire du prévôt, au Châtelet, qu'étaient enregistrés tout les actes relatifs au travail[1]. Ce que nous voyons fonctionner à Paris, c'est donc le régime économique voulu et maintenu par la royauté ; celui qu'elle aurait institué partout, s'il eût été dans les habitudes et dans la puissance des gouvernements de ce temps-là d'établir une législation uniforme en matière de travail — et même en toute autre matière.

A priori, on peut supposer que l'influence de Paris, dans ce domaine comme dans tous les autres, a dû être considérable, à la fois sur les villes du voisinage et sur celles où s'exerçait sans conteste l'action de la royauté. A cette époque comme dans presque tout le cours de notre histoire, l'établissement de l'unité ne fut souvent que la transplantation dans les provinces d'institutions proprement parisiennes. En fait à Saint-Denis, à Poissy, au Mans, à Mantes, à Orléans, à Rouen même, beaucoup de statuts sont copiés sur ceux de Paris ; Clermont reçoit en bloc la législation industrielle de la capitale ; Lyon rêve d'organiser ses métiers « à l'instar » de Paris, et dans bien des villes le bailli du lieu, agent direct du roi, joue un rôle absolument analogue à celui du prévôt à Paris.

Mais dans d'autres cités, c'est le seigneur ter-

---

[1] Il y eut bien, de la part des grands officiers de la couronne, des tentatives pour soustraire à la juridiction prévôtale les communautés des cabaretiers, boulangers, fripiers ; mais une série d'arrêts du Parlement les débouta de leurs prétentions (voy. p. 114).

rien — comte, évêque ou abbé — qui légifère sur ces matières. Inutile de dire que les juges royaux du voisinage cherchent autant que possible à empiéter sur ces juridictions indépendantes. D'autres villes encore ont conservé, lors de leur entrée dans le domaine royal, une autonomie municipale presque complète et, dans celle-ci, la législation et la juridiction ouvrières sont entre les mains du pouvoir communal. Ce ne sont pas seulement les riches villes de la Flandre française qui garderont, même au xviie siècle, une organisation semblable à celle de Bruges et de Gand; ce sont aussi les villes de l'Artois et de la Picardie. Une charte de Philippe le Bon, du 8 août 1447, accordait au magistrat de Saint-Omer, le droit de faire des statuts d'arts et métiers; ces statuts, ou *keures*, ne sont pas promulgués par un officier ducal ou royal; ils sont rendus dans la halle échevinale « par l'assentiment du mayeur et des échevins et des douze et de toute la communauté de la ville »; c'est à la maison de ville que sont déposées les marques des fabricants; c'est le sceau de la ville qui timbre les draps de Saint-Omer. Ce régime ne disparut pas pendant la période où Louis XI garda l'Artois, et on le retrouve également dans les villes de la Somme. A Amiens, c'est encore l'échevinage qui modifie les statuts et crée de nouvelles industries, sans qu'il soit besoin de lettres-patentes pour confirmer ses actes. Rouen aussi a conservé, à la suite de la domination anglaise, une large part de liberté.

Dans les villes consulaires du midi de la France, c'est-à-dire dans presque toute la langue d'oc, c'est

encore le pouvoir municipal qui joue le premier rôle.
A Montpellier, ce sont les consuls du métier qui
dénoncent aux consuls de ville la formation d'une
association nouvelle ; à Toulouse tout est dirigé par
les capitouls qui donnent, au xv⁰ siècle, un très grand
développement au régime corporatif. C'est seulement
au xvi⁰ siècle que la royauté essaie de restreindre
l'indépendance industrielle de ces villes.

Royales ou non, les villes de jurandes ou villes
jurées, c'est-à-dire les villes dans lesquelles le travail
est organisé, ne sont qu'*une minorité* dans le royaume ;
ainsi donc, une partie importante des travailleurs
échappe complètement au régime corporatif. L'ordonnance de 1581, rendue précisément pour généra-
liser ce régime, avoue que le travail est libre dans
tous les villages, dans un grand nombre de villes,
même dans un certain nombre de métiers des villes
jurées. Il est une ville dont l'exemple suffirait à
lui seul à montrer que la législation ouvrière était
loin d'être uniforme : Lyon, qui au xvi⁰ siècle était
peut-être non pas la seconde, mais la première cité
industrielle et commerçante de France; Lyon n'était
pas ville jurée ; à quatre près tous les métiers étaient
libres, sous le contrôle du consulat ; c'était, en
somme, le régime qui est appliqué à toute la France
depuis 1789, le régime de la libre concurrence : il
était loisible « à tous et chacuns mécaniques de venir
y lever boutique ».

Mais, si un grand nombre de villes échappaient
aux mailles du réseau corporatif, trouverons-nous
du moins dans les villes jurées une véritable orga-

nisation du travail, un tout harmonique et complet, une sorte de jardin fermé où chacun laboure sagement son coin de terre, sans empiéter sur celui du voisin, sans avoir à craindre les empiétements de ses confrères ni l'arrivée intempestive de l'étranger ; pas de concurrence, ni sur le marché des produits, ni sur le marché du travail? Cette idylle industrielle, on pourrait croire qu'elle a existé, si l'on se contentait de collectionner sur fiches les minutieux statuts qui déterminaient le nombre d'apprentis (et parfois même d'ouvriers) alloués à chaque maître, le taux des marchandises et des salaires, les heures de travail et de vente, la distribution équitable des matières premières. Mais — il ne faut pas se lasser de le redire — entre la loi écrite et le rêve, il y a place pour la réalité. Aujourd'hui même, si l'on n'étudiait la condition des ouvriers que dans notre législation ouvrière et dans les rapports des inspecteurs du travail, on s'exposerait à commettre de singulières erreurs : qu'on aille seulement passer deux heures dans une usine quelconque, et l'on verra ce qu'y deviennent les lois sur le travail des femmes et des enfants ! Il n'en allait pas autrement au XVe et au XVIe siècle. En traitant des sources de cette étude, nous avons signalé l'importance des procès entre employés et employeurs ; mais les préambules mêmes des statuts nous renseignent déjà suffisamment, si nous savons les lire : car on ne songe le plus souvent (surtout aux âges où la législation n'est pas encore fixée) à inscrire une prescription dans la loi que le jour où cette prescription, jusqu'alors tacitement respectée, commence à être violée en fait. Si, dès le règne de saint Louis, le régime corporatif parisien n'avait été déjà ébranlé quelque peu, Etienne Boileau n'aurait pas (il l'avoue dans son préambule) fait rédiger le *Livre des métiers*. Plus tard, il suffit de voir combien de fois les communautés parisiennes font renouveler, confirmer, fortifier leurs statuts pour se convaincre que ces statuts étaient trop souvent sans puissance. L'histoire de ces confirmations, c'est l'histoire de la lutte du travail organisé contre le travail libre. Malgré tous les efforts du premier, le second subsiste, au sein même des villes jurées, et sous une double forme : 1º les ouvriers en chambre, qui n'ont pas été apprentis et n'ont pas conquis la maîtrise, et qui font une concurrence sournoise, inquiète, mais efficace, aux maîtres attitrés ; ils sont si nombreux dès le xvᵉ siècle que l'on crée un mot nouveau pour les désigner : on les appelle des « chambrelans » ; 2º les ouvriers « forains », c'est-à-dire les gens du dehors, qui viennent vendre leurs produits ou louer leurs bras dans la ville et qui, en dépit de toutes les ordonnances, tendent à faire baisser tantôt le prix des produits, tantôt le taux des salaires, donc à désorganiser un régime dont l'idéal était la stabilité dans les rapports entre l'offre et la demande, entre le capital et le travail.

On ne s'écarterait donc pas autant qu'on pourrait le croire de la vérité en disant : dans la France du xviᵉ siècle, c'est le travail libre qui est la règle; le travail organisé en jurandes n'est que l'exception.

B. La question sociale. — « Au-dessous des maîtres, écrit quelque part M. Hanotaux[1], les ouvriers. L'histoire est presque muette sur leur compte. Il est certain que ce que nous appelons aujourd'hui la « question « sociale » ne présentait point, sous l'ancien régime, le caractère d'acuité redoutable que nous lui voyons aujourd'hui. »

Cette affirmation, si tranchante, étonne. La question sociale, question de travail et de pain, est de tous les temps, au moins de toutes les époques de développement industriel un peu intense. Les ouvriers du xvi siècle avaient faim, comme ceux du nôtre, et désiraient, eux aussi, augmenter leurs salaires. Les patrons du xvi siècle, comme ceux du nôtre, voulaient rémunérer leur capital et tentaient de faire des bénéfices en diminuant le prix de la main-d'œuvre. Comment l'antagonisme des intérêts aurait-il pu ne pas aboutir à des conflits? Est-ce que la nature humaine n'était pas il y a trois cents ans ce qu'elle est aujourd'hui?

Ce qui s'est prodigieusement accru depuis trois cents ans, ce n'est pas l'acuité de la question, c'est le nombre des personnes intéressées à la solution de cette question. La classe ouvrière était loin d'avoir au xvi siècle la même importance qu'aujourd'hui. Cependant il ne faudrait pas non plus trop diminuer cette importance : Montchrestien[2] évalue à *cinquante mille* le nombre des Français occupés à l'imprimerie et à la librairie, et cependant il écrit à un

[1] *Hist. de Richelieu*, t. I, p. 172.
[2] *Traité de l'œconomie politique* (éd. Funck-Brentano), p. 91.

moment du siècle où cette industrie, auparavant très prospère, subit une crise redoutable. Nous savons qu'à Tours, avant les guerres civiles, 40 000 personnes vivaient du travail des soies, et qu'il y avait à Lyon, sous Henri II, 7 000 métiers [1]. Provins possédait 1 800 métiers à draps. On comptait à Rouen plus de 10 000 ouvriers drapiers. A Amiens, en 1578, l'échevinage se plaint que 5 à 6 000 ouvriers sayetiers soient réduits à chômer ou à vivre d'aumônes [2] : comme le travail n'est pas complètement interrompu, on doit admettre qu'au temps de sa prospérité Amiens comptait, pour la seule industrie de la sayetterie, 8 ou 10 000 ouvriers. C'est donc une fraction déjà considérable de la population des villes qui vit du travail de ses mains.

Quels étaient alors les rapports entre le capital et le travail?

A mesure que l'on avance dans l'histoire du xve et du xvie siècle, le régime corporatif apparaît de plus en plus comme une institution en décadence. En petit, il se produit durant ces deux siècles une révolution analogue à celle qui a marqué, de nos jours, le développement de la grande industrie. La facilité croissante des communications ne permet plus aux villes jurées de se défendre efficacement contre la concurrence du travail libre. L'accroissement de la production et l'activité des échanges ne permettent plus de

___

[1] Fagniez, *Économie sociale de la France sous Henri IV.*

[2] Levasseur, t. II, p. 19. — Le nombre considérable d'ouvriers que nous voyons prendre part aux mouvements religieux du xvie siècle et de ceux qui s'enfuient à l'étranger pour éviter la persécution montre que nous avons affaire à une classe très étendue.

devenir patron à qui ne possède pas un petit capital ; jusque-là il suffisait presque d'être reçu maître pour pouvoir exercer réellement la maîtrise ; maintenant, après avoir conquis le droit d'ouvrir un atelier, il faut encore en trouver les moyens. On voit des maîtres rester ouvriers, et d'anciens maîtres, que la vieillesse a rendus misérables, rentrer au service d'un confrère. Les procédés industriels se perfectionnent : des industries nouvelles se créent, qui sont déjà, l'imprimerie ou la soierie par exemple, des industries mécaniques ; pour s'établir, ce n'est plus assez de quelques outils, d'une échoppe, de quelques marchandises ; il faut un matériel coûteux, des approvisionnements, un fonds de roulement, une armée d'ouvriers. C'est le capitalisme qui naît.

Cette évolution est accélérée, surtout dans le second tiers du xvie siècle, par l'afflux subit en Europe d'une quantité énorme de métaux précieux ; révolution éminemment favorable aux industriels, puisqu'elle aura pour résultat une hausse immédiate des produits ouvrés. Le revenu du capital foncier, fixé immuablement en un chiffre nominalement invariable, décroît en réalité de jour en jour ; au contraire, le revenu du capital industriel s'élève à des taux de plus en plus considérables. Ce n'est pas seulement le prix des produits qui monte ; c'est, grâce à l'ordre remis dans le royaume par la forte main du roi, à la sécurité rendue à tous, c'est la clientèle qui s'étend, et le pouvoir d'achat de cette clientèle qui augmente ; ce sont les prix des transports et les risques d'assurance qui diminuent. Les matières premières, en raison de la lenteur et de l'organisation encore défectueuse des transports, ne peuvent avoir alors un marché aussi étendu que les produits ouvrés, parce qu'elles ne sont pas susceptibles de se conserver aussi longtemps durant de longs voyages et parce qu'elles représentent une moindre valeur sous un poids plus lourd ; aussi leur prix ne monte-t-il pas dans les mêmes proportions que celui des produits, et par suite la marge entre le prix de revient et le prix de vente de ces derniers reste considérable.

Une seule chose aurait pu restreindre les bénéfices du patronat. Si les lois économiques avaient joué librement, la révolution sociale qui se produisait à cette époque aurait dû avoir pour résultat, en même temps qu'une hausse des prix, une hausse des salaires. Il y eut alors, entre les maîtres, une sorte d'entente spontanée pour réserver au seul patronat les bénéfices de la révolution. Il s'agissait de maintenir les salaires aussi près que possible du taux ancien, de façon à accroître indéfiniment la distance entre le prix de revient et le prix de vente des produits. Pour arriver à ce résultat, il fallait limiter la concurrence, empêcher les ouvriers de s'installer maîtres et de faire travailler dans d'autres conditions que la généralité du patronat. Si des ouvriers trop mal payés pouvaient trouver des conditions plus favorables soit dans un autre métier de la même ville, soit dans la même industrie mais dans une ville différente, tout le système croulait ; la raréfaction des bras aurait amené, en vertu de la loi de l'offre et de la demande, la hausse du prix de la main-d'œuvre dans les villes jurées.

Contre les revendications ouvrières, les maîtres trouvent un appui dans les pouvoirs publics, municipalité ou royauté, qui, désirant sauver à tout prix une institution qui se meurt, restreignent le droit de coalition, étendent le système des jurandes, fixent un taux *maximum* des salaires. Aux époques de prospérité, quand il y a une offre surabondante du travail, l'autorité intervient simplement pour imposer aux sans-travail le labeur forcé, sur de véritables chantiers municipaux ou nationaux. Si, au contraire, les bras sont peu nombreux, on empêche les ouvriers de profiter de la raréfaction de la main-d'œuvre pour se faire payer davantage.

Aussi ne faut-il pas s'étonner que des conflits, des grèves éclatent, et que les ouvriers essaient, dès lors, de résoudre la question sociale par la violence. À Lyon, à la suite d'une famine, « s'élevèrent un tas de populaire et se nommèrent *artisans*[1] ». Cette « secte artisane », formidable association des petits, s'oppose aux « plus gros », comme dans les villes d'Italie le *popolo minuto* se révolte contre le *popolo crasso*. Le roi, en 1520, leur défend de prendre ce titre collectif d' « artisans de Lyon ». Mais ils conservent secrètement leur organisation, et, en 1529, à la suite d'une nouvelle famine, ils font une révolution. Des affiches posées aux places et aux carrefours convoquent le peuple, à jour dit, sur la place des Cordeliers. Au son du toscin, 2 000 émeutiers, dont 200 femmes, pillent les maisons des consuls et des

[1] Voy. *Revue hist.*, 1890, p. 265.

marchands, descendent dans leurs caves et s'y enivrent. Le lendemain, le lieutenant du roi se conduit avec eux comme fera Flesselles avec les Parisiens, le 13 juillet 1789. Il leur disait gracieusement (car alors il ne fallait pas prendre le peuple par menace, mais par douceur) : « Messieurs, qu'est-ce que quérez ? » Ils répondirent « qu'ils voulaient avoir du blé... ». Le lieutenant les conduisit à l'île Barbe, où ils s'emparèrent du blé des religieux. La répression, organisée à la suite d'un concert entre les trois autorités épiscopale, communale et royale, fut terrible ; mais la « secte artisane » ne disparut pas et nous retrouverons sa main dans les grèves de 1539-1571.

C. Situation sociale de l'ouvrier. — La situation matérielle de l'ouvrier français, aux xve et xvie siècles, n'est donc pas enviable. Mais nous voudrions savoir quelle était sa place dans la société, son rang sur l'échelle sociale. Et c'est ici que les textes sont muets.

Notons d'abord que la littérature du temps, si riche de détails sur le gentilhomme, le paysan, le bourgeois, ne s'intéresse pas à l'ouvrier. Il paraît à peine dans le roman de Rabelais, dans l'*Heptaméron*, dans les divers recueils de nouvelles ; chez Des Périers je relève cependant les nouvelles suivantes, où figurent les gens de métier : XVIII. *De Gillet le menuzier.* — XIX. *Du savetier Blondeau.* — XXIII. *Pierre Faifeu et les cordouaniers d'Angers.* — XXX. *Le Barbier d'étuves.* — XL. *Du prêtre et du masson.* —

LIX. *L'Apothicaire.* — LX. *Le Maréchal.* — LXXXIII.
Le Tailleur. — XCVI. *Le Cordonnier.* Mais la plupart de ces contes renferment plus de psychologie générale que de renseignements sur la vie de la classe ouvrière ; tailleur, cordonnier, maréchal, ce sont de simples étiquettes que l'auteur met sur les sentiments élémentaires de l'humanité. Il en est de même des *farces* sur les chaudronniers (simples gaudrioles), les saveliers, les couturiers, les chaussetiers, que l'on rencontre dans l'*Ancien Théâtre françois ;* elles ne présentent aucun intérêt à notre point de vue, non plus que celle de *Mestier, Marchandise, Pou d'acquest et Grosse Despence.* On trouve un peu plus dans le *Ramonneur et son Varlet* et dans le *Cousturier.*

Ce peu d'attention que la littérature accorde à l'ouvrier est déjà un indice du peu de valeur sociale de ce dernier. En partie sous l'influence des lettres gréco-latines, commence à se répandre en France cette idée saugrenue, à savoir que vivre du travail de ses mains est quelque chose de déshonorant : « Les artisans ou gens de métier, écrira Loyseau[1], sont ceux qui exercent les arts méchaniques..., et de fait nous appelons communément méchanique ce qui est vil et abject. Les artisans, étant proprement méchaniques, sont réputés viles personnes. » Mais déjà Claude de Rubys, historiographe officiel de la ville de Lyon, avait classé dans les métiers « sordides et déshonnêtes » non seulement celui des bouchers, mais

[1] *Tr. des ordres,* p. 48-53, cité par M. Hanotaux, t. I, p. 171.

même celui des orfèvres. Champier, Paradin et lui sont d'accord pour regretter que l'institution des foires ait fait de Lyon une grande ville industrielle, peuplée par « la secte artisane ». De véritables incapacités légales commencent même à frapper l'ouvrier : les « gens mécaniques » sont exclus des fonctions municipales à Nevers en 1312, à Sens en 1530, à Reims en 1595. Comment s'étonner après cela que, suivant l'expression de Laffemas, « tous serviteurs, ouvriers et autres ne rendent point l'honneur et l'obéissance qu'ils doivent à leurs maîtres ? »

Le sort de l'ouvrier français n'a donc nullement présenté, durant ces deux siècles, cette uniformité et cette fixité que les panégyristes et les détracteurs du passé se sont plu à y voir. Dès le xvᵉ siècle l'ancien régime corporatif a commencé à s'altérer, pour des raisons à la fois économiques, sociales et politiques[1]. Chose cruelle : ces modifications se sont presque toutes produites dans le même sens, dans le sens le plus défavorable à l'ouvrier. L'autorité intervenait au besoin pour maintenir du régime ancien surtout ce qui était avantageux au patron.

Et tandis que l'ouvrier devenait de moins en moins heureux, chaque jour il devenait de moins en moins facile de cesser d'être ouvrier. Non seulement la révo-

---

[1] La preuve que ce régime ne tient plus debout, on la trouve dans les projets de réforme que l'on voit éclore à la fin du xviᵉ et au début du xviiᵉ siècle, notamment celui de Barthélemy de Laffemas (*Règlement général pour dresser les manufactures*, Paris 1597. *Neuf advertissements*, 1601. *La ruine et disette d'argent*, 1652), véritable tentative pour restaurer le régime des communautés, et celui de Montchrestien dont le *Traité* est de 1615. Voy. Fagniez, *Économie sociale de la France sous Henri IV*.

lution économique avait accru la distance entre le patron et l'ouvrier, mais cette distance était encore accrue artificiellement par les maîtres ; les conditions qui rendaient l'accès de la maîtrise de plus en plus difficile, le chef-d'œuvre, les droits d'entrée, les faveurs faites aux fils de maître, tout cela constituait la maîtrise en un corps très fermé, en une oligarchie presque héréditaire. Quels qu'aient été autrefois les mérites et les défauts de l'institution corporative, il faut reconnaître avec M. Levasseur[1] qu' « au xvie siècle, les inconvénients deviennent beaucoup plus graves, et les avantages beaucoup moindres ». — La situation d'ouvrier était autrefois un passage, elle devient une carrière ; les ouvriers étaient la pépinière où se recrutaient les maîtres, ils deviennent une *classe*, classe condamnée à vivre exclusivement, et à toujours, du seul travail de ses mains. — Et c'est ainsi qu'en face du capitalisme naquit le prolétariat.

Je crains que ce livre ne fasse que très imparfaitement comprendre cette évolution. Je m'estimerai heureux cependant si j'ai pu, à l'idylle, substituer un peu d'histoire.

[1] T. II, p. 76.

OUVRIERS DU TEMPS PASSÉ

CHAPITRE PREMIER

LOUIS XI ET LES COMMUNAUTÉS DE MÉTIERS

I. *Louis XI intervient dans l'organisation du travail.* — II. *Motifs de cette intervention :* Intérêt des gens de métier, du public, de l'État. — III. *Principes suivis par Louis XI :* 1° Maintien du système corporatif; conflits; 2° Dérogations ; 3° En réalité Louis XI n'obéit pas à des principes. Il veut discipliner et uniformiser la législation industrielle. Ordonnance générale de 1479 sur la draperie.

I

Le règne de Louis XI inaugure, dans l'histoire du travail, une période nouvelle. Jusque-là, l'organisation des communautés n'a guère été que l'expression à peu près spontanée des besoins et des désirs des travailleurs eux-mêmes. Si la royauté, dès avant le temps de saint Louis[1], est intervenue dans la rédaction des statuts, c'est presque exclusivement pour homologuer les décisions prises par les communautés. Elle n'a pas cherché, sauf rares exceptions, à restreindre dans les villes jurées le nombre des métiers restés libres ; elle n'a pas tenté systématiquement de diminuer le nombre des villes où il n'y avait pas de métiers jurés. En un mot, elle n'a pas considéré que

---

(1) Fagniez. *Documents relat. à l'hist. du commerce et de l'industrie,* t. I, p. 91 (bouchers de Paris, 1182), 112 (tisserands d'Étampes, 1204), etc.

l'organisation du travail fût une part de l'administration publique, elle s'est contentée d'affirmer l'authenticité des actes corporatifs, et de les inscrire sur les registres de ses tribunaux.

Avec Louis XI apparaît nettement une tendance nouvelle. Si déjà quelques-uns de ses prédécesseurs avaient plus d'une fois essayé de gouverner les communautés, d'intervenir dans les rapports entre le capital et le travail, c'est lui qui fait de cette intervention un système ; il crée ainsi une tradition qui sera suivie par ses successeurs du xvıᵉ siècle.

Il s'était aperçu que le patronat dans les villes jurées était amené fatalement, par la force des choses : 1° à se constituer en une caste de plus en plus fermée, à rendre de plus en plus difficile l'accès de la maîtrise ; 2° à régler de plus en plus strictement les conditions du travail et le taux des salaires ; 3° à étendre, dans la mesure du possible, cette réglementation d'abord à tous les métiers des villes jurées, ensuite à un nombre toujours plus grand de villes non jurées.

Or ces tendances coïncidaient exactement avec les désirs d'intervention de la royauté et elles n'étaient réalisables qu'avec l'appui de la royauté. Seul l'État avait qualité, du moins dans les villes dépendant de la couronne, pour ratifier la modification des anciens ou la création des nouveaux statuts, et surtout pour transformer en villes à jurandes des villes ci-devant libres. Il y eut donc, à la fin du xvᵉ et pendant le xvıᵉ siècle, une sorte d'alliance tacite entre la royauté et les maîtrises. Cette alliance trouvera sa formule complète dans la grande ordonnance de 1581, qui établit par tout le royaume le système corporatif ; elle est inaugurée par Louis XI.

Jamais roi ne s'est immiscé de si près dans l'organisation du travail, n'a confirmé, modifié, promulgué tant de statuts, à Paris ou hors Paris[1]. En une seule année, l'année 1467, année remplie par des négociations multiples en Italie, en Angleterre, par la mort de Philippe le Bon, par la guerre d'Alençon, par de nombreux déplacements, il trouve le temps, dans le seul mois de juin, de signer, à Chartres, l'ordonnance sur les bannières, puis une ordonnance sur les cordonniers, d'autres sur les foulons, sur les faiseurs d'esteufs (c'est-à-dire de balles à jouer), sur les gantiers, les tailleurs, les pourpointiers, les tisserands de lange de Paris. Cette activité législative reprend en 1474 avec la réglementation des chaussetiers; en 1475 c'est le tour des tissutiers, en 1476 des tanneurs; en 1479 ce travail est couronné par la grande ordonnance sur la draperie qui, celle-là, est applicable non plus à quelques villes, mais à tout le royaume.

Le tableau que nous venons de tracer est sans doute fort incomplet; tout au plus permet-il de se faire une idée du rôle considérable joué en matière économique par cet homme qui s'occupa de tant de choses, et que Chastellain appelle si bien « l'universelle araignée ». C'est une refonte générale de la législation industrielle; et, jusqu'à la grande ordonnance de 1581, cette législation va rester, à peu de chose près, telle que Louis XI l'a faite. Évidemment certaines mesures prises par ses prédécesseurs avaient déjà orienté l'évolution économique dans le sens où il la dirigera; et, après lui, on pourra constater plus d'un retour aux idées sociales du moyen âge. Les révolutions ne se font pas à une date précise, tout ne change pas en un jour. Mais l'influence de Louis XI a été décisive en cette matière. Nous allons tâcher de démêler les motifs

___

(1) Voy. aux Archives nationales, le registre Y vii.

qui ont poussé le roi à tenter cette vaste réforme, et les principes dont il s'est inspiré.

II

Lorsque Louis XI érige en communauté jurée un métier libre jusque-là, ou lorsqu'il confirme en la renforçant une réglementation existante, il invoque généralement une triple série de considérations : 1° l'intérêt des gens de métier eux-mêmes, patrons et ouvriers ; 2° l'intérêt du public, acheteurs et consommateurs ; 3° l'intérêt de la royauté. S'il légifère, le 23 juin 1467, sur les foulons de Paris, c'est « tant pour le profit de la communauté dudit métier que pour le bien... du commun peuple [1] ». S'il élève, la même année, les amendes dont sont frappées les contraventions des tailleurs [2], c'est pour une foule de bonnes raisons, mais c'est aussi, dit-il, parce que « nous y prendrons plus grand profit ».

Quel intérêt les gens de métier pouvaient-ils avoir à faire ériger en métier juré un métier libre ? Avec le régime de la libre concurrence, le nombre des maîtres du métier pouvait croître indéfiniment, et, le pouvoir d'achat du public restant sensiblement le même, la part prélevée par chaque maître sur la somme totale des ventes devait indéfiniment décroître. Par exemple, le métier de faiseurs d'esteufs « est de grand peine et de petit acquêt et profit » ; c'est pour empêcher la réduction des bénéfices qu'on l'organise en jurande. On constitue une sorte de monopole au profit des maîtres existants et même des ouvriers actuellement capables d'exercer la maîtrise. C'est ce qui appa-

____

(1) Arch. nat., Y vII, f°s 20-23 v°.

(2) Ibid., f°s 9-14 v° et Lespinasse, t. III, p. 103.

rait très nettement dans les mesures transitoires édictées par l'ordonnance du 24 juin 1467, de même que, pour les tissutiers, par celle du 8 décembre 1475.

Les mêmes raisons qui poussent les maîtres à réclamer une réglementation, les poussent bien plus encore à défendre ou à étendre cette réglementation lorsqu'elle existe. — Le régime corporatif était sérieusement battu en brèche par le travail libre vers le milieu du xv⁰ siècle. On trouvait un tel avantage à ne pas se soumettre aux règlements, que même les maîtres des jurandes ne craignaient pas toujours de s'y soustraire. Les ordonnances nous révèlent à cet égard un curieux état de choses : comme le taux des amendes qui frappaient les contraventions n'avait pas été modifié depuis longtemps, et que ce taux n'était pas très élevé, il y avait souvent moins de bénéfice, pour un fabricant ou un ouvrier, à respecter les règlements qu'à les violer, quitte à payer si l'on était pris. Beaucoup de contraventions n'étaient même pas punies par la législation existante, parce qu'elles étaient très rares, sinon inconnues, au moment où cette législation avait été promulguée. On demande qu'elles soient frappées, ce qui montre qu'elles deviennent fréquentes. Par exemple, l'exercice illégal du métier de tailleur, puni d'une amende de 5 sous en 1371, de 8 sous en 1402, est frappée à l'énorme taux de 60 sous en 1467 [1]. On réclame pour une autre raison encore le relèvement du taux des amendes : c'est qu'il faut donner une solde aux gardes-jurés visiteurs de chaque métier. Autrefois ces fonctions étaient peu absorbantes, parce qu'il y avait peu de délits; aujourd'hui les gardes ne peuvent plus prendre sur leurs propres affaires le temps

----

(1) Lespinasse, t. III, p. 188.

qui serait nécessaire à la visitation des ateliers. Bref, c'est tout le régime corporatif qui est menacé, c'est-à-dire le monopole exclusif constitué au profit d'un petit nombre de maîtres. Aussi ne faut-il pas s'étonner si ce sont les maîtres qui prennent l'initiative de tous les changements. Lorsque la royauté ou le Châtelet réorganise un métier, c'est toujours à la requête des maîtres de ce métier; le plus souvent l'autorité se contente même d'homologuer, en les modifiant au besoin, les projets de statuts qui lui sont présentés par les jurés en exercice.

A côté de l'intérêt des maîtres, celui du public, ce que les textes appellent « le commun profit ». Le public est intéressé à en avoir pour son argent, à ne pas être trompé sur la qualité du produit vendu. Or, le travail visité et contrôlé des communautés offrait des garanties que le travail libre, au xve siècle, ne pouvait assurément présenter. C'est pour supprimer les « fraudes, malices et abus » que Louis XI réforme les foulons et les tissutiers.

Si l'on organise en maîtrise le métier de faiseurs d'esteufs, c'est que « par le temps passé chacun qui s'en est voulu mêler et entremettre l'a fait et pu faire, parce que le métier n'est point juré et n'y a eu par ci-devant aucune visitation, dont s'est ensuivi que chacun en a fait et ouvré à son temps et volonté, sans y avoir garde, ordre ni police, au détriment, foule et dommage de la chose publique » : c'est-à-dire que l'on fournit au public des balles à jouer qui ne valent rien. Un autre danger que court le public, c'est que les maîtres, si on ne les protège pas dans la lutte inégale qu'ils soutiennent contre le travail libre ou le travail du dehors, n'en viennent à fermer leurs ateliers. Les foulons déclarent nettement que, si l'on ne modifie leurs statuts, « ils ne sauraient vivre ni entretenir audit métier »; les gantiers, qu'ils ne peuvent plus « gagner la vie de leurs ménages ». La population des villes jurées est donc menacée de ne plus être approvisionnée régulièrement. Certaines industries enfin doivent être réglementées dans l'intérêt de l'hygiène publique, les industries que nous appelons insalubres [1].

Mais ce n'est pas seulement comme représentant des intérêts généraux que le roi intervient dans la législation industrielle; il a, au maintien des communautés, un intérêt plus direct. D'abord un intérêt politique. Comme l'a montré M. Sée dans son livre sur *Louis XI et les villes*, ce roi, perpétuellement en lutte contre les seigneurs, s'est constamment appuyé sur la bourgeoisie des bonnes villes. Chaque fois qu'il médite un coup de force ou de ruse contre Charolais, contre son propre frère, contre le duc de Bretagne, contre Bourbon ou Alençon, il adresse aux municipalités de véritables lettres circulaires, il joue auprès d'elles la bonhomie et la confiance, il leur parle des dangers qui le menacent, de ses ennemis, de ses projets. Ce serait une erreur de voir en lui un ami désintéressé du peuple : mais la bourgeoisie est une force, dont il sait admirablement se servir. Or la bourgeoisie est dirigée par les maîtres des métiers, ce sont eux qui occupent les magistratures municipales. Le roi n'a rien à leur refuser. Les métiers de Paris lui sont restés fidèles après Montlhéry, le roi les en récompense en renouvelant leurs statuts. 1467 est l'année où Louis XI, par une série de négociations embrouillées, prépare le renouvellement de la lutte contre le Téméraire ; c'est pourquoi l'année 1467 voit éclore un si grand nombre d'ordonnances corpora-

---

(1) Les tanneurs de Paris sont soumis par le roi, en 1476, à des obligations spéciales. Les villes font de même : Clermont édicte une législation analogue à propos des tanneurs de Jaude.

tives. C'est dans cette même année qu'il organise les maîtres et les ouvriers parisiens en corps de troupes ou *bannières*; il ne pouvait montrer plus clairement qu'en eux il mettait toute sa confiance. Cette confiance, les Parisiens s'en montrèrent dignes, et leur fidélité fut récompensée par de nouvelles faveurs accordées aux métiers de Paris. En avril 1476, lorsqu'il confirme et augmente les statuts des chaussetiers de Paris, Louis XI s'exprime en ces termes, d'une solennité calculée : « Nous, désirant le bien, entretenement et augmentation dudit métier de chausseterie et de tous les autres métiers de notredite bonne ville de Paris, pour la bonne, grande, ferme et entière loyauté et obéissance que tous les habitants d'icelle notre bonne ville de Paris ont toujours tenue et gardée envers nous et la couronne de France, mêmement durant les différences et divisions passées, où ils ont employé leurs personnes et biens pour notre service, sans quelque chose y épargner... » En entendant faire d'eux-mêmes un si magnifique éloge, Messieurs les chaussetiers se rengorgeaient et juraient d'être fidèles à ce roi, qui tant aimait les gens de métier. — En 1480, le roi veut se fortifier en Auvergne pour lutter contre le duc de Bourbon; il a besoin de l'appui de Clermont. Vite, il rend à la ville le droit de nommer un consulat, et il confie à ce consulat la garde des tours de la ville; c'était se construire, sans bourse délier, une citadelle au cœur de la France. Il pouvait être sûr de la fidélité de la bourgeoisie clermontoise, car, en même temps qu'il lui rendait ses libertés municipales, il signait des lettres, datées d'octobre 1480, « par lesquelles Sa Majesté donne à la ville de Clermont, principale et capitale de la province, le titre de ville jurée pour en jouir à perpétuel touchant le fait des métiers et autres choses quelconques, avec mêmes privilèges que la ville de Paris, Orléans ou ...res ». C'est par ces lettres que le régime des jurandes est installé dans cette ville, pour la plus grande gloire de Messieurs les Consuls, qui vont exercer la juridiction sur les métiers. De même, lorsque le roi érige le métier de draperie à Montpellier, lorsqu'il veut le créer à Poitiers et qu'il y exempte les drapiers de l'impôt sur les laines, c'est « parce que par nul autre moyen la ville ne se pouvait peupler ni fortifier », c'est encore pour se procurer dans la bourgeoisie une alliée fidèle et puissante.

La réforme des métiers ne fortifie pas seulement le roi, elle l'enrichit. Louis XI a besoin d'argent, de beaucoup d'argent, de plus d'argent ; sous son règne, le fisc allonge ses griffes et les étend partout. Or les métiers demandent qu'on augmente le taux des amendes, des droits de maîtrise, des droits d'apprentissage. — D'accord, répond le roi, mais part à deux, mes maîtres. — Et de presque toutes ces taxes une moitié à peine entre tant dans la caisse des confréries que dans la poche des jurés ; le fisc se réserve l'autre moitié. Le tailleur qui exerce sans être passé maître paie au roi, non plus 8 sols comme autrefois, mais 30 sols. De même sur les 60 sols que doivent les pourpointiers qui travaillent à domicile, il y en a 30 pour Louis XI. Sur les contraventions des tanneurs il touche encore la moitié. — Lorsqu'il érige en jurande un métier libre, c'est comme s'il ouvrait un nouveau chapitre à son budget des recettes. La création des tissutiers en 1475 lui rapporte les sommes suivantes : par chaque maître travaillant actuellement qui voudra acheter la maîtrise, 12 sols ; par chaque apprenti qui, à la fin de son apprentissage, sera reçu maître sans chef-d'œuvre, 40. A l'avenir, sur les 100 sols qu'on paiera pour le chef-d'œuvre, le roi en gardera 30. Il aura 4 sols, soit la moitié du droit perçu sur chaque apprenti étranger; la moitié aussi, soit 20 sols, des amendes pour contravention. Les sayetiers, sur les 20 sols que leur rapporte le chef-d'œuvre, lui en abandonneront 14. Le famélique Louis XI devait goûter très fort un aussi simple moyen de battre monnaie.

Tels sont les motifs pour lesquels il s'est ingéré, plus qu'aucun de ses prédécesseurs depuis saint Louis, dans l'organisation du travail.

III

« Louis XI, écrit Rivière dans son *Histoire des institutions de l'Auvergne*; Louis XI s'appuya, dans ses luttes contre les seigneurs, sur les métiers des bonnes villes. Il sut mettre les corporations sous l'influence et l'action directe du gouvernement. » Favoriser les métiers, mais en même temps les dominer, telle fut la politique de Louis XI. Quels moyens employa-t-il pour en amener le succès?

I. — D'une façon générale Louis XI se pose comme le défenseur-né du système corporatif. Il semble que, devançant d'un grand siècle l'ordonnance de 1581, il ait eu, au fond, le désir d'imposer à tous les métiers et à toutes les villes l'obligation de la maîtrise. A Paris, il donne au garde de la prévôté, Robert d'Estouteville, le titre de commissaire et réformateur général « sur le fait et gouvernement de la police des métiers et marchandises ».

Nous avons déjà vu avec quelle vigueur, dans tous les métiers déjà organisés en jurande, le roi s'applique à persécuter, à dépister, à supprimer le travail libre. Nous avons vu que le tailleur qui se permettra de « lever

ouvroir », c'est-à-dire d'ouvrir boutique à son compte
sans avoir fait apprentissage et chef-d'œuvre, paiera non
plus 10 sols, mais l'énorme amende de 60 sols parisis ;
cette amende sera payable « pour chaque fois qu'il sera
de ce dûment repris et pour chacun garnement [habille-
ment] qu'il aura taillé ». De même pour les pourpointiers :
que « désormais aucuns varlets audit métier ne besognent
ès chambres secrètement ni autrement pour autrui, sinon
ès hôtels et pour les maîtres tenant ouvroir d'icelui métier
en la ville », à peine de confiscation de l'ouvrage et d'une
amende de 60 sous pour chaque contravention. Mais il y
a plus encore : si même les visiteurs ne peuvent saisir
le corps du délit, à savoir le pourpoint confectionné par
un ouvrier non passé maître, ils peuvent cependant agir
contre le délinquant ; il suffit qu'ils trouvent la preuve
que le délit de travail illégal a été commis, même anciennement, car on ne prescrit pas contre les jurés : « Et
supposé que promptement ne fût trouvé ledit ouvrage, et
s'il était assurément su ou trouvé qu'ils y eussent besogné, fût-ce à un mois d'illec ou autre plus long temps,
toutefois celui ou ceux qui ainsi auraient besogné audit
ouvrage seraient contraints de payer ladite amende pour
autant de fois qu'ils y seront enchus, nonobstant la longue
distance du temps que aurait été fait ledit ouvrage. » Ce
texte en dit long sur l'âpreté de la lutte entre maîtres et
ouvriers libres : lutte sourde et obstinée de la part des
malheureux qui, trop pauvres pour acheter le métier,
assez habiles pour satisfaire leur clientèle, travaillent en
contrebande au fond de quelque ruelle obscure ; lutte
acharnée et violente de la part des maîtres, qui font appel
au bras pesant de l'État pour défendre un monopole qu'ils
ont payé de leurs deniers.

Presque toujours, lorsque des statuts sont modifiés

c'est dans le sens d'une aggravation des règlements sur le travail : les tailleurs ont fait remontrer au roi que les ordonnances qui les régissent ne furent « pas assez amplement faites et qu'il y a aucunes omissions au détriment d'eux et de leur métier ». C'est toujours l'intérêt des maîtres, et jamais celui des ouvriers, que le roi consulte et protège. L'obligation du chef-d'œuvre devient générale ; les droits d'entrée, payés au roi, au métier et à la confrérie sont de plus en plus élevés.

A ces deux obligations, faire un chef-d'œuvre et payer un droit d'entrée, on en ajoute dans certains métiers une troisième : avoir fait son apprentissage dans la ville même où l'on recherche la maîtrise. Pour être chandelier à Paris, il faut, en 1464, avoir été apprenti à Paris même, « non ailleurs [c'est du moins le texte du règlement imprimé en 1704], six ans et plus ». Tout au moins, dans la généralité des métiers, exige-t-on des candidats qu'ils aient été apprentis dans une ville où la durée et les règles de l'apprentissage soient les mêmes qu'à Paris. Mais cela ne suffit pas toujours. Chez les tissutiers, l'ouvrier qui vient du dehors doit d'abord servir un an chez un maître parisien « en gagnant salaire raisonnable » ; sur ce salaire, son maître est tenu de retenir un droit de 8 sols ; lui-même, s'il veut être maître, paiera 8 livres.

Toutes ces précautions ont pour objet de protéger les chefs d'industrie contre l'accroissement trop rapide de la concurrence. Il est vrai que, contre la concurrence du travail non salarié, les ouvriers sont, de leur côté, défendus par les règlements sur le nombre des apprentis : deux apprentis seulement chez chaque maître foulon ; mais pendant la troisième année (la dernière) du service d'un apprenti, on peut en prendre un troisième. Un seul apprenti, pendant trois ans, chez les faiseurs d'esteufs. Deux chez les tissutiers. Mais, où l'on voit bien que ce n'est pas l'intérêt des ouvriers qui inspire le législateur, le temps fixé pour l'apprentissage n'est qu'un minimum ; le maître peut s'entendre avec l'apprenti pour conclure un contrat à plus long terme, c'est-à-dire pour exploiter gratuitement une main-d'œuvre déjà expérimentée. C'est juste l'inverse de ce qui se passait au temps de saint Louis chez les orfèvres, où l'on réduisait la durée du service en faveur de l'apprenti capable de gagner sa vie. Chez les tissutiers, la durée minima est de quatre ans : « toutefois si lesdits apprentis se vouloient obliger à plus long temps, lesdits maîtres les y pourront bien prendre ». Même règle pour les maîtresses tissutières, qui « pourront avoir deux apprenties chacune à quatre ans et non plus, si ce n'était du consentement desdites apprenties[1] ».

Défense aux ouvriers de rompre le contrat de travail, défense aux maîtres de recevoir ou de débaucher les ouvriers de leurs confrères : ces règles sont rappelées et fortifiées. Chez les tailleurs, l'ouvrier ou l'apprenti fugitif et le maître complice paieront chacun 10 sols parisis ; l'ancien tarif n'était que de 5 sols. 16 sols d'amende à quiconque, sans permission des jurés, terminera un travail commencé par un autre.

On revise également les règlements sur les heures de travail et les chômages. Les tailleurs cesseront le travail le samedi, « puis chandelles allumées », et les dimanches et fêtes.

Enfin le roi est obligé d'intervenir dans la vie des communautés pour éviter ou apaiser les conflits. Bien

---

[1] S'agit-il dans ce texte du temps de l'apprentissage ou du nombre des apprenties ? Les mots « et non plus » portent-ils sur « quatre ans » ou bien sur « deux apprenties » ?

que la création de nouvelles jurandes soit une concession au principe de la liberté du travail, ce principe est si peu conforme aux habitudes intellectuelles du moyen âge, qu'à peine créé chaque métier veut s'occuper de tout ce qui concerne la matière sur laquelle il travaille. C'est pourquoi il est « interdit et défendu aux jurés et gardes du métier de foulon de plus visiter sur les draps et denrées des tisserands de draps à Paris, sinon touchant le fait dudit métier de foulons. Pareillement lesdits jurés tisserands de draps ne pourront avoir quelque visitation sur les draps et services d'iceux suppliants, et non touchant le fait dudit métier de tisserand [1] ». On voit quelle peine l'autorité avait à tracer, entre chaque métier, des limites infranchissables. A peine vient-on d'organiser en jurande le métier de cardeurs-peigneurs-arçonneurs, que les nouveaux jurés viennent visiter les domiciles des foulons ; ceux-ci répondent que, « par leurs anciennes ordonnances et statuts ils ont pleine visitation sur les laines qu'ils mettent en œuvre et que peuvent avoir et tenir un chacun d'eux en particulier en leurs hôtels et domiciles, varlets, chambrières, apprentis et apprenties, pour eux, leurs femmes et enfants, apprendre, enseigner et montrer le fait de carder, peigner et arçonner et tout ce qui appartient au métier de la draperie, et ainsi en ont joui et usé par tel et si long temps qu'il n'est mémoire du contraire, sans ce que aucuns, soient cardeurs, peigneurs, ni arçonneurs, ni autres de quelque métier que ce soit y aient eu visitation, ni que voir, ni que connaître... ». Le roi déclare que les cardeurs « n'auront quelque visitation et ne prendront les droits de leur confrérie dont mention

---

[1] C'est-à-dire sauf pour les choses qui relèvent du métier de tisserand. Ce texte est singulièrement large et favorise tous les empiétements.

est faite en leurs lettres fors seulement sur ceux qui besogneront desdits trois métiers... et non pas sur lesdits suppliants ni en leurs hôtels et domiciles, ni sur ceux qui sont compris en leur bannière, mais seront et demeureront iceux suppliants en leurs franchises et statuts ».

II. — Si en général Louis XI est désireux de maintenir et de renforcer le système corporatif, il ne se fait pas faute de déroger à ces principes chaque fois qu'il trouve avantageux de le faire, ou, comme il dit, d' « élargir » sur un point les statuts qu'il « restreint » sur un autre. Nous avons vu, par exemple, que le travail à domicile est généralement proscrit, comme favorisant la fraude ; mais il est des métiers où ce sont les maîtres eux-mêmes qui demandent qu'on les tolère ; chez les foulons ce travail est encouragé. — De même le travail de nuit est interdit, non pas pour des raisons d'hygiène et de philanthropie, mais pour éviter d'une part les incendies, d'autre part les malfaçons. Cependant on décide que « dorénavant les foulons de draps et leurs varlets pourront ouvrer et besogner à toutes heures ainsi que bon leur semblera touchant le fait dudit métier, sans pour ce encourir en aucune amende ou forfaiture ». Même faveur accordée aux fabricants de basane à Troyes. La preuve que c'est uniquement dans l'intérêt des maîtres qu'on déroge à la règle, nous la trouvons dans l'ordonnance par laquelle le roi autorise les gantiers à travailler en hiver jusqu'à 10 heures du soir et à partir de 5 heures du matin. D'une part, avaient dit les maîtres, « le temps et saison d'hiver auquel leur ouvrage est plus requis et nécessaire, ils n'osent besogner de nuit depuis quatre heures au soir jusques au lendemain qu'il soit jour apparent... et toutefois est la saison de l'an qui leur est plus chère et en laquelle ils dussent avoir plus de gain et de profit » ; d'autre part, « leurs apprentis et serviteurs sont oiseux et par ce s'appliquent et occupent pendant le temps qu'ils n'ont d'occupation... à plusieurs jeux et dissolutions et à peine se veulent après appliquer à bien faire ». Même chez les tailleurs, le travail de nuit et des fêtes est autorisé « pour achever ne autrement, excepté les besognes de nos seigneurs et de nos dames les royaux et robes de corps et de noces, ou s'il étoit qu'il convînt par nécessité élargir ou étrécir un garnement qui paravant fût fait et parfait ». A côté de ces dérogations dans l'intérêt des maîtres, il en est d'autres qui profitent au public. Le travail en ville est autorisé pour les bourgeois de Paris qui font venir chez eux des ouvriers, à condition qu'ils ne les fassent travailler que pour eux et leurs gens. Les chandeliers reçoivent défense de faire chandelles de mauvais suif en leurs ateliers ; mais « si aucuns bouchers ou bourgeois veulent faire faire chandelles de telle matière qu'ils la baillent, lesdits chandeliers les pourront aller faire ès hôtels desdits bouchers et bourgeois ». Même tolérance lorsqu'il s'agit de créer des industries nouvelles ou de développer les industries existantes. Le roi autorise les artisans à s'établir dans les nouveaux quartiers d'Orléans sans être soumis aux statuts de la ville. Il défend aux barbiers de Bourges de se mêler des affaires des barbiers du bourg. Dans une vue de génie, il veut implanter à Lyon cette industrie de la soie qui devait, malgré les résistances inintelligentes des consuls d'alors, y faire une si merveilleuse fortune ; il ne songe pas d'abord à ériger en jurande ce nouveau métier. Après quatre ans d'efforts, le projet échoue devant le mauvais vouloir des Lyonnais ; Louis XI transporte à Tours ouvriers, « moulins, métiers et chaudières » ; mais, à Tours comme à Lyon, maîtres et ouvriers vivent sous le régime de la liberté du travail. — Veut-il que la France cesse d'être tributaire des

mines étrangères? il affranchit d'impôt tous ceux qui s'oc-
cuperont de mines, Français ou étrangers, même les
sujets des souverains avec lesquels la France est en guerre.

III. — On ne peut pas dire, on le voit, que Louis XI,
dans ses rapports avec les communautés, ait obéi à des
principes. Le roi bourgeois qui flattait et caressait les
gens de métier, le roi qui signait un traité de commerce
avec l'Angleterre et qui voulait installer à Londres une
sorte d'exposition des produits français, ce roi voulait
avant tout développer toutes les richesses de la nation. En
second lieu, ce roi autoritaire et dur voulait discipliner les
corps de métier et uniformiser les règlements de travail,
comme il voulait tout discipliner et tout uniformiser dans
son royaume.

S'il accueille si aisément les demandes d'homologation ou de refonte de statuts qu'on lui adresse, c'est qu'il
y voit un moyen d'étendre son autorité. A Troyes, il
interdit d'établir des moulins ou des teintureries sans son
autorisation.

L'uniformité pour lui — comme pour tous nos rois et
tous nos gouvernements — c'est naturellement l'application à tout le royaume des règlements parisiens. En con-
férant des statuts aux tissutiers de Paris, le prévôt déclare
que cette ville doit être « miroir et exemple » à toutes
les autres. Clermont reçoit une organisation copiée sur
celle de Paris et d'Orléans.

Ce désir de calquer sur les statuts parisiens ceux de
toutes les villes jurées éclate surtout dans l'ordonnance
de 1479 sur la draperie. — Paris, en même temps qu'une
ville drapière, était le grand marché des draps. Rouen,
Bayeux, Lisieux, Montivilliers, Saint-Lô, Bernay, Louviers,
Harfleur, « et d'autres villes de nos pays et duché de
Normandie », Beauvais, Senlis, Bourges, Issoudun, « et

autres villes de notredit royaume qui sont principalement fondées sur ledit fait de draperie », envoient leurs draps à Paris concurrencer la draperie locale. Les drapiers parisiens, accusés de violer les anciens réglements sur la fabrication, déclarent que ce sont les drapiers des autres villes qui ont commencé. Le roi charge alors la municipalité et les jurés de faire une enquête auprès des drapiers qui se trouvaient à la foire du lendit. Le 1er avril 1475, le prévôt convoque à l'Hôtel de Ville une commission mixte, composée de « conseillers, bourgeois, marchands et drapiers », et lui demande ce qu'il faut faire « pour mettre ordre au fait et en ladite marchandise de draperie *tant en notre dite ville de Paris que partout ailleurs* ». C'est donc une commission exclusivement parisienne, dans laquelle siègent uniquement les représentants des intérêts parisiens, qui va légiférer pour tout le royaume. En effet le roi veut que « le fait de la marchandise de la draperie soit également conduit en et par tout notredit royaume ». Il approuve le règlement élaboré par la commission de l'Hôtel de Ville ; il le transforme, par lettres signées à Tours le 11 novembre 1479, en une ordonnance *générale et perpétuelle*, et il en mande copie non pas seulement au parlement de Paris et au prévôt de Paris, mais à l'Echiquier de Normandie, aux baillis de Rouen, Caux, Gisors, Cotentin, Vermandois, Senlis, Berry, aux sénéchaux de Ponthieu, Carcassonne et Beaucaire, c'est-à-dire aux justices de toutes les régions drapières [1].

On saisit admirablement dans cet acte les procédés et les intentions de Louis XI ; on voit ce qu'il eût fait si son

---

(1) Arch. nat., Y vii, fᵒˢ 181-183 vᵒ. C'est en 1471 que le roi avait été prévenu que des abus se commettaient dans la draperie parisienne, en violation de l'édit de 1407.

pouvoir eût égalé son vouloir. Réformer, dans le triple intérêt des maîtres, du public et de la couronne, l'organisation du travail parisien ; faire de cette organisation locale un « miroir et exemple » pour la France entière ; métamorphoser les statuts corporatifs en lois de l'État : c'est par ces moyens qu'il voulait asservir le monde du travail comme il avait asservi la noblesse, les villes, l'Église. Il n'a pas complètement réussi : à peine est-il mort que Charles VIII, en 1484, est obligé de défendre de nouveau les maîtres tailleurs contre la concurrence du travail libre. Mais il a laissé sur toute la législation ouvrière la marque de sa main puissante. Son action a coïncidé avec une révolution économique et industrielle qui constitue, entre les mains de quelques familles dans chaque métier, un monopole de plus en plus exclusif. Louis XI, à Paris et hors de Paris, a, par ses réformes, précipité cette évolution.

CHAPITRE II

L'APPRENTI

I. *Obligation de l'apprentissage.* — Métiers dans lesquels l'apprentissage n'est pas absolument exigé. — Conditions nécessaires pour être apprenti. — II. *Le contrat d'apprentissage.* — Comment il était passé. — Des clauses du contrat. — Obligations réciproques du patron et de l'apprenti. — La durée de l'apprentissage. — Les violations du contrat. — La résiliation anticipée. — Limitation du nombre des apprentis. — III. *Situation matérielle et morale de l'apprenti.* — Dans les métiers jurés. — Dans les métiers libres. — L'apprenti dans la littérature du temps.

I

Il est à peu près admis, entre 1467 et 1581, que nul ne peut devenir compagnon ou maître d'un métier quelconque, s'il n'a été, pendant un temps plus ou moins long, apprenti chez un maître de ce métier ; c'est-à-dire qu'avant de devenir ouvrier salarié, il faut avoir été ouvrier sans gages, avoir reçu l'éducation technique et professionnelle, et aussi cette initiation aux us et coutumes du métier que pouvait seule donner la vie en commun avec la famille d'un maître.

Cette obligation de passer par l'apprentissage semblait si naturelle qu'on ne songea pas tout d'abord à la faire figurer dans les statuts des communautés. Elle n'est mentionnée par exemple ni dans les statuts de la grande

Boucherie de Paris (1182), ni dans ceux des tisserands d'Étampes (1204). Mais elle apparaît déjà fréquemment dans le *Livre des métiers*. C'est en particulier dans ce recueil, au statut des talemeliers [1], que se trouve relatée la curieuse coutume du pot de terre plein de noix que « le nouveau talemelier », quand il a « fait quatre ans accomplis », doit jeter contre le mur extérieur de la maison de son maître [2]. Le titre des apprentis est très développé dans les statuts des orfèvres, des tisserands, des selliers, des patenôtriers, etc. A partir de la fin du xiiiᵉ siècle, on ne rencontre pour ainsi dire plus de statuts qui ne traitent des apprentis.

Est-ce à dire que l'apprentissage était une stricte obligation pour tous les futurs ouvriers et patrons d'industrie ? Que non pas ! Il est certain que, dans plusieurs métiers on pouvait devenir compagnon, c'est-à-dire ouvrier salarié, sans avoir passé par l'apprentissage ; et parfois même, ces compagnons, qui ne présentaient pas les mêmes garanties que leurs confrères, pouvaient cependant aspirer à la maîtrise. Par exemple chez les teinturiers de soies et toiles de Paris [3], il est dit que celui qui veut acquérir la maîtrise sera tenu de servir quatre ans comme apprenti, « et s'il ne veult faire forme d'apprentissage sera tenu servir huit ans ». On pouvait donc, en se soumettant à un plus long stage comme ouvrier, éviter l'apprentissage. Mais c'était là une exception.

Le premier venu pouvait-il devenir apprenti, ou fallait-il pour cela remplir certaines conditions ? Il semble qu'il y

---

(1) *Livre des métiers*, éd. Lespinasse et Bonnardot, p. 3.

(2) Il n'est d'ailleurs pas absolument certain qu'il s'agisse dans ce texte d'apprentis proprement dits. Le « noviax talemeliers » est peut-être l'ouvrier qui aspire à la maîtrise.

(3) Statuts de 1559, Arch. nat., Yxi, fᵒ·51 vᵒ.

avait un âge minimum au-dessous duquel on ne pouvait entrer en apprentissage. Cette condition n'est pas toujours indiquée dans les statuts, mais il va de soi qu'on n'aurait accepté dans aucun métier des enfants trop jeunes pour s'y instruire. Mais, comme chaque profession avait ses exigences, l'âge, quand il était indiqué, variait beaucoup suivant les métiers. A Saint-Omer, il oscille entre douze et dix-huit ans [1]. Chez les teinturiers de soies et toiles de Paris, il semble que les apprentis avaient en général douze ans au moment de leur entrée [2]. Il n'est jamais question d'une limite d'âge maxima.

Ces conditions d'âge étaient sans doute les seules [3]. C'est seulement chez les libraires-imprimeurs que l'on exige — cela est assez naturel — que l'apprenti sache lire et écrire, et parfois même qu'il sache le latin. Après les guerres de religion, plusieurs métiers décideront de ne recevoir en apprentissage que des jeunes gens élevés dans la religion « catholique, apostolique et romaine ».

II

On devient apprenti en vertu d'un contrat. Le contrat d'apprentissage est-il toujours écrit? Cela est peu vrai-semblable. Certains métiers exigent formellement que le contrat soit écrit — ce qui indique suffisamment qu'il ne l'était pas toujours — ou du moins passé en présence des maîtres. Déjà, dans le *Livre des Métiers*, pour ce qui

(1) Pagart d'Hermansart, *Anc. communautés d'arts et métiers de Saint-Omer*, t. I, p. 213.

(2) Puisqu'il est dit (statuts de 1559) que ceux qui ont plus de douze ans (c'est-à-dire sans doute au moins treize ans révolus) sont dispensés d'une année d'apprentissage.

(3) Il faut y ajouter souvent l'obligation de payer un droit d'entrée.

concerne les femmes fileresses de soie, il est dit que le contrat devra être écrit, passé en présence des jurés, et soigneusement conservé par eux.

Les boursiers de Toulouse veulent que le contrat soit passé en présence des bayles [1]. Les chandeliers de Paris, en 1464, exigent qu'il soit remis aux jurés :

« Chacun maître dudit métier qui aura pris aucun apprenti sera tenu de lever et porter la lettre de sondit apprentissage auxdits jurés et gardes dudit métier, dedans un mois après qu'il aura pris ledit apprenti et que icelle lettre sera passée, pour icelle enregistrer devers eux [2]. »

En 1543, l'ordonnance qui réorganise le métier des orfèvres pour toutes les villes jurées du royaume, exige même que le contrat soit notarié : « Que tous maîtres orfèvres... seront dorénavant tenus, en prenant apprenti, iceux faire obliger par-devant notaires ou tabellions..., et les lettres de ladite obligation seront tenus lesdits maîtres, dedans le jour qu'elles seront passées ou dedans trois jours après pour le plus tard, mettre ès mains des jurés dudit métier des villes où ils sont demeurants, pour être enregistrées par lesdits jurés [3]. »

Le contrat notarié est de plus en plus fréquent à mesure qu'on avance dans le xvie siècle : sans doute les contrats ordinaires étaient plus souvent violés. Les cordonniers de Paris (1574) exigent un acte authentique [4]. Les ceinturiers (1595) permettent au maître de tenir l'apprenti un mois « sans obliger » ; mais, ce temps d'essai passé, le contrat devra être enregistré [5]. Ces formalités sont par-

(1) Du Bourg, *Corporat. ouvr. de Toulouse*, p. 96.
(2) Arch. nat., ADxɪ, 15.
(3) Lespinasse, *Métiers et corporat. de Paris*.
(4) Arch. nat., ADxɪ, 16.
(5) Ibid., 19.

ticulièrement exigées dans les industries du livre. Sur ce point, le *Règlement des libraires-imprimeurs-relieurs de Paris* (1618) résume toute la législation du xvi⁰ siècle : défense de prendre apprenti sans contrat notarié : le maître fera aussitôt immatriculer l'apprenti sur le registre du syndic, à peine de nullité [1].

Comment étaient rédigés les contrats d'apprentissage, et quelles clauses contenaient-ils en général ? Les archives des notaires nous ont heureusement conservé un grand nombre de ces contrats. On peut en trouver quelques-uns, par exemple, dans l'excellente *Bibliographie lyonnaise* de M. Baudrier. Je lui emprunte l'acte par lequel, en 1581, « Pierre Gribolly, maître menuisier, loue et afferme pour lui et les siens, à Jean Joly, maître imprimeur, Abraham Gribolly, son fils, ici présent et volontaire, pour servir ledit Joly en l'art de la composition de l'imprimerie pour le terme et temps de sept ans consécutifs... Pendant lequel temps ledit Joly promet bien et dûment apprendre, et en outre de le nourrir de dépens de bouche, coucher et chauffer honnêtement. L'apprenti promet de le servir en toute fidélité et prudhommie. P. Gribolly promet entretenir son fils de chausses et habillement, et en outre s'engage à donner à la femme dudit Joly, à chaque fête de Pâques, un costume de serge [2] ».

Voici d'ordinaire ce que doit contenir, pour être régulier un contrat d'apprentissage :

1° Le nom des contractants. — Parmi ces contractants se trouve en premier lieu l'apprenti lui-même, dont le

---

(1) Collection Anisson-Duperron (Bibl. nat. Ms. fr. 22171, f° 243 et suiv.).

(2) *Bibliographie lyonn. Recherches sur les imprimeurs, libraires, relieurs et fondeurs de lettres de Lyon au XVI⁰ siècle*, 1ʳᵉ série, Lyon 1895, in-8°, p. 200. — L. Morin, *Les apprentis imprimeurs au temps passé*. Lyon, 1898, in-8° de 28 p.

libre consentement est mentionné ; dans l'acte cité ci-dessus ce consentement est attesté par la formule : « ici présent et volontaire ». Le plus souvent, l'apprenti est un mineur. Aussi, à côté de son nom, figure le nom de ses répondants, de son père, de son frère, etc. Par exemple nous voyons Jacques Barjon, marchand de la Tarentaise, placer son fils chez un imprimeur de Lyon, comme plus haut faisait le menuisier Pierre Gribolly. Ailleurs c'est Louis Baillet, compagnon imprimeur, qui afferme son frère à un orfèvre.

La règle est la même quand il s'agit d'une femme. Claude Cayne, apprenti lui-même « en l'art d'imprimerie » — le fait qu'on était soi-même apprenti ne vous empêchait donc pas de répondre pour une tierce personne — loue sa sœur à la femme d'un compagnon imprimeur, à la fois en qualité de servante et en qualité d'apprentie : « s'affermant elle et toutes ses œuvres à honnête femme Pernette la Place... pour servir ladite la Place en ce qu'elle lui commandera en toutes les œuvres et affaires licites et honnêtes, et aussi pour apprendre à faire boutons, coudre, crochets de robes, crochets de ceintures et autres œuvres, pour le temps et terme de cinq ans [1] ».

Parfois le répondant, au lieu d'être un parent de l'intéressé, est une personne morale, par exemple une institution charitable. A Lyon, depuis la fondation de « la grande Aumône » (1531) [2], ce sont les recteurs de cette institution qui placent leurs « adoptifs » comme apprentis. A Paris, à partir de 1553, un rôle analogue sera joué par l'hôpital de la Trinité [3].

(1) Baudrier, p. 81.
(2) Voy. plus loin, *l'Assistance publique il y a 300 ans.*
(3) Fontanon, t. I, p. 890.

2° Ensuite figurent les noms des témoins, qui sont toujours au moins au nombre de deux [1]. Par exemple en 1544, Duter, imprimeur lyonnais, est témoin « au contrat d'apprentissage passé à Genève entre Antoine Grivet, de Maringues en Auvergne, résidant à Genève, et Jean Michiel, habitant de Genève ».

3° La cause du contrat est généralement rappelée sous cette forme : « Pour apprendre l'art de... ».

4° La durée. — Dans les métiers jurés, cette durée est fixe, ou bien varie entre deux limites fixes [2]. Dans les métiers libres, au contraire, elle est purement conventionnelle : en fait elle est de sept ans, de cinq ans (le plus fréquemment), de quatre, trois ou même deux ans.

5° Les conditions du contrat. — En premier lieu les charges des pères ou tuteurs des apprentis : en 1559, l'Aumône de Lyon place pour deux ans, comme apprenti chez un libraire-relieur, Jacques Jacquier, religieux observantin, moyennant trente livres tournois payables par l'Aumône, moitié comptant, moitié à la fin de la première année. A Toulouse, la redevance est fixée en blé, pain et argent. Généralement le trousseau est à la charge des répondants.

---

(1) Dans les volumes de M. Baudrier, on ne trouvera parfois que le nom d'un seul témoin ou même on verra cités des contrats sans noms de témoins. Mais l'auteur a bien voulu m'avertir que, s'il avait cru ne devoir citer que les noms intéressant l'imprimerie, en fait les contrats d'apprentissage conservés dans les archives des notaires lyonnais contiennent toujours le nom d'au moins deux témoins.

(2) Faiseurs d'esteufs de Paris, un à trois ans; tissutiers, deux, quatre ou davantage; foulons, sayetiers, tondeurs, tailleurs, huiliers, cervoisiers de Paris, boulangers de Saint-Denis, parcheminiers de Toulouse, drapiers de Rouen, trois ans; apothicaires de Lyon, trois ou quatre; cervoisiers, passementiers de Rouen, teinturiers, plumassiers, bourreliers, cartiers, ceinturiers de Paris, quatre ans; cordonniers de Paris, quatre ans au moins; libraires, quatre ou cinq ans; bonnetiers, doreurs sur cuir, miroitiers, pâtissiers, cinq ans; gainiers de Paris, plombiers-étaimiers de Rouen, six ans, etc.

Viennent ensuite les obligations réciproques du maître et de l'apprenti.

Les devoirs du patron sont au nombre de deux : bien traiter son apprenti, le bien instruire dans le métier. Alexandre Marcilly, chez lequel l'Aumône de Lyon place pour trois ans, comme apprenti libraire, Jérémie Grammatica, « sera tenu le nourrir et alimenter d'habits et nourriture de bouche, et lui apprendre son état ».

Les maîtres s'acquittaient souvent fort mal de cette dernière obligation. En 1566, les pâtissiers de Paris défendent d'envoyer les apprentis vendre des gâteaux par la ville, car « c'est la perdition des apprentis qui ne peuvent apprendre leur métier ». Les statuts de Saint-Omer obligent le maître à « apprendre l'apprenti suffisamment son métier [1] ».

Cette préoccupation très légitime : mettre les apprentis en mesure de gagner leur vie comme ouvriers, est évidemment la préoccupation dominante de ceux qui rédigent les statuts.

C'est pour permettre à l'enseignement professionnel d'être sérieux que la loi limite le nombre des apprentis, chaque maître ne pouvant en instruire qu'un ou deux à la fois, sauf si sa femme sait le métier ; que souvent elle n'autorise la veuve à conserver les apprentis du défunt que si elle a un compagnon capable de les instruire, ou si elle se remarie à un maître ou compagnon du métier; qu'elle allonge en certains cas le temps d'apprentissage.

En 1531, les tondeurs de drap de Paris constatent que leur industrie a pris depuis quelque temps un très grand développement, par suite de l'apport à Paris de draps de toute provenance et de toute qualité, estamets, cadis et

___

(1) Pagart d'Hermansart, p. 213.

draps fins d'Angleterre, de Carcassonne et de Perpignan, serges de Milan et de Venise. Avec la bonne vieille draperie traditionnelle du temps jadis, on pouvait sans trop de peine mettre un apprenti au courant du métier en deux ans. Mais maintenant « impossible est de rendre apprentis suffisants audit métier en si peu de temps » ; aussi ce temps est-il allongé d'une année par les nouveaux statuts [1].

Cette mesure, prise à la requête des « maîtres et varlets », c'est-à-dire des patrons et des ouvriers, semble en effet conforme à l'intérêt de tous les membres du métier. Mais dans quelques communautés où les maîtres sont en réalité des ouvriers, travaillant chez eux, à un ou deux métiers, avec quelques apprentis sous leur direction, ils craignent, en instruisant trop vite et trop bien les apprentis, de se donner des concurrents redoutables. A Amiens, les registres municipaux nous apprennent que les maîtres enseignaient uniquement à leurs apprentis l'art de tisser les petits camelots ; c'était les mettre hors d'état de faire le chef-d'œuvre, qui était « une pièce de satin commun et large ». Aussi, en 1578, une ordonnance de l'échevinage les contraint-elle à faire travailler l'apprenti aux satins, au moins une année sur trois [2]. Il arrivait souvent aussi que le maître, au lieu de se charger lui-même de l'éducation de l'apprenti, se déchargeait de ce soin sur les compagnons. C'est ce qui arrivait notamment dans l'imprimerie, où les maîtres étaient parfois de simples capitalistes, peu ferrés sur la pratique du métier.

Dans les communautés unies — c'est-à-dire formées de

---

(1) Arch. nat., Yviii, fo 281 vo.

(2) Levasseur, *Hist. des classes ouvrières*, t. II, p. 95.

la réunion de plusieurs métiers, comme celle des brodeurs-égratigneurs-gaufreurs, des huiliers-chandeliers etc., le maître est souvent tenu d'enseigner à son apprenti les divers métiers de la communauté, afin qu'il puisse choisir celui qu'il préfère ou même passer librement de l'un à l'autre. Dans la draperie de Rouen, on doit lui apprendre les métiers de « tistre, fouler, lanner et tondre [1] ».

D'après les statuts des cartiers de Paris (1594), il est interdit à tout maître de passer l'un de ses apprentis à un confrère sans en aviser les jurés. C'est aux jurés à voir si ce changement de direction ne sera pas défavorable à l'apprenti.

Le devoir de l'apprenti est de « bien servir et obéir, servir en toute fidélité et prudhommie ». Parfois il s'y engage par un serment solennel. A Rouen, l'apprenti drapier prêtera ce serment, assisté par deux de ses boujonneurs (on appelle ainsi les gardes du métier), l'un lanneur et l'autre tisserand. Parmi ses obligations figure celle de ne pas travailler à gages pour autrui, ce qui serait voler le temps qu'il doit à son maître. C'est ce qu'avaient fait, en 1539, les apprentis tonneliers de Paris.

La loi prévoit et réprime les violations du contrat d'apprentissage, qu'elles soient commises par le maître ou par l'apprenti. L'absence prolongée et injustifiée de l'apprenti, à Saint-Omer, est punie de 100 sols d'amende; si elle dépasse deux mois, elle entraîne, chez les dinands (chaudronniers) de cette ville, la résiliation pure et simple du contrat. Chez les tailleurs parisiens, l'amende, qui était primitivement de 5 sols, est portée à 10 en 1467.

---

(1) Ouin-Lacroix, *Hist. des corporations de Rouen*, p. 617.

Faut-il conclure de ce relèvement de la pénalité que le délit était devenu plus fréquent? Il ne devait pas être rare, car il est mentionné dans un très grand nombre de statuts, et généralement frappé de peines sévères. Dans la librairie parisienne (1618), l'apprenti qui s'absente du logis de son maître est tenu de servir le double du temps de son absence ; en cas de récidive, il devra renoncer au métier. Chez les ceinturiers, une absence de six mois oblige à recommencer intégralement le temps d'apprentissage. Chez les chaudronniers (1470), il a le choix entre payer une amende[1] ou remplacer le temps écoulé.

Les apprentis orfèvres étaient, paraît-il, coutumiers de ces escapades, car une législation particulièrement sévère leur est appliquée en 1543 : « Plusieurs apprentis orfèvres, dit l'ordonnance, n'ayant égard à l'obligation du service qu'ils doivent faire à leur maître, quand bon leur semble, ou qu'ils sentent qu'ils pourront faire leur profit de ce qu'ils peuvent avoir appris et compris au métier, s'enfuient ou délaissent le plus souvent leursdits maîtres, ne voulant parachever le temps de leur apprentissage. » En ce cas, « les maîtres seront tenus rapporter lesdites lettres de leurs apprentis et icelles remettre ès mains desdits jurés et leur déclarer le jour que les susdits apprentis s'en seront fuis, pour en être fait bon et loyal registre », et ils pourront les remplacer par d'autres. Si les fugitifs reviennent, ils devront refaire leur temps chez leurs maîtres ou autres de la ville, sans payer d'amende.

Chez les pâtissiers de Paris (1566), « si lesdits apprentis s'absentent hors de la maison de leurs maîtres par l'espace de trois mois, en ce cas leur brevet [leur contrat] sera

----

[1] De dix livres parisis pour chaque année d'absence, ou bien une fraction proportionnelle au temps.

cassé et annulé, et défenses seront faites à tous maîtres dudit métier, tant de cettedite ville de Paris que faubourgs d'icelle, de les prendre et retenir en leurs maisons pour y besogner de leur dit état [il y avait donc des maîtres qui attiraient à eux l'apprenti en rupture de contrat], ains seront tenus de les renvoyer à leursdits maîtres pour parachever avec eux leur temps et leur apprentissage ».

6° Le contrat, brevet ou lettre d'apprentissage mentionne souvent un droit d'entrée. Chez les pâtissiers de Paris, en 1440, les apprentis n'étaient tenus « de rien payer d'entrée audit métier » ; en 1566 on les oblige à payer 5 sols parisis au roi, 5 sols à la confrérie; chez les huiliers-chandeliers (1464) la taxe est de 30 sols, de 5 chez les faiseurs d'esteufs. Les droits fixés en 1456 pour les cervoisiers de Rouen sont doublés en 1507. Chez les savetiers de Toulouse, c'est un franc d'or et une livre de cire (pour la chapelle de la confrérie); une livre de cire chez les boulangers du Mans.

Une quittance d'apprentissage, c'est-à-dire un certificat de sortie, est généralement exigée de l'apprenti qui veut se présenter à la maîtrise, ou même exercer le métier comme compagnon. Cette quittance doit constater : 1° l'exécution matérielle du contrat (durée, droits d'entrée, loyer); 2° la satisfaction du maître.

Chez les libraires-imprimeurs, le certificat devra être écrit au dos du brevet ou contrat. L'apprenti devra le présenter au syndic, qui en fera mention au registre.

Certains maîtres, dans un but de lucre, devaient refuser de donner quittance à leurs apprentis, car l'édit de 1581 prescrit qu'ils « seront tenus de leur bailler certification passée par devant notaire ou acte public, à la première requête qui leur en sera faite, sous peine de 10 écus d'amende ».

Dans quelques métiers — nous l'avons déjà indiqué plus haut — on accordait une dispense totale ou partielle de l'apprentissage contre l'engagement de servir un certain temps comme compagnon. Nous avons cité l'exemple des teinturiers de soies et toiles de Paris qui laissaient aux candidats à la maîtrise le choix entre quatre années d'apprentissage ou huit années de service. Chez les patenôtriers on va même jusqu'à dispenser des cinq ans d'apprentissage celui qui servira pendant le même temps. Nous avouons ne pas voir comment la communauté paraît trouver son compte à cette solution[1].

Dans les métiers où la durée de l'apprentissage n'était pas absolument déterminée, mais variait entre certaines limites, et surtout dans les métiers libres, on peut résilier le contrat par anticipation, en raison de bons services. Le maître, suivant les cas, paie à l'apprenti ou reçoit de lui une indemnité.

Antoine Blanc, imprimeur à Lyon, délie Gabriel Daujourdhuy, adoptif de l'Aumône, de l'apprentissage auquel ce dernier était tenu pour cinq ans, « combien que le temps ne soit encore expiré ; laquelle quittance ledit Blanc lui passe pour et moyennant le prix et somme de 3 écus sol., audit Blanc payée par l'un des recteurs de ladite Aumône ». C'est-à-dire que Daujourdhuy n'ayant pas de quoi payer à son maître l'indemnité que celui-ci réclame, cette somme est fournie par l'institution même qui s'est occupée de trouver un métier à l'enfant. La quittance qui lui est ainsi délivrée confère à Daujourdhuy tous les droits et prérogatives de l'apprenti : « Et moyennant ce, led. Blanc a permis et permet aud. Daujourdhuy de pou-

_____

(1) Y xii, fᵒ 53 vᵒ, 1566. Il est vrai qu'il s'agit d'un métier qui jusqu'alors n'était pas juré. Mêmes dispositions pour les miroitiers-bimbelotiers-lunetiers en 1581 (AD xi, 25).

voir travailler dudit état d'imprimerie en tous lieux et places que bon lui semblera. »

L'apprenti avait dû demander lui-même sa libération anticipée, et c'est pourquoi il paye pour l'obtenir. Le contraire avait dû se passer lorsque le même Antoine Blanc comparut au bureau de l'Aumône pour déclarer qu'on lui avait « puis deux ans et demi en ça..., affermé Thomas Durand pour lui servir d'apprenti... durant le terme de cinq ans, et que, en considération de ce que ledit Durand l'a fidèlement servi par l'espace de deux ans et demi, il donne... audit Durand... la somme de 10 écus d'or sol., et ce pour les bons et agréables services qu'il lui a faits par ci devant,... » Ici, c'est le maître qui a demandé à résilier le contrat avant sa pleine exécution.

Mais cette résiliation anticipée pouvait avoir des inconvénients; elle donnait parfois le droit d'exercer le métier à des ouvriers insuffisamment préparés, et quelques maîtres peu scrupuleux se faisaient des revenus en vendant des dispenses aux jeunes gens. A Amiens[1], cette habitude devait être courante, puisque l'échevinage est dans la nécessité de la condamner à deux reprises, en 1578 et en 1582. Chez les libraires-imprimeurs de Paris, en 1618, il est interdit de prendre argent pour abréger le temps d'apprentissage, sous peine de 1.000 livres d'amende; la même amende frappe le maître dont l'apprenti s'est absenté et qui, au lieu de lui faire faire le double du temps de son absence, recevra de lui une certaine somme à titre de composition. Déjà d'ailleurs, à cette date, l'ordonnance générale de 1581 avait établi « que dorénavant tous jeunes hommes qui voudront apprendre métier... seront tenus de faire leur apprentissage durant le temps porté par les sta-

(1) Levasseur, t. II, p. 95.

tuts, sans que les maîtres les en puissent dispenser ou diminuer ledit temps en faveur des prix extraordinaires et excessifs qu'ils leur pourraient faire payer ». Encore cet apprentissage doit-il se faire « sous un même maître ou sa veuve sans intermission ». En cas de décès de ses maîtres, l'apprenti sera régulièrement autorisé par les gardes du métier à continuer chez un autre patron.

Le nombre des apprentis que peut avoir chaque maître est généralement fixé par les statuts, mais ce nombre est très variable. Il ne peut en avoir qu'un seul, à Paris, chez les faiseurs d'esteufs, bonnetiers, sayetiers, doreurs sur cuir, patenôtriers, cordonniers, ceinturiers, bourreliers, tailleurs, miroitiers, gaîniers, libraires ; à Toulouse, chez les parcheminiers ; à Rouen chez les joueurs d'instruments, passementiers, drapiers ; au Mans et à Saint-Denis chez les boulangers. Il peut en avoir deux chez les foulons et les tissutiers de Paris, chez les boursiers et les chapeliers de Toulouse, chez les apothicaires de Lyon. Les huchiers-menuisiers de Paris ont droit à six apprentis. Mais ces nombres ne doivent pas être dépassés, sous peine de fortes amendes : 100 livres chez les joueurs d'instruments, 20 écus d'or chez les huchiers.

Chez les teinturiers de soies et de toiles, le maître aura deux apprentis qui devront rester à son service chacun pendant quatre ans, mais le second ne pourra entrer chez lui que deux ans après le premier, c'est-à-dire lorsque celui-ci connaîtra déjà les éléments du métier et n'exigera plus une si minutieuse surveillance. De même le maître cartier n'aura qu'un seul apprenti, s'il n'a dans son atelier que cinq ou six compagnons ; sinon il pourra en avoir deux, parce que ses ouvriers pourront l'aider à instruire ses apprentis. C'est pour la même raison que l'on autorise parfois les maîtres mariés à prendre un apprenti supplémentaire, quand leur femme « sait le métier ».

Dans certains métiers exclusivement réservés aux femmes, le nombre des apprenties paraît avoir été illimité, par exemple chez les lingères de Paris (1485). On en voit aisément la raison : si « les gens notables de justice, bourgeois, marchands et autres notables personnes mettent leurs filles » en apprentissage chez une lingère, ce n'est pas toujours avec l'idée que leurs filles deviennent plus tard des ouvrières, puis des maîtresses lingères. Bien souvent, c'est tout simplement « pour apprendre honnête maintien, l'œuvre de couture... et éviter oisiveté ». L'atelier n'est plus, dans ces conditions, qu'une sorte d'école, et il n'y a aucune raison pour limiter le nombre de celles qui vont s'y instruire.

Le nombre des apprentis est encore illimité [1], du moins en principe, dans tous les métiers libres. L'édit du 28 décembre 1541 maintient les maîtres imprimeurs de Lyon dans le droit d'avoir autant d'apprentis qu'il leur convient ; de même ceux de Paris. Ce n'est qu'en 1571 que Charles IX décide qu'il y aura « deux apprentis seulement à chaque presse, l'un à la presse et l'autre à la casse, sinon que les compagnons fussent d'accord de recevoir plus de deux apprentis ». En 1618, les imprimeurs à deux presses n'ont que deux apprentis, les autres trois au maximum, les libraires un seul.

(1) Il avait dû en être ainsi, à l'origine, dans tous les métiers. Les bourreliers de Paris (statuts de 1404, confirmés en 1578, AD xi 25) rappellent que leurs anciens statuts disent : « quiconque veut estre bourrelier à Paris, il peut avoir tant d'aprantiz comme il luy plaira... ». Et subitement le nombre des apprentis est réduit à un seul. Par mesure de transition, lorsqu'un métier ci-devant libre est pour la première fois organisé en jurande (patenôtriers et boutonniers d'émail, Paris, 1568, Y xii, f° 63 v°), on décide que : si actuellement quelques maîtres ont plus d'un apprenti, ils passeront leurs apprentis supplémentaires aux autres maîtres, lesquels seront tenus de les recevoir.

Mais il est avec ces règles plus d'un accommodement. D'abord, on autorise généralement le maître, pendant la dernière année ou les six derniers mois du bail d'un de ses apprentis, à prendre un apprenti supplémentaire. En 1553, un édit permet aux maîtres parisiens « d'avoir un second apprenti, pouvu qu'ils le prennent du nombre des pauvres enfants qui sont nourris dans l'Hôpital de la Trinité » : c'est un moyen de faciliter le placement des enfants assistés, comme cela se faisait à Lyon. Les fils de maîtres ne comptent pas dans le nombre légal des apprentis s'ils servent chez leurs parents ; mais ils comptent si on les a placés chez un confrère.

Les maîtres cherchent à violer les règlements limitant le nombre des apprentis, et cela pour deux raisons. D'abord pour s'enrichir, « à cause de la redevance en blé, pain et argent » payée par chaque apprenti, disent les parcheminiers de Toulouse. Et surtout pour abaisser le prix de la main-d'œuvre payée. Chez les imprimeurs, au moment des grèves de 1539-42, on met les apprentis à tous travaux, et ils sont, pour chaque presse, plus nombreux que les travailleurs salariés. Chez les paveurs de Paris, en 1561, les maîtres ne prennent que des apprentis et des manœuvres, renoncent complètement aux compagnons réguliers[1]. Un maître avait seize apprentis, d'autres six ou huit. Les compagnons se plaignent au Châtelet ; les maîtres objectent « le prix excessif des journées que les compagnons exigeaient ». Nous ignorons l'issue du procès ; mais nous nous trouvons bien ici en présence d'une coalition de patrons ayant pour objet de faire baisser artificiellement le prix de la main-d'œuvre.

---

(1) De la Marre. *Traité de la police*, t. IV, p. 187 : « Les M⁰ˢ paveurs abandonnèrent entièrement les compagnons et ne mirent dans leurs ateliers que des apprentis et des manœuvres. »

III

Il nous est assez difficile de nous faire une idée de la situation matérielle et morale de l'apprenti. Dans les métiers jurés, cette situation ne devait pas être trop désavantageuse.
L'enfant entrait, entre douze et vingt ans, dans une famille
que connaissaient ses parents ; il ne s'y trouvait pas perdu au
milieu d'une bande d'autres apprentis ; parfois il y était
seul apprenti, plus souvent il y trouvait deux ou trois camarades, six ou sept au maximum ; il mangeait à la table du
maître ; c'est le maître qui se chargeait lui-même de l'instruire dans le métier, ou qui déléguait ce droit à sa femme ;
dans ce dernier cas, soumis à de douces mains féminines,
l'apprenti devait retrouver au logis du maître quelque
chose de l'atmosphère familiale. Le maître et la maîtresse
étaient si bien substitués au père et à la mère de famille,
l'apprentissage avait si bien le caractère d'une adoption
momentanée, que la loi déclarait que les apprentis « sont
à la correction des maîtres ». Mais les maîtres ne devaient
pas abuser de ce droit de correction paternelle pour bru-
taliser leurs apprentis. La situation juridique de l'apprenti
était garantie par un contrat formel, souvent écrit, parfois notarié ; par ce contrat le maître s'engageait à le
bien nourrir, à le bien traiter, et souvent à le vêtir.
Lorsque l'apprenti appartenait à une institution charitable,
Aumône ou Trinité, ses droits étaient encore mieux
sauvegardés, car les recteurs de ces œuvres passaient
chaque année la revue de leurs « adoptifs », et les enle-
vaient aux maîtres qui instruisaient mal leurs apprentis,
les traitaient mal ou ne leur donnaient pas l'exemple
de la plus parfaite moralité. — A l'atelier, l'enfant ne

se trouvait pas en contact avec des ouvriers nombreux, avec des visages étrangers et perpétuellement changeants ; il n'avait autour de lui qu'un petit nombre de compagnons, cinq ou six d'ordinaire, dont plusieurs avaient été apprentis sous le même maître, et qui souvent mangeaient avec lui à la table de famille. Ils aidaient le maître à faire de lui un bon ouvrier.

Ce que nous venons de décrire là, c'est l'état idéal de l'apprenti. Mais la réalité devait être souvent très différente. La preuve en est dans la multiplicité même des prescriptions législatives destinées à protéger l'apprenti : on n'avait point songé à tant le protéger à l'époque patriarcale où le maître était pour lui un père. Trop souvent l'enfant était malheureux chez son maître, puisqu'il se sauve du logis patronal, non seulement pendant des jours — simple escapade de gamin espiègle — mais pendant des mois. Lorsqu'il revient, ramené sans doute par la misère, par l'impossibilité où il est de trouver du travail sans un brevet d'apprentissage, l'apprentissage le saisit comme une sorte de servage : il est la chose de son maître, il est loué, « affermé » à son maître pour une durée déterminée ; il ne peut résilier ce contrat, moyennant indemnité, que si son maître y consent ; et certains statuts considèrent même le versement et l'acceptation de cette indemnité comme un délit. — Il n'est pas toujours bien traité par son maître ; il est souvent retenu par celui-ci dans la situation de travailleur non salarié, alors qu'il est depuis longtemps capable de gagner sa vie, puisque nous le voyons quitter son maître pour aller se placer à gages chez un autre.

Mais c'est surtout dans les métiers libres que sa situation devient à plaindre. Là il n'a plus pour le garantir le petit nombre de ses camarades, le petit nombre des ouvriers, les habitudes familiales. Il est dans un vaste atelier ; il travaille, avec d'autres apprentis plus nombreux que les compagnons, à un véritable travail d'ouvrier ; il tourne la presse, il compose les feuilles d'imprimerie. C'est un ouvrier, mais un ouvrier qu'on ne paie pas. Par sa seule présence, et sans le vouloir, il enlève le pain de la bouche au travailleur salarié, il pèse constamment sur le prix de la main-d'œuvre. Aussi est-il détesté par les compagnons ; ceux-ci le rendent responsables d'une situation dont il n'est pas l'auteur ; non seulement ils refusent d'aider le maître à l'instruire, mais ils le rouent de coups[1], non pas pour exercer à son égard le droit de correction paternelle, mais parce qu'ils le haïssent comme un concurrent contre lequel la lutte est forcément inégale. Ils veulent l'entraîner dans leurs grèves et leurs mutineries et le punissent s'il ne veut pas les suivre. Dans les luttes entre le capital et le travail, l'apprenti du XVIe siècle est une arme aux mains des patrons, et c'est lui, bien souvent, qui paie les frais de la guerre.

La littérature du XVe et du XVIe siècle s'intéresse rarement à l'apprenti, à ses misères, à ses espiègleries. Voici cependant, dans la *Farce du couturier*[2], quelques passages qui sont le commentaire dramatique de ce chapitre. Esopet, le jeune apprenti du couturier, se plaint de travailler sans être payé :

> Aussi suis-je votre alloué
> Deux ans sans loyer. —
> Je crois bien.
> Aussi ne me sers-tu de rien,
> Qu'à garder l'hôtel, d'aventure,
> Si quérir vais de la couture,
> Quand mandé suis pour y aller.

(1) « Les menaçant de battre et mutiler... Et défenses faites auxd. compagnons de ne les empêcher ni iceux battre ni menacer. » Sentence du sénéchal de Lyon.

(2) *Ancien théâtre français*, t. I, p. 159, 161, 161.

Si le maître ne paie pas son apprenti, il ne se prive point, à l'occasion, d'exercer sur le dos de l'enfant son droit de correction paternelle :

> Les apprentis maintenant sont
> Maintenant plus fiers que les maîtres,
> Et si j'empoigne un bâton rond
> Bien te ferai tirer tes guêtres...

S'il s'entend à bien morigéner Esopet, il ne semble pas qu'il observe aussi scrupuleusement la clause par laquelle il s'est engagé à le bien nourrir, car il se plaint vivement de l'appétit formidable de son apprenti :

> J'ai tant besoin de gagner,
> Vu que le pain est enchéri,
> Puis que ce garçon je nourris :
> Est tant friand et tant gourmand
> Qu'il mangerait plus qu'un Allemand ;
> En son habit ne peut tourner,
> Tant il est gras. —
>
> C'est donc de jeûner

répond assez spirituellement Esopet, car

> ... je ne vis à la maison
> Mettre pot au feu de semaine.
> C'est bien pour avoir panse pleine !...

Son maître cherche à le consoler en lui montrant que, s'il mange de la vache enragée, il s'instruit dans l'art de couture :

> Esopet, n'ayons point de noise ;
> Puisque tu veux métier apprendre,
> A tailler, à coudre, à reprendre,
> Il te faut avoir bon courage.

Mais en dépit de ces belles paroles, il le traite fort mal. La chambrière qui se commande une robe neuve apporte au couturier une perdrix, en lui recommandant d'en don-

ner une part au « petit varlet ». Mais le maître, qui n'a pas
tels morceaux tous les jours, avise au moyen de garder
pour lui seul cette aubaine. Il répond à la servante que ce
pauvre Esopet, très délicat de l'estomac, ne peut manger
de venaison, et il se dit à part soi :

> Esopet jà n'en mangera...
> Repaisse du pain et de l'eau,
> S'il veut ; ceci me demourra.

A trompeur trompeur et demi. Esopet évente le strata-
gème et se venge en faisant rouer de coups son vilain
maître. Je ne prétends pas, assurément, que cette farce
soit autre chose qu'une farce, une caricature de la réalité ;
toujours est-il qu'elle ne nous donne pas une idée précisément enchanteresse des rapports du maître et de
l'apprenti.

CHAPITRE III

LE COMPAGNON

I. *Définition du compagnonnage.* — L'ouvrier, le varlet, le serviteur, le compagnon. — II. *Situation des compagnons :* 1° dans
les jurandes ; 2° dans les métiers libres. — Ce qu'il faut pour
devenir compagnon. — Est-il nécessaire d'être compagnon ? —
III. *La main-d'œuvre.* — Les manœuvres. — Les forains. —
Les compagnons forment une main-d'œuvre privilégiée.

I

L'homme qui vit du travail de ses mains, qui travaille
pour le compte d'un patron et qui reçoit de ce patron un
salaire, porte des noms assez divers dans les textes du
xvᵉ et du xviᵉ siècle. Considéré surtout dans son rapport
avec le travail même qu'il exécute, on l'appelle artisan ou
bien encore *ouvrier*, comme nous disons aujourd'hui ;
mais souvent le nom d'ouvrier est indifféremment donné
au maître[1] ou au travailleur salarié. Lorsque Louis XI, en

(1) Par exemple, dans la *Farce du couturier*, lorsque la chambrière a
été chez le maître couturier, et qu'elle revient avec l'apprenti (ou varlet) de ce dernier, le gentilhomme lui demande :

Puis avez-vous parlé
A l'ouvrier ?...
      — Voicy son varlet.
— Ton maître me semble qu'il est
Bon ouvrier.

Les deux mots de maître et d'ouvrier ne sont donc ici nullement
opposés l'un à l'autre.

1467, érige en jurande le métier de faiseurs d'esteufs, il
dit : « que doresnavant les *ouvriers* d'icelui métier vivent
en police comme ès autres métiers de notre ville [1] »; il
entend par *ouvriers* tous les membres de la nouvelle
communauté. On donne également le nom d'*ouvriers* aux
travailleurs établis à leur compte, aux petits patrons qui
ne sont pas entrés dans la hiérarchie corporative :
« Comme les maîtres cordonniers de cette ville de Paris
nous aient signifié, dit une ordonnance de 1456 [2], que
aucuns *ouvriers* sueurs d'icelle ville de leur autorité se
ingèrent chacun jour tenir ouvroir public dudit métier
de sueur, sans ce qu'ils aient été par nous reçus et passés
maîtres... »

Quand on considère l'ouvrier dans ses rapports avec le
maître qui l'emploie, on lui donne plutôt les noms de
serviteur ou de *valet :* « Lesdits foulons de draps, dit un
texte de 1467, et leurs *varlets* pourront ouvrer et besogner
à toutes heures [3]... Leurs apprentis et *serviteurs*, dit à la
même date le statut des gantiers, sont oiseux [4]... » Pour
les femmes employées dans l'industrie, on leur donne les
mêmes noms qu'à celles qui font partie de la domesticité,
les noms de *servantes* ou de *chambrières* aussi souvent
au moins que celui d'*ouvrières* [5]. — Dans les pays de langue d'oc, le nom de varlet a souvent pour équivalent celui
de *massip*.

Mais de plus en plus, à mesure qu'on avance dans le
xvie siècle, ces noms divers deviennent plus rares pour
faire place au nom de *compagnon*. Par ce vocable on

(1) Y., vii, f° 44-55.
(2) Ibid., f°° 46 à 50 v°.
(3) Ibid,, f°° 20-28 v°.
(4) Ibid., f° 59.
(5) Ibid., f° 27 : « varlets, chambrières, apprentis et apprentisseresses ».

entend surtout l'ouvrier considéré comme membre d'une collectivité de travailleurs, et d'une collectivité que sa situation et ses intérêts opposent nettement à celle des maîtres. C'est en particulier le nom que se donnent à eux-mêmes les ouvriers dans les actes où ils interviennent à titre collectif, quand ils entrent dans une confrérie mixte avec les maîtres, quand ils forment une confrérie indépendante, quand ils engagent un procès contre leurs employeurs. Le féminin *compagnonne* est rare ; on le rencontre cependant chez les cartiers de Paris, en 1394 [1].

Ces divers noms de varlets, serviteurs, compagnons sont d'ailleurs bien considérés comme synonymes entre eux, puisqu'on dit communément : « Nul compagnon ou valet étranger [2]... Les serviteurs et compagnons [3]... » etc.

Qu'est-ce donc que le compagnon ? Théoriquement c'est l'homme qui, ayant régulièrement fait son apprentissage, n'a pas été reçu ou ne s'est pas présenté au chef-d'œuvre, ou bien, tant dans les métiers jurés que dans les métiers libres où il y a pas de chef-d'œuvre, c'est l'homme qui n'a pas de capitaux suffisants pour s'établir maître ; car le tout n'est pas d'avoir juridiquement la capacité d'exercer la maîtrise ; il faut encore posséder les moyens matériels nécessaires pour installer un atelier, ou, comme disent les textes, pour lever ouvroir. Ou bien encore le compagnon peut être un homme qui n'a plus ce capital indispensable, par exemple un ancien maître qui s'est ruiné et qui est obligé de travailler à gages chez un de ses anciens confrères.

(1) AD xi 49.

(2) Paveurs de Paris, 1501 (*Tr. de la Police*, IV, p. 184).

(3) Gainiers, 1560 (AD xi 15).

II

On voit que cette définition est très large. Aussi bien
la situation réelle du compagnon est-elle très différente
suivant qu'il appartient à une jurande ou à un métier
libre. Ces nuances sont assez bien marquées par un
auteur du xviii° siècle, de la Marre, dans un mémoire
manuscrit sur les *Arts et métiers en général*[1]. L'auteur
du *Traité de la Police* se pose la question suivante :

« S'il est plus utile de les tenir [les artisans] comme ils
sont présentement dans Paris sous la contrainte de certains corps et de certaine jurande, au dehors de laquelle il
ne soit permis à aucun de travailler du métier qu'il sait, ou
de laisser la liberté qui a été en quelques autres villes du
royaume et principalement à Lyon, où l'accès est ouvert
à tout venant pour travailler de toutes sortes d'ouvrages ;
où, sans considérer la qualité de l'ouvrier, l'on regarde
seulement celle de son travail ; où celui qui demeure chez
un maître comme compagnon peut quand il veut tenir boutique aussi bien que celui chez lequel il sert, et cela sans
passer par aucun examen, sans prendre permission des
autres ouvriers du même métier ni des magistrats de la
ville, et enfin sans autre soumission que celle de la visite,
laquelle est faite de temps en temps sur les ouvrages par
des bourgeois nommés tous les ans à cet effet, et qui
pour cette raison sont appelés les maîtres des métiers .»

Il y a là, on le voit, deux situations essentiellement
différentes : dans le premier cas, le compagnon est un
échelon dans une hiérarchie, entre l'apprenti et le maître ;

---

[1] B. N. Ffr. 21791, f° 1. Ce texte peut s'appliquer à la période dont
nous nous occupons.

dans le second, il est un homme absolument libre, ouvrier aujourd'hui parce qu'il a besoin de travailler pour vivre, maître demain si la fortune lui sourit [1]. C'est une situation temporaire, instable, d'où l'on peut constamment espérer de sortir avec du travail et de la chance. Et de fait on en sortait souvent : il suffit, pour s'en persuader, de penser à ces imprimeurs lyonnais que nous voyons figurer à titre de compagnons dans des actes notariés, et que nous retrouvons, quelques années plus tard, mettant leur nom au bas des livres qui sortent de leurs presses : Simon de Vunsy, qui était l'un des grévistes de 1539 et que nous rencontrons comme maître imprimeur en 1545, Pierre Ferdelat, Bonaventure Nugo, etc.

Au contraire, dans les métiers jurés, le compagnonnage est une situation quasi permanente. On n'en peut sortir qu'en se soumettant à des règlements étroits (apprentissage, service, chef-d'œuvre), en payant des droits élevés, enfin en obtenant l'agrément des titulaires existants, lesquels ont intérêt à ne pas accroître le nombre de leurs concurrents possibles [2].

Tout le monde peut-il être compagnon? suffit-il pour cela d'avoir deux bras et du courage? En principe, nous avons vu dans le chapitre précédent qu'il fallait avoir été apprenti. Cette obligation était pour ainsi dire absolue dans les métiers jurés, à part une ou deux exceptions où le service peut dispenser de l'apprentissage. Elle devait être générale, en fait, même dans les métiers libres, car on ne devait pas donner de salaires à des débutants qui ne connaissaient pas le métier.

(1) Après une longue discussion dans laquelle il fait d'abord valoir d'excellents arguments en faveur de la liberté du travail, de la Marre finit par se prononcer pour le maintien des jurandes, mais débarrassées de leurs abus.

(2) Voy. ch. vii.

Originairement, il fallait même avoir été apprenti dans la propre ville où l'on voulait être compagnon. La durée et les règlements de l'apprentissage variant beaucoup de ville à ville, un brevet délivré par un maître d'une ville ne constituait pas, aux yeux des maîtres du même métier dans une autre ville, une garantie toujours suffisante. En particulier Paris, dont les règlements étaient très sévères, considérait souvent les brevets passés hors de son enceinte comme des chiffons de parchemin sans valeur. L'esprit exclusiviste des jurandes trouvait son compte à ce dédain des diplômes venus du dehors : on diminuait par là la concurrence sur le marché du travail — c'était l'intérêt des compagnons déjà établis dans la ville — et le nombre des candidats possibles à la maîtrise, — c'était l'intérêt des maîtres. Encore en 1618, les libraires-imprimeurs de Paris exigeaient que l'apprentissage eût été fait en cette ville. Le plus souvent on tâchait d'établir ce que nous pourrions appeler l'équivalence des grades. Par exemple les maîtres gainiers, qui ne doivent en principe accepter que des compagnons ayant fait à Paris six ans d'apprentissage, peuvent cependant prendre comme ouvriers des compagnons étrangers, mais non pas « premier qu'ils se soient informés bien et dûment du lieu où lesdits compagnons auront fait leurdit apprentissage, et qu'ils aient été ledit temps apprentis » ; c'est-à-dire qu'ils devaient faire une enquête sur la question de savoir si ces compagnons avaient fait un apprentissage équivalent à celui qui était exigé des ouvriers parisiens [1]. C'est seulement l'ordonnance de 1581 qui décidera que l'apprentissage fait dans une ville française quelconque est valable pour tout

(1) A Rouen (drapiers. Ouin-Lacroix p. 918) l'ouvrier pourra exercer le métier s'il vient d'une ville où l'apprentissage est, comme à Rouen, de trois ans. S'il vient d'une ville où l'apprentissage n'est que de deux ans, il fera une troisième année à Rouen.

le royaume. Encore avons-nous vu que cette ordonnance ne fut pas respectée, puisque les libraires-imprimeurs de Paris refusaient encore de s'y conformer en 1618.

On dispense parfois de l'apprentissage lorsque l'on crée une industrie nouvelle : il s'agit alors de trouver au plus vite des compagnons pour ce nouveau métier et, d'autre part, la technique de cet art n'étant pas encore bien connue, tout le monde peut s'y livrer avec des chances égales de succès. Par exemple lorsque Louis XI installe à Lyon l'industrie de la soierie, en 1466, il entend que tous les Lyonnais puissent librement devenir ouvriers du nouveau métier, les religieux comme les laïques, et les femmes comme les hommes : « Auquel [métier] se pourront occuper licitement hommes et femmes de tous états, *que dix mille personnes*, tant de ladite ville que des environs, et tant d'église, nobles, femmes de religion que autres... » Lorsque, devant la résistance des Lyonnais, le roi transporte à Tours le matériel et les cadres du nouveau métier, il le laisse encore ouvert à tous. De même en 1539, à Toulouse [2], lorsque Alexandre Salvini propose aux Capitouls de fonder une fabrique de soie, c'est aussi pour donner du travail « à plusieurs jeunes filles qui vaguent par les rues et plusieurs pauvres femmes vieilles qui, en dévidant et doublant les soies... pourront aussi gagner une pièce d'argent pour vivre ». Il ne s'agit donc pas de limiter le nombre des ouvriers, ni d'exiger un apprentissage préalable. C'est seulement plus tard, à cause des désordres provoqués par les industriels jaloux des villes voisines, qu'on se décida à faire de cette grande manufacture une jurande.

(1) *Lettres de Louis XI*, t. III, p. 121, cité par H. Sée, *Louis XI et les villes*.
(2) Du Bourg, *Tableau de l'anc. organisation du travail dans le Midi*, p. 124.

Il n'en reste pas moins que, d'une façon générale, il faut avoir été apprenti pour dev compagnon. Mais était-il nécessaire d'être compagnon ? Le compagnonnage était-il une situation obligatoire, imposée à tous les membres des communautés industrielles, une étape indispensable sur la route qui mène de l'apprentissage à la maîtrise ?

C'était, à coup sûr, la vérité juridique. Loyseau, dans son traité *Des Ordres*, p. 58, s'exprime ainsi à ce sujet : « L'ordonnance veut qu'on soit trois ans apprentif sous un même maître sans changer, sur peine de recommencer l'apprentissage : puis on devient compagnon, qu'on appellait anciennement bachelier, c'est-à-dire prétendant et aspirant à la maîtrise ; et ayant été encore trois ans compagnon à travailler chez les maîtres, on peut être reçu maître... » Mais en premier lieu ce texte est postérieur à l'ordonnance de 1581, qui tenta de mettre un peu d'ordre dans l'organisation industrielle d'alors. D'autre part il y a loin de la vérité juridique à la vérité vraie. Ce que Loyseau décrit ici, c'est la carrière-type de l'industriel. Celui qui gravissait régulièrement les échelons, sans hâte et sans retard, pouvait être apprenti trois ans, compagnon trois ans, et puis maître. Mais la généralité des maîtres avait-elle passé par ces trois échelons ?

Les admirateurs du vieux temps seraient tentés de répondre affirmativement, car ils voient les choses à travers leurs illusions : il leur plaît de penser que le maître, véritable *patron* dans toute la force de ce terme, avait appris le métier, jeune apprenti, avec ses futurs ouvriers ; qu'il avait ensuite, toujours avec eux, peiné sur les mêmes besognes, vécu de la même vie, enduré les mêmes misères et joui des mêmes joies ; que, devenu leur chef, il se souvenait de ce passé traversé en commun ; au lieu d'un entrepreneur de travail qui exploite le rendement de la main-d'œuvre, ils en font un père, une sorte de patriarche industriel, dont l'autorité ne s'exerce que pour le bien de tous. Mais tout autre — et moins belle — est la réalité.

Il existait d'abord toute une catégorie de métiers dans lesquels l'apprenti pouvait certainement se présenter immédiatement à l'examen du chef-d'œuvre et être passé maître sans avoir jamais été ouvrier. Pour la ville de Saint-Omer, il n'existe qu'un seul métier (celui des cuveliers, 1421) dans lequel nous pouvons affirmer qu'un certain temps de compagnonnage était exigé.

Chez les paveurs de Paris (statuts de 1501) les apprentis étaient reçus maîtres après avoir parachevé leur apprentissage et fait le chef-d'œuvre. Il est dit que les huchiers (1580), « leur temps d'apprentissage fini, seront tenus de faire chef-d'œuvre » ; il n'y a donc aucune transition nécessaire entre l'apprentissage et la maîtrise. La preuve qu'il en est bien ainsi pour les huchiers qui ont fait leur apprentissage à Paris, c'est que l'on a soin de spécifier que, seuls, ceux qui ont été apprentis ailleurs devront servir quatre ans comme compagnons chez un maître parisien. De même le gainier (1560) pourra, aussitôt l'apprentissage terminé, être passé maître ; seuls, les apprentis en une autre ville devront, outre leur apprentissage, servir chez les maîtres de Paris quatre ans consécutifs, etc.

Il est même assez rare que, surtout dans les anciens statuts, on rencontre une clause rendant le compagnonnage obligatoire. Même lorsqu'elle existe, il faut noter que les fils de maître en sont nommément dispensés. Nous rencontrons cette clause, par exemple, en 1594, chez les cartiers de Paris : dorénavant nul ne sera maître à Paris

s'il n'y a été apprenti quatre ans, « après lesquels ledit
apprenti servira les maîtres dudit métier pendant trois ans
comme compagnon ». La façon même dont cet article est
rédigé semble bien indiquer qu'il s'agit là d'une prescription nouvelle. De même chez les découpeurs-égrati-
gneurs-gauffreurs en 1604. En 1618, l'apprenti libraire de
Paris, une fois muni de son certificat sera compagnon ; il
sera obligé de servir trois ans, s'il a fait cinq ans d'apprentissage, ou quatre ans, s'il n'a été apprenti que durant
quatre années seulement.

Ces trois statuts ont pu être rédigés sous l'influence de
l'ordonnance générale de 1581, qui semble bien (art. 14)
vouloir faire du compagnonnage une situation juridique
nécessaire entre celles d'apprenti et de maître :

« Après lesquels apprentissages faits, lesdits apprentis
seront encore tenus servir lesdits maîtres, leurs veuves ou
autres de pareil art ou métier durant trois ans entiers... »

Cette prescription paraît formelle ; cependant l'ordonnance ne fait qu'une chose, c'est d'établir sur ce point le
droit commun. Et aussitôt elle autorise par avance toutes
les dérogations que les statuts particuliers des communautés pourront faire subir à ce droit commun. Car, après
avoir fixé ce terme de trois ans, elle ajoute :

« ... Sinon que leursdits statuts portassent pour ledit
service plus ou moins de temps, auquel cas nous voulons
qu'ils suivent et observent leursdits statuts... »

Nous avons vu qu'en fait les libraires ne se conformé-
rent pas très exactement à cette prescription. Mais la
preuve qu'elle dut tomber très vite en désuétude, c'est
que les métiers (cartiers et doreurs) qui imposent à leurs
apprentis trois ans de compagnonnage, c'est-à-dire précisément le temps marqué par l'édit, croient nécessaire de
mentionner cette durée dans les statuts ; cela eût été

superflu, si, dans la pratique, ce temps de service avait été véritablement de droit commun. D'ailleurs l'édit lui-même réduisait ce temps de moitié pour les fils de maîtres[1].

III

Quoi qu'il en soit, même dans les métiers qui ne connaissent pas la clause du compagnonnage obligatoire, la majorité des apprentis devait traverser l'état de compagnon, et souvent y rester. Comme on l'a déjà vu et comme nous le prouverons encore, les maîtres faisaient bonne garde autour de la maîtrise et d'autre part, même parmi ceux qui étaient capables de s'y faire recevoir, tous ne remplissaient pas les conditions matérielles nécessaires pour s'établir. Les compagnons formaient certainement l'immense majorité de la classe ouvrière. Ils n'étaient cependant pas toute la main-d'œuvre ; en dehors des apprentis, main-d'œuvre non payée, nous voyons parfois figurer à côté d'eux des travailleurs qualifiés de manœuvres. Qu'étaient-ce que ces manœuvres ? Probablement des journaliers, des ouvriers qui n'étaient pas attachés d'une façon stable à un atelier déterminé, qui peut-être n'avaient pas fait d'apprentissage régulier et dont sans doute le travail se payait moins cher. Il aurait donc existé, en dehors des communautés, une masse flottante d'ouvriers non organisés, irrégulièrement occupés, bons à peu près à tout faire, correspondant à ce que les Anglais appellent de nos jours *unskilled labour*, et auxquels les maîtres faisaient appel, soit lorsque le tra-

---

(1) A Toulouse les tondeurs exigent, après deux ans d'apprentissage, deux ans de service à gages; de même les chaussetiers ; les enlumineurs, un an et jour. (Du Bourg, *op. cit.*, p. 60.)

vail était surabondant, soit lorsque la main-d'œuvre était trop chère. C'est ainsi du moins que l'on peut s'expliquer le fait suivant : en 1561, lorsque les maîtres paveurs « abandonnèrent entièrement les compagnons », ils ne mirent dans leurs ateliers que des apprentis (le lecteur sait déjà pour quelle cause) et des manœuvres. On trouvait donc, à employer des manœuvres, une partie au moins des avantages que l'on trouvait à employer des apprentis ; et c'est pourquoi, si un maître avait seize apprentis, un autre avait six ou huit manœuvres.

Mais si les compagnons n'étaient pas toute la main-d'œuvre, ils formaient une main-d'œuvre privilégiée. Légalement du moins, les compagnons étaient protégés contre le travail étranger, contre ce qu'on appelait l'ouvrier forain.

Encore une légende qui s'en va, la légende, gracieuse entre toutes, du compagnon du tour de France. Dans l'idylle industrielle que certains de nos contemporains prennent pour le miroir fidèle du passé, il va, le compagnon du tour de France, son bâton à la main, quelques sols dans sa poche, ses outils dans sa besace, — c'est tout son capital, il ne lui en faut point d'autre, — la gaîté dans les yeux, la chanson aux lèvres ; il va, comme l'alouette s'élance du sillon, comme ses ancêtres les Gaulois, aux casques couronnés d'alouettes, marchaient en chantant à la conquête des terres lointaines. Devant ses yeux éblouis se déroule la terre de France ; il va de ville en ville, sûr de trouver partout le gîte, le couvert et du travail, des camarades accueillants et de bons maîtres.

A cette charmante peinture, il nous faut opposer la sécheresse, la dureté des textes. Les communautés ouvrières du xvi⁰ siècle n'étaient ni moins égoïstes, ni moins exclusives que les autres sociétés humaines. Elles avaient ce goût du monopole, cette tendance protectionniste qui caractérise les corps fortement constitués, et qui n'est autre chose que la forme collective de la tendance de l'être à persévérer dans son être. Elles pratiquaient fort bien, en utilisant leurs avantages antérieurs et leur situation acquise, la lutte pour la vie ou du moins la lutte pour la possession des instruments de la vie, la lutte pour le travail. Heureusement pour les « forains », l'influence des compagnons n'était ni la seule, ni vraisemblablement la plus importante qui se fît sentir dans la rédaction des statuts. Leur intérêt de classe, qui les aurait sans doute amenés à sacrifier complètement l'ouvrier étranger, trouvait un antagoniste naturel et puissant dans un autre intérêt de classe, celui des maîtres : ceux-ci ne pouvaient consentir à voir se rétrécir trop complètement le marché de la main-d'œuvre. Aussi les dispositions relatives aux « forains » sont-elles extrêmement variables, suivant les lieux et les métiers. Mais en général, les maîtres eux-mêmes — qui craignaient dans ces ouvriers intrus des concurrents possibles pour l'avenir — sont plutôt hostiles que favorables au compagnon qui n'est pas de la ville.

On est plus doux, à cet égard, dans le Midi que dans le Nord. Est-ce, comme le veut M. du Bourg[1], qu'il y venait un plus grand nombre d'ouvriers du dehors experts dans leur art, et surtout d'ouvriers italiens? Ce qui semblerait justifier cette explication, c'est que les métiers qui accueillent le plus volontiers l'étranger sont des métiers qui tiennent de l'art; métiers dans lesquels l'habileté individuelle joue le premier rôle, et où par conséquent un ouvrier artiste représente pour les patrons une valeur de premier ordre. Chez les enlumineurs de

---

(1) *Op. cit.*, p. 117.

Toulouse, les jurés procurent aux ouvriers étrangers « un maître à gages raisonnables ». Chez les naypiers, les bayles[1] examineront le forain avant de lui procurer du travail ; s'il est incapable de se tirer d'affaire, ils l'obligeront à passer par l'apprentissage. De même chez les patiniers, boursiers, barbiers, apothicaires. Les ménétriers ne pourront rester à Toulouse et y travailler que huit jours durant ; après quoi ils devront décamper, s'ils n'aiment mieux passer l'examen et verser quatre livres tournois. Pour les passementiers, je conjecture qu'ils ne devaient pas avoir le droit de travailler dans la ville ; on préférait sans doute, dans une pensée de charité bien ordonnée, leur accorder un secours momentané qui les mît en état de poursuivre leur route : car les bayles-compagnons demandent à avoir une boîte (un tronc) destiné en partie à pourvoir « aux nécessités des pauvres compagnons dudit état passant en cette· ville, sans y travailler ».

Dans le Nord, certains statuts disent simplement que, pour exercer le métier, il faut avoir été apprenti dans la ville, ce qui exclut implicitement les forains. D'autres se contentent de multiplier pour l'ouvrier de passage les difficultés et les frais. A Saint-Omer, on préfère les bourgeois, et en second lieu les étrangers domiciliés depuis an et jour. Au début du xvᵉ siècle, à Rouen, les règlements interdisaient absolument à tout étranger d'exercer son art dans la ville, à moins d'un nouvel apprentissage. Mais on s'aperçut, en 1408, que cette interdiction, en raréfiant la main-d'œuvre, menaçait de ruiner l'industrie rouennaise. Le roi fit convoquer une assemblée générale,

(1) On donne ce nom, en langue d'oc, aux chefs élus des communautés. Au xvᵉ siècle, les statuts des naypiers et ceux des parcheminiers interdisaient absolument aux forains d'exercer et de vendre (du Bourg, p. 80).

composée d'artisans, de gens de justice, de gens d'Eglise
et de la haute bourgeoisie ; cette assemblée décida que
tous les ouvriers qui pourraient justifier d'avoir fait
apprentissage dans une ville jurée pourraient travailler à
Rouen après avoir subi un examen[1]. Cette motion fut
votée malgré l'opposition de trois des principaux corps
d'état : drapiers, bouchers et dinands ; ce qui prouve
qu'elle fut soutenue surtout par les fractions de l'assemblée qui n'appartenaient pas à la classe industrielle.
D'ailleurs les corporations ne se tinrent pas absolument
pour battues et elles profitèrent de la clause qui soumet-
tait l'étranger à un examen pour reprendre une partie de
leurs avantages. Les statuts des drapiers décident que
l'étranger, qui présentera un certificat d'apprentissage
équivalant à ceux de Rouen, pourra travailler librement
en ville pendant huit jours ouvrables seulement ; passé ce
temps, il ira en justice prêter serment aux statuts, il
paiera dix sols aux deux boujonneurs (gardes) qui l'auront
mené, dix autres à la paroisse, et « quarante sols à boire
aux ouvriers dudit métier[2] ». Pendant longtemps, les
Rouennais avaient même voulu complètement interdire
le travail aux drapiers de Louviers qui, chassés de leur
ville par les Anglais, s'étaient réfugiés dans la grande
métropole. Il fallut qu'en 1424 le bailli du roi anglais
Henri VI donnât à tous les drapiers rouennais des statuts
uniques, et un sceau unique, qui portait encore (souvenir des luttes passées) les deux lettres R (Rhotoma-
genses) et F (Forenses). C'est seulement après le retour
de Rouen sous la domination de la France que la fusion
fut complète (1451) et que sur le nouveau sceau la lettre
F fut remplacée par la lettre S (sigillum).

(1) Ouin-Lacroix, *op. cit.*, p. 35.
(2) Ouin-Lacroix, p. 91-97.

Chez les passementiers, en 1531[1], les compagnons
forains peuvent ouvrer « en la maison et des étoffes des
maîtres et non autrement »; c'est-à-dire, semble-t-il,
qu'on réserve aux ouvriers du cru et le travail en ville et
le travail à façon. S'ils restent plus de quinze jours, ils
paieront dix sols au métier. Le maître est responsable du
versement de ces dix sols. De même chez les maîtres
joueurs-faiseurs d'instruments de musique et maîtres de
danse (1454 et 1578), le maître qui aura prêté son concours à un étranger sera frappé de déchéance et paiera
100 livres d'amende[2].

A Paris, chez les bonnetiers (1549), le forain paiera dix
sols[3]. Chez les gainiers (1560) nous voyons s'affirmer
la préoccupation de protéger le travail local. Les maîtres
ne pourront, à peine de 100 sous parisis, employer les
compagnons étrangers avant de s'être assurés de l'équivalence de leur brevet d'apprentissage : « Et encore
seront tenus préférer et mettre en besogne les compagnons qui auront fait leur apprentissage en cette ville
premier et avant lesdits compagnons étrangers. » Il est
vrai que cette clause protectrice est rendue à peu près
illusoire par ce qui suit : «... pourvu que lesdits compagnons (parisiens) offrent s'allouer ou besogner à pareil
prix que les étrangers, et qu'ils soient aussi suffisants
ouvriers[4] ». Ce n'est donc pas un véritable droit de préférence qui est constitué en faveur des ouvriers de la
ville. C'est à peine si ce droit leur est reconnu à l'en-

(1) Ouin-Lacroix, p. 707.
(2) Ouin-Lacroix, p. 257.
(3) Y x, f° 101. Cinq sols chez les miroitiers (1581).
(4) De même, artilliers de Paris 1577 : « ne pourront les maîtres dudit
métier bailler à besogner à un étranger que préalablement les compagnons qui auront été apprentis dud. métier en cette ville ne soient
mis en besogne, *s'ils le requièrent pour le même prix que l'étranger* ».
Id. Cordonniers (1574).

contre des ouvriers étrangers au royaume. Par exemple, Charles IX, en 1572, après avoir spécifié que les compagnons imprimeurs de Paris et de Lyon, ne pourront « s'attribuer aucune préférence sur ceux qui auront été reçus compagnons ès imprimeries des autres villes de ce royaume », a soin d'ajouter : « Seront néanmoins les compagnons de Paris et de Lyon préférés aux étrangers nés hors l'obéissance du roi, quand ils se voudront contenter du salaire ordonné ci-dessus [1]. »

L'édit de mars 1586 interdit aux forains de vendre, hors le temps des foires, autrement que dans les halles, après avoir subi la visite des gardes et en payant le sol pour livre [2]. Ces prescriptions se retrouvent dans les statuts des cartiers, en 1594 [3].

(1) Fontanon, t. IV, p. 476.
(2) ADxt 10.
(3) Lespinasse, *op. cit.*, t. I, p. 556.

CHAPITRE IV

LE CONTRAT DE TRAVAIL

I. *L'embauchage.* — Le marché de la main-d'œuvre. — Répartition de la main-d'œuvre entre les maîtres. — Les sans-travail. — II. *Contrat de travail.* Verbal ou écrit. Individuel ou collectif. Légal ou conventionnel. — Durée du contrat : à terme ou à la tâche. — III. *Rupture et violations du contrat de travail.* — Résiliation. — Procès. — IV. *Métiers capitalistes.* — Commandite industrielle. — Bouchers. — Drapiers. — Soierie de Toulouse.

I

L'idée que nous nous faisons des rapports entre le capital et la main-d'œuvre, est dominée par les conceptions individualistes de la Révolution française. La formation du contrat de travail nous apparaît comme une sorte de drame juridique, qui se joue entre deux personnages isolés, d'une part l'entrepreneur qui offre son argent, d'autre part l'ouvrier qui offre ses bras. Nous séparons mentalement ces deux personnages, le premier de tous les autres entrepreneurs chez lesquels l'ouvrier pourrait travailler, le second de tous les ouvriers qui travaillent chez cet entrepreneur ou chez ses confrères. Seuls tous deux, l'un en face de l'autre, ils nous semblent débattre les clauses du contrat sur le pied d'une parfaite égalité.

Je n'ai pas à rechercher ici jusqu'à quel point cette conception est illusoire. Toute différente était la conception du moyen âge, qui régnait encore au xve et au xvie siècle, du moins dans les villes et métiers jurés. La main-d'œuvre est alors considérée, pour une ville et pour un métier donnés, comme une masse indivise, sur laquelle tous les maîtres ont des droits égaux, absolument de la même façon qu'ils ont des droits égaux sur la matière première nécessaire à leur industrie. Pas plus qu'un maître n'a le droit d'accaparer les draps, les cuirs, les grains qui paraissent sur le marché de la ville, pas davantage il n'a le droit d'accaparer les bras. Chacun a le droit de puiser dans cette réserve de travail comme de prélever sa part sur le stock de marchandises. Par suite, ni l'ouvrier ne choisit son maître, ni le maître ses ouvriers. De même que les laines se vendent aux halles, sous le contrôle des gardes-jurés de la draperie, de même les bras se vendent — ou se louent — sur un véritable marché, sur une place où les ouvriers en quête d'ouvrage se réunissent à des heures fixées, généralement de bon matin, et où les maîtres viennent embaucher leur personnel, avec l'agrément des jurés, qui représentent la masse de leurs concurrents.

Valable pour les ouvriers domiciliés dans la ville, cette règle s'applique à plus forte raison à ceux qui viennent du dehors. A une époque où l'énergie humaine était de beaucoup le principal outil de l'industrie, le maître qui aurait pu faire venir du dehors ce capital humain se serait facilement acquis sur ses confrères une écrasante supériorité. Aussi le cas est-il prévu, dès 1456, par les statuts des potiers de terre : « Quand aucuns varlets et ouvriers dudit métier viendront de dehors pour ouvrer et besogner dudit métier en cette ville et fauxbourgs de Paris, seront mis et pourvus par lesdits jurés dudit métier avec aucuns maîtres dudit métier qui en auront besoin ; et en seront pourvus les maîtres qui n'auront aucuns varlets, par avant ceux qui en seront fournis. » On commence a donc par attribuer des ouvriers à ceux qui en manquent, de façon à rétablir l'égalité entre les divers ateliers. Toute contravention à cette règle est frappée de 10 sols parisis d'amende.

Le procédé suivi par les jurés pour arriver à une égale répartition de la main-d'œuvre entre les maîtres est décrit avec une minutieuse exactitude dans les statuts des couteliers (1565) : quand des « compagnons qui viendront des champs » arriveront « en une boutique de maître coutelier en cette ville de Paris, comme de tout temps et d'ancienneté ils ont accoutumé », il ne faut pas croire que le maître aura le droit de les installer immédiatement dans son atelier, en se réjouissant de cette bonne aubaine. Il devra d'abord mener le nouveau compagnon « ou le faire mener chez les autres maîtres dudit métier de coutelier, pour savoir si aucun en a affaire », sauf cependant dans le cas où « il adviendrait que le maître, où icelui compagnon serait arrivé, il n'ait point de serviteurs »; alors, évidemment, « il lui sera loisible de le prendre et mettre en besogne ». Mais « s'il en a et un autre maître n'en ayant point, ledit maître où il sera arrivé ne le peut prendre et mettre en besogne, ains le doit envoyer et mettre en la maison de celui qui n'en aura point ». Ainsi donc, le seul privilège que l'on reconnaisse au maître chez qui le compagnon est « premier arrivé et adressé », c'est que s'il n'a pas encore d'ouvrier, il pourra garder celui-ci, même si un autre maître coutelier de Paris n'en a pas davantage. Tout maître coutelier qui a trois ouvriers devra en céder un à l'un de ses confrères qui n'en aura point et qui s'engagera à lui payer le même salaire ; et si l'on ne trouvait pas de maître qui eût besoin d'un ouvrier, ce compagnon, dont la présence ne ferait alors que troubler l'harmonie du monde industriel parisien, n'aurait plus qu'à « s'absenter et s'en aller besogner hors ae cette ville et banlieue de Paris, sans servir aucun maître de Paris ».

La contrepartie nécessaire de cette interdiction d'accaparer le travail, c'est l'obligation pour l'ouvrier d'offrir son travail à l'employeur. Si le maître ne doit pas avoir plus d'ouvriers que ses confrères, il ne doit pas non plus manquer d'ouvriers. Le compagnon, source première du travail, n'est pas libre de travailler ou de se reposer à sa guise. Sa fonction est de « besogner » de ses mains, il ne peut se soustraire à ce devoir ; et le chômage volontaire est bel et bien un délit : « Tous les compagnons dudit métier [cordonniers de Paris, 1574] lesquels seront trouvés avoir été sans maîtres trois jours consécutifs seront amenés prisonniers ès prisons du Châtelet. » Mêmes menaces dans les statuts des teinturiers du petit teint[1]. Mais ici l'action des corporations est fortifiée par l'action publique, parce que les ouvriers inoccupés deviennent facilement des vagabonds, et que les vagabonds deviennent des mutins. Aussi les ordonnances contre les « gens oiseux », c'est-à-dire contre les *sans-travail*, sont-elles nombreuses, depuis celle de Jean le Bon jusqu'à celle de Henri IV. L'une des plus sévères, et en même temps l'une des plus intéressantes pour l'histoire des mœurs est celle que rendit François Ier en 1534[2] :

---

(1) Y xiii, fᵒ 63.

(2) Y ix, fᵒ 41 vᵒ. De même ADxi 16, tailleurs 1583 : « Enjoignons à tous serviteurs et valets dud. métier, incontinent qu'ils seront arrivés en cette ville et faubourgs de Paris, de chercher maître pour servir, ou se retirer par devers le clerc dudit métier pour les pourvoir, sur peine de punition corporelle. »

« Gens oisifs, vagabonds et autres qui ne veulent s'employer à aucune chose pour gagner leur vie, ains veulent être bien vêtus et demeurer tous les jours aux tavernes, gourmander et jouer; et les nuits, pour entretenir leur méchante vie, vont aux champs et à la ville armés et embâtonnés pour piller, dérober et détrousser ceux qu'ils trouvent... »

Le portrait n'est pas flatté, et ces gueux ressemblent déjà trait pour trait à ceux qui seront immortalisés par le burin de Callot. Le roi n'est pas tendre pour eux, il ne veut plus les souffrir dans sa capitale :

« Que tous vagabonds, oisifs, gens sans aveu et autres qui n'ont aucuns biens pour les entretenir et qui ne travaillent ne labourent pour gagner leur vie, — qui est à présumer qu'ils vivent et s'habillent de pilleries et rançonnements qu'ils font — sortent et s'absentent du ressort de la prévôté dans les trois jours, sous peine de fouet, bannissement et [suprême ironie des formules législatives, puisqu'il s'agit ici de va-nu-pieds !] *confiscation de leurs biens* ». Dans trois jours, le prévôt et ses officiers feront une visite des rues, tavernes « et autres lieux dissolus ». Si l'on y trouve des contre-venants, on pourra « ou les envoyer en galère par force de perpétuité, ou les enchaîner deux à deux et leur donner à manger seulement du pain et à boire de l'eau », et on les fera « travailler aux œuvres publiques de ladite ville, tant à curer les fosses, les canaux, rues, etc. ».

C'est le régime du travail forcé appliqué à la classe ouvrière. Avec une législation pareille, l'industrie ne devait pas souvent manquer de bras. Mais comment l'ouvrier sans travail pouvait-il trouver de l'ouvrage quand le nombre des ouvriers que pouvait employer chaque maître était limité, comme celui de ses apprentis? C'est le cas, on l'a vu, pour les couteliers de Paris, chez lesquels chaque maître ne peut avoir que deux compagnons. A Saint-Omer, dans l'industrie du bâtiment, le maître ne peut faire travailler plus de huit ouvriers. En général dans les autres métiers de la même ville, on se contente (ce qui est plus raisonnable) d'interdire aux maîtres de prendre plus d'ouvriers qu'ils n'en peuvent réellement employer : sinon un patron riche aurait pu ruiner ses confrères et amener une raréfaction artificielle de la main-d'œuvre en accaparant tous les bras disponibles sur le marché, quitte à les laisser inoccupés.

Mais la règle la plus communément suivie laisse au patron la liberté d'embaucher un nombre illimité d'ouvriers, tandis qu'il ne peut avoir qu'un nombre limité d'apprentis. La distinction, à cet égard, entre ces deux classes de travailleurs est même parfois très nettement marquée dans certains statuts, par exemple dans ceux des huiliers (1464) : « Chaque maître aura un apprenti, mais bien pourra avoir tant de varlets qu'il voudra... »

II

Le contrat par lequel le compagnon loue au maître son travail contre une promesse de salaire est généralement une simple convention verbale, dont les conditions sont déterminées à l'avance par la législation spéciale du métier. Cependant nous avons des exemples de contrats écrits et notariés dans les métiers libres, en particulier dans l'imprimerie.

En 1567, un compagnon imprimeur de Lyon, Sébastien Moreau, loue ses services comme compositeur au représentant de Guillaume Maignin, marchand-libraire à Barcelone. Le contrat a dû être, en cette circonstance, passé en une forme solennelle, parce qu'il s'agissait d'un engagement pour l'étranger, et qu'il contenait, comme on va le voir, des clauses assez particulières. Moreau devait être un ouvrier d'élite, car Maignin veut se réserver l'usage exclusif de son talent : « Maignin s'engage à le nourrir à sa table, à l'habiller, et coucher bien et honnêtement comme lui-même, à lui donner chaque mois deux écus d'or sol, et tiers, monnaie de France, et enfin à le défrayer de tous ses dépens de voyage, tant à l'aller qu'au retour. Moreau promet de ne pas quitter la besogne avant qu'elle soit terminée et de ne travailler chez aucun libraire ou imprimeur de ladite ville de Barcelone ni dans aucune autre ville de langue espagnole[1]. »

Le contrat de travail proprement dit est ici compliqué par des éléments étrangers à la notion même du salaire : remboursement des frais de voyage, garantie contre les oscillations du change, avantages d'ordre honorifique assurés à l'ouvrier. Voici un autre exemple plus simple (1580)[2] :

« Denys Cotterel, compagnon imprimeur, s'afferme, lui et ses services, à Pierre Michel, maître imprimeur, pour un an à partir du 1er mars prochain, pour le prix de 12 écus d'or, payables par quart de trois en trois mois ; promet servir bien et loyalement en toutes choses licites et honnêtes. Pierre Michel promet le nourrir des dépens de bouche, lui fournir couche et logis comme il est de coutume ; promet aussi ledit Cotterel de non absenter, ni servir à autre s'il n'y a cause légitime. » Nous avons là les éléments essentiels du contrat ; d'une part la promesse de fournir du travail pendant un temps donné ;

(1) Baudrier. *Bibliogr. lyonn.*, t. I.
(2) Ibid., p. 106.

d'autre part la promesse de payer un salaire, dont la quotité, la nature et le mode de paiement sont indiqués.

Écrit ou verbal, le contrat de travail nous apparaît comme une convention individuelle, conclue entre le maître et l'ouvrier. Ni l'un ni l'autre ne sont complètement libres de former ou de ne pas former ce contrat; leur attitude respective est déterminée par la loi du métier, par les intérêts collectifs de la maîtrise et du compagnonnage. Mais, au moment même où la convention se passe, la maître et le compagnon seuls sont en face l'un de l'autre. Il n'a dû exister de contrats collectifs que dans un cas particulier, quoique assez répandu : dans les métiers qui renferment dans leur sein deux espèces de communautés, d'une part une communauté capitaliste, de l'autre une ou plusieurs communautés travailleuses. Dans la draperie par exemple, nous rencontrons d'une part une association de marchands-drapiers qui ne fournissent à cette industrie que le capital et la matière première ; en face se trouvent les divers métiers des tondeurs, tisserands et cardeurs, dont les maîtres sont en réalité des ouvriers-entrepreneurs, qui traitent avec les drapiers et leur louent tant leur travail personnel que celui des compagnons qu'ils groupent autour d'eux. De même pour la soierie, où en face des maîtres qui donnent l'ouvrage se trouvent les communautés des mouliniers, des dévideuses, des fileuses, etc. Dans presque toutes les villes, les anciennes communautés de bouchers, enrichies par le travail des générations antérieures, deviennent de véritables rentières, et louent leurs étaux à des corporations de « bouchers exerçant le métier[1] ». Dans ces cas là, le contrat devait être passé entre les deux communautés en

____

(1) Levasseur, t. II, p. 93.

présence, non entre les individus. Mais à son tour, le maître tisserand ou moulinier devait embaucher ses collaborateurs par une série de contrats individuels. Et nous retombons ainsi dans la règle commune[1].

Ce contrat n'est pas toujours une convention librement arrêtée entre les parties, parce que les éléments en sont très souvent fixés à l'avance, soit par le droit commun, soit par la loi spéciale au métier. A diverses reprises le taux des salaires (du moins le taux maximum) a été déterminé par des ordonnances royales ou seigneuriales. Quant à la durée du contrat, elle ne peut être fixée conventionnellement que dans les cas où elle ne l'a pas été soit par les statuts, soit par l'usage.

Chez les cordonniers de Paris (1601), l'ouvrier n'a pas le droit de quitter son maître avant un an entier de service. De même chez les miroitiers (1581). Chez les cartiers (1594), les serviteurs gagnants (c'est-à-dire les ouvriers salariés) « ne pourront laisser leur maître qu'auparavant ils n'aient servi leursdits maîtres un mois entier ». Les peines qui frappent cette violation du contrat sont de deux sortes : 1° des amendes, payées à la fois au roi et au corps du métier ; — 2° des dommages, payés au maître auquel l'ouvrier infidèle a causé préjudice.

Il va sans dire que les mêmes peines s'appliquent dans le cas où la durée du contrat résulte d'une convention (c'était probablement le cas le plus général au xv° et au début du xvi° siècle). « Aucun varlet ou alloué à aucun maître dudit métier à temps et terme — disent en 1456 les potiers de terre — ne se pourra départir de sondit service, ni laisser sondit maître outre son gré et volonté, pour aller servir

---

(1) On remarquera la sécheresse des articles de notre code (1780-81) relatifs au contrat de travail. Il n'est considéré que comme une forme particulière du contrat de louage, et c'est essentiellement un contrat individuel.

audit métier, soit à Paris ou ailleurs, jusques à ce qu'il ait parfait sondit service ». Et encore en 1566, les pâtissiers-oubliers soutenaient la même thèse : « Que nuls serviteurs audit métier ne pourront s'absenter de leurs maîtres s'ils n'ont fait le temps qu'ils seront loués à leursdits maîtres ».

Dans d'autres métiers, on prenait pour limites de la durée d'exécution du contrat, non pas un nombre déterminé de semaines ou de mois, mais le temps nécessaire à l'achèvement d'une besogne donnée. Cette règle était assez naturelle dans les métiers où l'ouvrier était *à ses pièces*, parce qu'il est indispensable qu'une même *pièce* y soit faite par un seul et même ouvrier. Chez les passementiers de Rouen [1] (1531), « nul compagnon ne pourra laisser son maître au temps qu'il aura commencé une pièce d'ouvrage, qu'elle ne soit premièrement achevée », à peine de 20 sols d'amende. Même règle chez les imprimeurs, d'après l'édit de 1539 : « Lesdits compagnons continueront l'œuvre commencée et ne la laisseront qu'elle ne soit parachevée... » Les fondeurs de lettres sont également « tenus d'achever les fontes de lettres par eux encommencées et les rendre bonnes et valables, autrement seront tenus aux intérêts et dommages des maîtres. » Les ouvriers en bâtiment de Saint-Omer sont soumis à des obligations semblables.

III

Le contrat, qu'il soit à terme ou à la tâche [2], est renouvelable par tacite reconduction. L'ouvrier, s'il veut le

(1) Ouin-Lacroix, p. 707.

(2) Chez les miroitiers, on combine les deux formes : il est défendu de quitter le maître avant d'avoir achevé et l'année et l'ouvrage. Nous ignorons comment ces deux exigences pouvaient se concilier dans la pratique.

résilier, doit en prévenir son maître un certain temps
avant l'expiration. Comme à l'apprenti, il lui est interdit
de quitter le maître chez lequel il est employé, et d'aller
chez un autre où il espère gagner un plus fort salaire.
Témoin cette ordonnance, rendue en 1539 par le prévôt
de Paris [1] :

« Pour ce que avons été avertis que plusieurs apprentis,
et autres serviteurs tonneliers gagnant salaires, qui n'ont
encore fait et parachevé leur temps de louage [2], que au
moyen de l'apparence et abondance de vin de cette présente
année se veulent délivrer et distraire du service de leurs
maîtres et s'efforcent sortir de la ville pour aller besogner
à leurs tâches en divers lieux... Et plusieurs tâcherons qui
ont accoutumé de gagner leurs vies chez leurs maîtres se
veulent aussi distraire... Défenses sont faites à tous lesdits
serviteurs, tant gagnant argent que autres, de laisser de
eux distraire du service de leurs maîtres jusques au terme
et parachèvement de leur temps de louage, et pareillement auxdits tâcherons de ne partir de la ville jusques
après les vendanges, mais besogner pour lesdits maîtres,
en les contentant du prix raisonnable », [c'est-à-dire :
si leurs maîtres les contentent en leur payant un salaire
raisonnable], sans quoi ils seront punis de prison et peine
corporelle [3]. Généralement l'ouvrier en rupture de contrat est puni d'une amende et tenu de payer son rempla-
çant ; mais, s'il est insolvable (ce qui devait être souvent
le cas), il est condamné au fouet. Le délai de dénoncia-
tion du contrat varie suivant les corps. Il peut être

(1) Y ix, f° 226 v°.

(2) Sans doute des ouvriers loués pour la durée des vendanges,
comme on le voit plus loin.

(3) Par exception, chez les ouvriers du fer (serruriers, maréchaux,
taillandiers, armuriers) de Saint-Omer, il était permis de changer de
maître trois jours avant et trois jours après la Fête-Dieu.

d'un mois (potiers de Paris) : « sera tenu de le faire à savoir à sondit maître devant son département un mois auparavant, à ce que ledit maître ne demeure dépourvu de sondit varlet », à peine de 20 sols. Mais le plus souvent huit jours suffisent : « Ne sera permis à aucun compagnon laisser le maître avec lequel besognera que huit jours auparavant l'ait averti de son départ[1]. »

Cette règle était quelquefois pour l'ouvrier d'une exécution bien difficile dans les métiers où il était aux pièces. En 1571, les ouvriers imprimeurs remontraient au roi ce qui suit : « Un compagnon ne peut commodément avertir son maître de son département huit jours avant l'ouvrage achevé : car il n'a les copies, et ne peut savoir quand la besogne s'achève[2]. » Aussi l'ordonnance de 1572 décida-t-elle que « les maîtres seront tenus avertir les compagnons, et les compagnons les maîtres respectivement, huit jours devant la fin de l'œuvre : afin qu'ils aient le moyen et le loisir d'eux pourvoir ailleurs ».

On voit dans ce texte que les obligations des maîtres et celles des compagnons étaient considérées sur ce point comme réciproques. « Et semblablement, disent les veloutiers toulousains, ne sera permis aux maîtres donner congé auxdits compagnons, sans les avoir avertis huit jours auparavant. » Même les maîtres sont tenus de fournir du travail à l'ouvrier ; or du travail, pour l'ou-

----

(1) Veloutiers de Toulouse. Du Bourg, *Organis. du travail*, p. 121.
Voy. aussi dans Laffemas : « Les compagnons et apprentis de métier ne pourront abandonner le service de leurs maîtres que le temps par eux promis de servir ne soit accompli, si ce n'est du gré et consentement desdits maîtres, » sur peine d'amende infligée par les jurés.

(2) Bibl. nat. Recueil Thoisy, 328, p. 7. Ils désireraient que le maître les avertît trois jours avant l'achèvement de chaque labeur et que les deux parties pussent alors réciproquement se donner congé. Voy. plus loin, *Histoire d'une grève*.

vrier qui est à la tâche, c'est du salaire. Si le maître, pour cause urgente, suspend le labeur en cours d'exécution, il sera obligé (imprimeurs) « bailler aux compagnons besogne pareille en attendant que le premier œuvre se puisse reprendre ». Et si l'interruption dure plus de trois semaines, les compagnons pourront partir et se placer ailleurs, sans pouvoir être requis ensuite de revenir à l'atelier pour terminer le premier travail.

Mais cette garantie contre le chômage paraît spéciale aux seuls imprimeurs et à un petit nombre d'autres professions. Dans la plupart des métiers au contraire, la clause qui oblige l'ouvrier à demander congé à son maître un mois ou huit jours à l'avance n'implique nullement pour le maître une obligation réciproque ; du moins les statuts des potiers, pâtissiers, cordonniers, miroitiers, cartiers, bonnetiers, etc., sont muets à ce sujet.

Les communautés employaient en outre des moyens indirects pour empêcher les ouvriers de rompre, dans une pensée de lucre, le contrat de travail. Il est interdit aux maîtres de « débaucher », comme on disait alors, ou de « soustraire » les ouvriers de leurs confrères. L'amende portée contre l'ouvrier infidèle frappe également le patron qui consent à l'employer. « Défenses à tous maîtres de ne les prendre à leur service que premièrement leursdits maîtres ne soient contents » ; souvent même, pour plus de sûreté, il est interdit aux maîtres d'embaucher un ouvrier quelconque avant de s'être assuré qu'il est quitte envers son précédent patron. Chez les patiniers de Toulouse, ce sont les bayles qui, chaque fois qu'un ouvrier quittera sa place, iront faire une enquête auprès de l'employeur. Les ouvriers devaient naturellement chercher à couvrir les fraudes de leurs camarades. Aussi voyons-nous qu'en 1601 « expresses inhibitions sont faites à tous compagnons cordonniers de plus s'accoster d'aucuns compagnons dudit métier qui seront sortis des maisons de leurs maîtres sans leur congé, ni servir de parrains les uns aux autres pour leur trouver de la besogne... ».

Les violations réciproques du contrat de travail donnent naissance à des procès, qui deviennent de plus en plus nombreux à mesure qu'on avance dans le xvi° siècle. Même les admirateurs passionnés du régime corporatif sont obligés d'avouer que les procès « devenaient très nombreux et formaient en général un des chapitres les plus chargés dans les comptes annuels[1] ». On était même obligé de prévoir cette éventualité dans les statuts : les selliers de Toulouse décident que les procès seront poursuivis aux frais communs des maîtres, qui seront convoqués à cet effet par les bayles.

En général, avant d'aller devant la justice civile, on préférait recourir à la conciliation et s'en remettre à l'arbitrage des autorités corporatives. Il était même parfois (enlumineurs de Toulouse) défendu à chacun des adversaires de citer l'autre en justice avant essai de conciliation par les bayles. « Si aucun valet desdits métiers (boursiers-aiguilletiers de la même ville) a débat avec son maître sur le fait desdits métiers, que les bayles desdits métiers les aient à accorder, et s'ils ne les peuvent accorder, qu'ils les remettent à la justice. » On va jusqu'à punir d'une amende celui qui ne se soumet pas à la décision des bayles.

A mesure que la juridiction corporative, se recrutant exclusivement dans une maîtrise de jour en jour plus étroite, devint plus partiale, les ouvriers s'adressèrent plus volontiers à la justice civile, qu'ils considéraient

____

(1) Du Bourg, *Org. dans le Midi*, p. 97.

comme plus équitable. Mais les maîtres trouvèrent le moyen de parer à ce danger ; ils mirent à l'index l'ouvrier qui était assez audacieux pour citer l'un d'eux en justice. Si un valet plaide contre la corporation sans y avoir été autorisé par les capitouls (barbiers de Toulouse), aucun maître ne lui donnera de travail, à peine de 20 sols d'amende. Si un compagnon savetier a disputé avec les bayles, ceux-ci pourront interdire à son maître de le faire travailler.

Nous ne nous sommes occupés ci-dessus que des violations individuelles du contrat de travail. Nous étudierons plus loin les violations collectives, coalitions et grèves, que la législation considérait non pas seulement comme des atteintes à une convention de droit civil, mais comme une rébellion contre l'autorité.

IV

Nous donnons le nom de métiers capitalistes à ceux dans lesquels la fonction qui consiste à fournir le capital de premier établissement, les fonds de roulement et parfois même les instruments de travail, est absolument distincte du travail lui-même. Ce cas était rare au XVI° siècle, où le patron était généralement un ouvrier, travaillant de ses mains au milieu des compagnons et apprentis, ou tout au moins dirigeant lui-même le fonctionnement de son industrie. Cependant, à côté du véritable contrat de travail, nous voyons apparaître une autre forme de contrat, la commandite industrielle [1], à peu près analogue à ce qu'était pour l'exploitation du sol le bail à cens.

(1) Sur les origines du contrat de commandite, voy. G. Fagniez, *Documents relat. à l'hist. de l'industrie*, t. I, n°' 140, 151, 155, 333. Il s'agit dans ces textes de la commandite purement commerciale.

Un article des statuts des barbiers de Toulouse dit : « que nul maître de la présente cité n'ait à bailler par manière de louage, ni arrenter, ni bailler pour gouverner à aucun varlet ou compagnon dudit métier son ouvroir, sinon que ledit compagnon ou massip eût été premièrement examiné par les bayles ». Donc un maître barbier pouvait, au lieu d'exercer personnellement le métier, confier la direction de sa boutique à un compagnon, auquel il la louait moyennant le paiement d'une rente, absolument comme il peut céder sa terre à un paysan, moyennant une censive. Dès lors il cessait d'être véritablement un industriel pour devenir un simple capitaliste.

Il s'agit ici d'un individu isolé. Mais parfois c'étaient des communautés entières qui faisaient travailler pour leur compte, en vertu d'un contrat de cette nature, d'autres communautés ou des individus isolés. C'est ainsi que les bouchers de la grande boucherie de Paris, explique fort bien M. Levasseur [1], vivaient des revenus des étaux sans exercer le métier. Ils les louaient, 150 à 200 livres par an — c'est-à-dire fort cher — à des garçons qui travaillaient à leurs risques et périls ; simples fermiers, menacés d'éviction quand ils ne pouvaient payer la rente. En 1465, le Parlement voulut obliger les bouchers à occuper leurs étaux en personne ou par domestiques à gages ; mais, après une lutte presque séculaire contre la toute-puissante communauté, il « avoua son impuissance » en 1540. Il reconnut aux bouchers le droit de louer, mais déclara que l'adjudication serait faite par autorité de justice, et au prix maximum de 16 livres. En réalité « l'adjudication publique ne fut qu'une formalité » ; on passait des baux apparents de 16 livres (24 en 1567),

______

[1] *Hist. des cl. ouvr.*, t. II, p. 92.

mais on les annulait par des baux secrets aux anciens prix.

Dans la draperie, on distinguait généralement deux variétés très différentes de maîtres : d'une part les maîtres des divers métiers employés à la fabrication du drap, au tissage, au foulage, à la tonte ; de l'autre les *drapiers-drapants*, qui ne se livraient à aucun travail industriel, mais qui se contentaient d'employer les corporations précédentes. Il y avait même parfois deux communautés de drapiers-drapants, l'une pour la draperie unie (grande draperie), l'autre pour l'*œuvre rayée* (petite draperie) ; c'étaient de véritables sociétés d'actionnaires qui commanditaient les corporations ouvrières et qui se chargeaient de l'achat des matières et de la vente des produits.

De même dans la soierie de Toulouse, en 1553, nous trouvons une organisation très curieuse, sur laquelle nous aurons à revenir en parlant des salaires. Il s'agit moins d'un travail salarié que d'un travail à l'entreprise. Des capitalistes commanditent des chefs d'atelier, lesquels à leur tour emploient des ouvriers ; et la loi corporative détermine, en prenant comme base le travail effectué, la part qui revient au capital, à l'entrepreneur et à l'ouvrier. Les statuts distinguent assez nettement les « trois manières de gens » par lesquels s'exerce cette industrie : « savoir par les marchands qui achètent et vendent les soies et d'icelles *font faire les draps* ; secondement, par les maîtres tisseurs, compagnons et apprentis, teinturiers, mouliniers et autres ouvriers, lesquels *font lesdits draps* ». Le vieux texte confond ici sous une même rubrique, les maîtres et les ouvriers[1], mais il établit fortement une

---

[1] S'il arrive tout de même à nombrer « trois manières de gens », c'est qu'il établit une distinction entre les deux sexes : « et tiercement par les femmes qui dévident et doublent les soies, communément appelées maîtresses ». Du Bourg, *Organis. du travail*, p. 130 et suiv.

ligne de démarcation entre la corporation capitaliste, celle qui ne travaille que de son argent, et la corporation travaillante, celle des ouvriers et « des maîtres de la manufacture, qui prendront besogne à faire des marchands ».

Telle était aussi, à peu de chose près, la situation respective du maître et de l'ouvrier dans l'imprimerie, si du moins nous en croyons la supplique présentée au roi par les compagnons de ce métier en 1571 [1] : « Les compagnons font société avec les maîtres et sont les vrais imprimeurs à proprement parler : là où la plupart des libraires et maîtres prétendus sont plutôt marchands, fournissant les matières, outils et instruments, » c'est-à-dire, en langage moderne, le capital.

(1) Voy. plus loin l'*Histoire d'une grève*.

CHAPITRE V

L'ORGANISATION DU TRAVAIL

I. *La journée de travail.* — Durée de la journée. — II. *Chômages.* III. *Travail de nuit.* — Raisons de son interdiction. — Dérogations à la règle. IV. *Règlements d'atelier.* — Travail à l'atelier. Travail en ville. Industrie d'État.

Chacun des chapitres de cette étude pourrait, si cette répétition n'était fastidieuse, s'ouvrir par cette même phrase : l'organisation du travail au bon vieux temps, du moins celle du xv° et du xvi° siècle, ne ressemblait que de très loin à la conception idyllique offerte à notre admiration et à nos regrets par certains de nos contemporains.

I

Par exemple, on va répétant volontiers que les réclamations des ouvriers en faveur de la réduction de la journée de travail sont un fait nouveau, une conséquence fatale des principes individualistes de la Révolution française, une invention du socialisme naissant. Tout au contraire, on peut remonter très haut dans l'histoire du moyen âge et trouver la preuve que déjà les ouvriers prétendaient faire réduire le nombre des heures de travail, sans que cette réduction pût amener d'ailleurs une diminution des salaires. A la veille du xv⁰ siècle, en 1395, cette question s'était déjà posée et avait déjà été résolue en faveur des patrons parisiens par une ordonnance du prévôt[1]. Nous en citons l'essentiel, car elle fera loi **pour** les deux siècles que nous étudions :

« Pour ce qu'il est venu à notre connaisance que plusieurs gens de **métiers**, comme tisserands de linge, de lange, foulons, paveurs, maçons, charpentiers et plusieurs autres ouvrants[2] et demeurants à Paris se sont voulu et veulent efforcer d'aller en besogne et de laisser œuvre à telles heures comme bon leur semble, *jà soit que ils se fassent payer de leurs journées tout autant comme s'ils faisaient besogne tout au long d'un jour*, qui est au grand grief, préjudice et dommage tant des maîtres ouvrants et tenants ouvroirs de leurs métiers comme aussi du bien de la chose publique...

« Que dorénavant toutes manières de gens desdits métiers gagnants et ouvrants à journées aillent en besogne pour ouvrer d'iceux métiers dès heure de soleil levant jusques à heure de soleil couchant, en prenant leurs repas à heures raisonnables... »

La règle générale établie par cette ordonnance donnait donc à la journée de travail une durée variable suivant les saisons. Faut-il croire que réellement, cette durée variait tous les jours suivant l'heure perpétuellement changeante du lever du soleil et de son coucher[3]? Ou bien découpait-on l'année en deux ou plusieurs sections,

---

(1) Lespinasse, t. I, p. 52.

(2) M. de Lespinasse lit : « ouvriers ».

(3) M. Martin Saint-Léon, *Hist. des corporations de métiers*, p. 117, dit : « Au lever du soleil ou à l'heure qui suit ce lever ». Il n'y a aucune raison pour traduire ainsi : « à heure du soleil levant. » Souvent c'est la cloche du guet qui fait connaître les heures auxquelles doit commencer et finir le travail de la journée.

pour chacune desquelles on déterminait une durée moyenne du jour ouvrier ? D'après ce que nous savons de certaines communautés, il semble qu'on procédait généralement de cette dernière façon.

Nous trouvons des indications à ce sujet dans une ordonnance de 1567 relative aux ouvriers du bâtiment à Paris. Les compagnons avaient d'abord tenté « de ne point s'assujettir aux heures pour commencer et pour finir le travail de la journée ; ils se rendaient chez les maîtres et dans les ateliers quand il leur plaisait, ils en sortaient de même [1] ». On décida qu'à l'avenir il y aurait deux journées, une d'été et une d'hiver, ainsi constituées :

Journée d'été : de 5 heures du matin à 7 heures du soir.
Journée d'hiver : 6   —   —   6   —   —

En déduisant 1 heure et demie ou 2 heures pour la durée des repas, cela fait pour la journée d'été douze heures à douze et demie de travail, pour la journée d'hiver dix heures ou dix heures et demie.

Quand commençait l'hiver ? Quand commençait l'été ? Chez les gainiers de Rouen, dont la journée de travail était d'ailleurs plus courte que celle des maçons, les deux dates de démarcation étaient le 15 mars et le 15 septembre :

15 mars-15 septembre = de 5 heures du matin à 6 heures soir.
15 septembre-15 mars = 7   —   —   5   —

Ailleurs c'était Pâques et la Saint-Michel.

Chez les drapiers de Rouen, on se contente de dire : « Tous ouvriers dessusdits entreront en besogne à heure due et accoutumée en ladite draperie et prendront leur heure (c'est-à-dire leur heure de repas) en la manière

____

(1) *Traité de la police*, t. IV, p. 121.

accoutumée selon la grande draperie et laisseront tous lesdits ouvriers journéeurs à heure de complies, » soit à 7 heures du soir. Il nous est naturellement impossible de déterminer la durée d'une journée de travail dont nous ne connaissons que l'heure de clôture. Il est probable que par « heure due et accoutumée », il faut entendre le lever du soleil [1].

Mais dans beaucoup de métiers, la journée de travail était sensiblement plus longue. Elle allait souvent de 4 heures du matin à 9 heures, de 5 heures à 10 heures [2]. En 1571, les imprimeurs de Lyon se plaignirent que leur journée commençait à 2 heures du matin pour durer jusqu'à 8 ou 9 heures du soir, hiver et été, soit au moins seize heures de travail ! On peut admettre que ces plaintes étaient un peu exagérées. Cependant les compagnons disaient strictement la vérité en affirmant que leur journée commençait à 2 heures, comme en fait foi un document d'ordre judiciaire de 1583 :

« Claude Cordier, natif de Champagne, à présent compagnon imprimeur habitant Lyon, dit et déclare que, un jour de lundi, il y a aujourdhui quinze jours, que lui allant travailler de son état d'imprimeur... environ les deux heures du matin, *qu'est la même heure que les compagnons de l'art de l'imprimerie vont travailler*, » il a été blessé dans une rixe [3].

Pour les travailleurs des champs, le soleil était naturellement le grand régulateur de la journée de travail. Le jurisconsulte Papon [4] nous dit : « *Journée de vignerons :* Vignerons mercenaires à la journée sont tenus de besogner

(1) Ouin-Lacroix, p. 22.
(2) Gainiers, gantiers et cartiers de Paris.
(3) Baudrier, *op. cit*, t. I, p. 104.
(4) *Recueil d'arrêts*, VI, 12, X.

dès le soleil levé jusques au soleil couché continuellement : autrement le salaire à eux promis ne doit être payé ».

De même, dans le règlement général de 1601 sur le travail des gens des champs[1], il est décidé que les journaliers devront travailler dès la pointe du jour jusqu'à la tombée du soir. Il est établi deux types de la journée de travail, le type hivernal qui va du 1er octobre au 31 mars, le type estival, du 1er avril au 30 septembre. Mais la journée d'hiver est moins payée que celle d'été.

II

Il est nécessaire d'ajouter que, si la journée de travail est le plus souvent longue, les chômages sont fréquents. Le travail est, en principe, interdit « les dimanches et fêtes festables ». Mais, il ne faut pas s'y tromper : l'ouvrier ne profitait souvent qu'à son corps défendant de ces repos forcés. Quand il était payé à la journée ou à la tâche et non au mois ou à l'année, les innombrables jours de fête célébrés par l'Église diminuaient considérablement le chiffre de son salaire annuel, et plus d'un, en grommelant, disait sans doute déjà la phrase du savetier de La Fontaine :

> On nous ruine en fêtes,
> ...Et Monsieur le curé
> De quelque nouveau saint charge toujours son prône.

Parfois, au contraire, les compagnons obtenaient d'être payés durant le chômage. Par exemple en 1572, le roi décide que les imprimeurs payés au mois auront un

---

[1] *Règlement fait par le prévôt de Paris... pour les gaiges... des gens des champs...* (Bibl. Nat. Mss fr. 21.800 (De la Marre), fos 216-220), Paris, 1602, imprimé de 15 pages, chez Mettayer et l'Huillier. L'ordonnance est du 17 oct. 1601.

certain nombre de jours « francs et exempts de labeur ».

Il y avait également chômage le jour où l'on rendait les honneurs funèbres à l'un des maîtres de la corporation. En outre, les samedis et aussi, le plus souvent, les « vigiles » de fêtes chômées, la journée de travail finissait, non plus à complies, mais à vêpres (quatre heures) ou même (draperie de Rouen) à « heure de none » (une heure après midi).

En dehors de ces chômages institués dans une pensée religieuse, il arrivait dans certains métiers que les nécessités mêmes de telle ou telle industrie amenait la suspension du travail pendant un temps plus ou moins long. L'installation défectueuse des ateliers ne permettait pas de considérer comme nulles les variations atmosphériques. Par exemple le travail des tisserands (à Saint-Omer) était complètement interrompu pendant la gelée, souvent aussi celui des foulons ; celui des potiers de terre cessait le 25 novembre, pour reprendre le 2 février. Quand les ouvriers n'étaient pas payés à l'année, on se demande ce qu'ils devenaient pendant ces longues semaines.

III

Le travail de nuit — ou, pour parler plus exactement, le travail à la lumière — était, d'une façon générale, assez rare. Quelques métiers même l'interdisaient absolument. A Rouen, par exemple « nul ne nulle du métier d'éperonnier ne pourront ouvrer d'itelui métier en la ville de Rouen, fors la cacheribaux¹ du jour jusqu'à la cacheribaux

(1) C'est-à-dire sans doute le guet qui a pour objet de faire la *chasse aux ribauds*. Statut de 1358 (Ouin-Lacroix, p. 641), encore en vigueur au xviᵉ siècle. — A Saint-Omer (Pagart, p. 282) le travail commence à la cloche du guet, s'arrête à la cloche du diner de midi, cesse à la cloche du guet du soir. Pas de travail à la lumière, sauf chez les bateliers, pour faire des chevilles, et chez les tisserands.

du soir tant seulement ». A Toulouse, le travail de nuit est interdit aux ceinturiers entre le carême et la Saint-Michel ; les cordiers, en toute saison, ne peuvent travailler avant 4 heures du matin. A Paris, défense est faite aux ceinturiers de se servir de lime ou marteau entre 8 heures du soir et 5 heures du matin. Les infractions à ces règles ont pour sanction des amendes : 10 sols parisis au gainier qui aura ouvré entre 9 heures du soir et 4 heures du matin ; 45 sols au cartier qui travaillera entre 10 heures et 5 heures.

Quels sont les motifs de ces interdictions ? Les statuts s'inspiraient-ils, comme nos lois modernes, de l'intérêt de l'ouvrier et des principes de l'hygiène ? Pas le moins du monde. Le travail de nuit avait des inconvénients d'un autre genre à une époque où l'éclairage était très imparfait : torches résineuses ou chandelles graisseuses, donnant une lumière insuffisante, ne permettaient pas aux ouvriers de soigner leur travail et de se conformer exactement aux règlements de fabrication ; d'autre part, dans les misérables échoppes en bois des savetiers, même dans les boutiques voûtées qui servaient d'atelier aux maîtres des métiers plus relevés, boutiques mal fermées, mal protégées contre les courants d'air, où les marchandises, draps, toiles, papiers s'entassaient jusqu'au plafond, les dangers d'incendie étaient immenses ; que la flamme d'une chandelle allât par malheur lécher une pile d'étoffes, tout l'ouvroir flambait et il était impossible de rien sauver de ce qu'il renfermait.

Bonne exécution du travail, précautions à prendre contre l'incendie, telles sont les deux considérations qui ont fait interdire le travail de nuit aux cordiers toulousains : « pour les périls du feu et la malfaçon et fraude qui se pourrait commettre de nuit dans ledit ouvrage ». Chez les gaîniers parisiens (1567) c'est « parce qu'en besognant de nuit font faux ouvrages desquels on ne peut avoir la connaissance ».

Mais si la règle générale est l'interdiction du travail de nuit, il est fait à cette règle, tantôt dans l'intérêt des maîtres, tantôt dans celui du public, plus d'une dérogation. Les potiers de terre peuvent enfourner à toute heure. « Les foulons de draps et leurs varlets pourront ouvrer et besogner à toutes heures ainsi que bon leur semblera touchant le fait dudit métier, sans pour ce encourir en aucune amende ou forfaiture. » Même faveur est accordée aux fabricants de basane à Troyes. On a vu plus haut que les gantiers de Paris s'étaient plaints à Louis XI que « le temps et saison d'hiver auquel leur ouvrage est plus requis et nécessaire [1], ils n'osent besogner de nuit depuis quatre heures au soir jusqu'au lendemain qu'il soit jour apparent... et toutefois est la saison de l'an qui leur est plus chère, et en laquelle ils dussent avoir plus de gain et de profit ». Ils disent encore que « leurs apprentis et serviteurs sont oiseux et par ce s'appliquent et occupent pendant le temps qu'ils n'ont occupation... à plusieurs jeux et dissolutions et à peine se veulent après appliquer à bien faire ». Pour ces deux raisons, le roi les autorise à travailler aux chandelles jusqu'à 10 heures du soir et à partir de 5 heures du matin. Chez les tailleurs, le travail est autorisé, en cas de presse, non seulement la nuit, mais même les jours fériés, d'abord lorsqu'il s'agit « d'achever » un travail en train, en second lieu pour « les besognes de nos seigneurs et de nos dames les royaux », c'est-à-dire les

---

(1) On portait alors des gants uniquement pour se garantir du froid. Voy. p. 15 : il nous a paru utile de reproduire ici cette citation, qui éclaire le sujet.

princes du sang de France, et aussi pour les « robes de corps ou de noces », enfin pour les rectifications à faire à des vêtements déjà livrés. Des licences analogues étaient accordées aux cordonniers; par exemple, dans un conte de Des Périers, voici le dialogue qui s'engage à la nuit close, entre maître Pierre Faifeu et un cordonnier d'Angers [1] :

« Mon ami, ne me feras-tu pas bien une paire de bottes pour demain le matin ? — Oui dà, Monsieur, dit le cordouanier. — Mais je les voudrais avoir une heure devant jour. — Monsieur, vous les aurez à telle heure et si bon matin que vous voudrez. » Même scène avec un second cordonnier, qui accepte sans plus de façons les conditions de Pierre Faifeu : « Et mes deux cordouaniers travaillèrent toute la nuit environ ces bottes... »

Chez les gaîniers le travail de nuit n'est autorisé que « pour l'ouvrage du roi, de la reine ou de messieurs les enfants ». Parfois on autorise les patrons à faire exécuter le soir les travaux très urgents, qu'on ne peut remettre au lendemain sous peine de gâter tout l'ouvrage, surtout quand ces travaux sont d'une exécution facile : chez les cartiers (Paris, 1594) il est dit « que nul maître dudit métier ne pourra travailler ni faire travailler en sa maison ni ailleurs, pour lui, sa femme, enfants et famille, plutôt qu'à cinq heures du matin et plus tard qu'à dix heures du soir en toutes saisons », à peine de 48 sols, « sinon les apprentis pour piquer et étendre, au cas qu'il y ait ouvrage collé ». On voit assez par cet exemple que le législateur n'obéit nullement à des préoccupations d'ordre philanthropique, et qu'il ne songe même pas à interdire le travail de nuit des enfants.

[1] Nouvelle XXIII.

IV

Nous connaissons fort mal la réglementation du travail dans les métiers libres. Dans les métiers jurés, cette réglementation avait principalement pour objet de rendre impossible le travail clandestin. L'ouvrier qui travaille dans sa chambre, au lieu de venir à l'atelier, est toujours plus ou moins suspect de faire illégalement fait de maîtrise, c'est-à-dire de travailler à son propre compte. C'est ce qui explique les nombreuses ordonnances de Louis XI contre les « chambrelans ». Les bourreliers, les tourneurs, etc., de Toulouse ne peuvent travailler que pour le maître « et cela en l'hôtel propre où il demeure ». Les maîtres brossiers ne peuvent donner du travail à un ouvrier en chambre. Chez les parcheminiers, il est interdit aux maîtres et aux compagnons de prêter leurs outils à des personnes étrangères à la communauté.

Il est fait à ces règles quelques exceptions. D'abord en faveur du maître ruiné qui a dû se remettre ouvrier ; on ne veut pas, chez les artilliers de Paris (1575), contraindre celui qui a été patron à venir gagner sa vie dans l'atelier d'un autre, avec de simples compagnons : « Aucun maître ne pourra faire aucuns ouvrages dudit métier hors sa maison, si ce n'est par un pauvre maître qui n'a moyen ni faculté de tenir boutique, pour lui donner moyen de vivre et de subvenir à ses nécessités. » D'autre part, les tailleurs, couturiers, pourpointiers, cordonniers, chandeliers, etc., sont autorisés à aller eux-mêmes ou à envoyer un ouvrier travailler chez le bourgeois qui leur a commandé l'ouvrage : « Toutes voies il est réservé que, nonobstant ledit article, les bourgeois de Paris pourront faire besogner lesdits varlets en leurs maisons pour eux si bon leur semble [1]. » C'est ainsi que dans la *Farce du couturier*, le maître dit à l'apprenti :

> Boute-moi sur mon établi
> Mes ciseaux, mon fil et mon dé,
> Afin que si j'étais mandé
> Pour aller un habit tailler,
> Il ne me faillit rien bailler [2],

et il envoie son apprenti chez le gentilhomme.

L'ouvrier ou l'apprenti ne pouvaient naturellement se rendre chez les clients que s'ils en avaient reçu l'ordre de leur maître. Par exemple dans les statuts donnés par l'abbaye de Saint-Denis aux boulangers-pâtissiers-rôtisseurs de Saint-Denis, Aubervilliers, la Courneuve et Pierrefitte, défense est faite aux compagnons d'aller travailler en ville, sauf s'ils y sont envoyés par le maître. Exception est faite, à Paris, uniquement en faveur des ouvriers paveurs. Avant 1509, les propriétaires parisiens étaient chargés d'entretenir le pavé devant leurs maisons. Ils se plaignirent de la négligence des maîtres paveurs, qui refusaient de faire les menues réparations, et ils obtinrent, en 1538, un règlement qui leur permettait « de faire réparer, entretenir et tenir en son entier le pavé par tels paveurs qu'ils voudront choisir, maîtres ou compagnons paveurs... et sans que lesdits Maîtres jurés paveurs de cette ville puissent dorénavant... empêcher les compagnons paveurs qui seront mis en besogne par les habitants et propriétaires des maisons [3] ». Ce privilège accordé aux compagnons excita d'ailleurs la jalousie des maîtres.

(1) Y vii, f° 9. Pourpointiers, 1467.
(2) *Anc. théâtre franç.*, I, p. 158.
(3) *Tr. de la police*, t. IV, p. 183.

Nous n'insistons pas sur la partie des règlements d'atelier relative à la fabrication. Cette partie se retrouve dans tous les statuts. On sait de reste que chaque métier avait ses règles spéciales et inflexibles sur les dimensions, le poids, la composition, etc., de ses produits. Mais c'est là un sujet qui rentre plutôt dans l'histoire de l'industrie proprement dite que dans celle de la condition des ouvriers.

Il sera plus intéressant d'étudier ce qu'était le règlement d'atelier dans une industrie d'État, au milieu du xv° siècle. Nous y trouverons sans doute le type d'organisation du travail que les contemporains jugeaient le plus parfait[1]. Ce règlement a été rédigé dans les circonstances suivantes : à la suite de la confiscation des biens de Jacques Cœur, les mines de plomb, d'argent et de cuivre que le riche marchand possédait en Lyonnais et en Beaujolais tombèrent dans le domaine royal ; elles furent exploitées, du 17 janvier 1455 au 24 février 1456, pour le compte de l'État ; ensuite elles furent mises en ferme, puis enfin rendues aux héritiers de Jacques Cœur. Mais, à l'époque où fut établie l'exploitation directe, le trésorier Jean Dauvet, après s'être enquis des coutumes antérieurement suivies, édicta pour ces mines un règlement général, dont voici les principales dispositions :

L'ouvrier mineur n'est pas un travailleur isolé, il fait partie d'une équipe chargée d'un travail journalier auquel on donne le nom de *piarde*, et ce nom est aussi donné à l'équipe elle-même. Aussi toutes mesures sont-elles prises pour que le travail collectif puisse s'opérer sans à-coups, pour que tous les efforts soient combinés et utilisés

---

(1) Voy. S. Luce, *De l'exploitation des mines et de la condition des ouvriers mineurs en France au* xv° *siècle (Revue des quest. hist.* 1877, I, p. 189-203).

(art. 44) : « Que tous les ouvriers de martel[1] seront tenus
de faire entièrement leur piarde, chacun jour... Et seront
tous assemblés ensemble un peu avant l'heure de leur-
dite piarde devant les entrées des montagnes où ils prendront ensemble leurs chandelles, et entreront tous à une
fois par ordre dedans lesdites montagnes ». Tant pis
pour les retardataires : « Et si aucun y en avait qui ne
fût à cette heure avec eux et venait après, pour peu qu'il
demeurât [de si peu qu'il fût en retard], n'aura point de
chandelle et n'entrera point dedans la montagne ledit
jour ; ainsi perdra sa piarde, qui lui sera rabattue de son
salaire. »

Il importe aussi d'assurer la succession ininterrompue
des équipes (art. 45) : « Quand lesdits ouvriers seront
dedans ladite montagne, seront tenus d'attendre l'autre
piarde qui doit venir après eux, et ne bougeront de leurs
chambres jusques à ce que l'autre piarde soit venue et
entrée en ladite montagne, sur peine de perdre leur
piarde. » Non seulement il ne faut pas qu'il y ait d'interruption collective dans le travail, mais il ne faut pas non
plus d'interruption individuelle (art. 46) : « Si aucun
desdits ouvriers, par malice ou autrement, saillait avant
que sa piarde saillît ensemble ou que l'autre prochaine
ne fût venue », il perdra le salaire d'une journée ; en
cas de récidive, le salaire de deux journées ; à la troisième fois il paiera dix sols d'amende. A l'amende s'a-
joutent des dommages-intérêts dans le cas où il aurait
débauché des camarades. S'il a une raison légitime pour
sortir, maladie ou accident, il devra en avertir ses compagnons d'équipe et le gardien des chandelles. Il ne doit
ni empêcher ses camarades de travailler, ni leur prendre

---

(1) C'est-à-dire qui travaillent avec le marteau, les mineurs proprement dits.

leurs outils, ni perdre le marteau et les coins qui lui sont confiés par l'administration.

A ces prescriptions d'ordre purement industriel s'ajoutent des règles morales et disciplinaires : « Les maîtres de montagne, ouvriers, manœuvres et autres, besognants èsdites mines, ont le temps passé vécu sans règle et sans crainte de justice, par quoi ils ont fait et commis plusieurs fautes. » Dorénavant les blasphémateurs de Dieu et de la Vierge seront punis d'amende ; ces amendes seront doublées à chaque récidive, et à la quatrième infraction le coupable sera exclu des mines. Le port d'armes est interdit, « sinon tant seulement petits couteaux pour couper pain et viande ». Défense de s'injurier entre eux, de se livrer à des voies de fait[1], de s'absenter du périmètre des mines sans congé du maître de montagne, « de mettre ni tenir femmes amoureuses dedans la maison où se fera la dépense et habitation ».

Le gouverneur des mines prononcera les peines, jugera les contestations entre maîtres et ouvriers. Mais le roi n'a pas voulu faire de ce gouverneur un despote : « S'il faisait aucuns griefs ou extorsions auxdits maîtres, ouvriers, manœuvres et serviteurs », ceux-ci pourraient faire appel au bailli de Mâcon ou au sénéchal de Lyon. Dans l'ensemble, ce règlement est donc inspiré par une réelle sagesse, par le désir d'assurer à la fois la bonne exécution du travail, le bien-être et la moralité des travailleurs.

Comment les règlements d'atelier étaient-ils portés à la

____

(1) Ajoutez la curieuse défense « de faire ordure ni soi vider [sic] dedans ladite montagne », sous peine de perdre une semaine de salaire, « attendu que par la puantise et infection de telles ordures surviennent plusieurs inconvénients aux ouvriers, manœuvres et autres ». C'est l'une des premières apparitions de l'hygiène dans un règlement industriel.

connaissance des ouvriers ? Dans un métier au moins
nous voyons déjà apparaître l'usage moderne qui consiste
à afficher le règlement dans l'atelier même. Une sentence rendue par le Châtelet (10 janvier 1601) contre les
compagnons cordonniers, rappelle les règlements qui
interdisent le travail clandestin, « et enjoint à tous les
maîtres d'en avoir un imprimé en leur boutique ». Ce
règlement sera également affiché dans les carrefours, où
les compagnons se réunissaient pour se faire embaucher.

CHAPITRE VI

LES SALAIRES

I. *La paie; la nature du salaire.* — Comment se fixait le taux
du salaire. — Comment le payait-on? Salaires au jour, à la
semaine, au mois, à l'année. Salaires en nourriture, en logement. Salaires dans une industrie d'Etat. — II. *Taux des
salaires.* — Lois sur le *maximum* des salaires. Lenteur de la
hausse des salaires au XVIᵉ siècle. — Règlement de 1601 sur les
gages des ouvriers ruraux. — III. *Du régime corporatif et des
salaires.* — Les corporations ont-elles exercé une influence sur
les salaires ? Leur influence, jointe à celle des pouvoirs publics
a eu pour effet de maintenir la stabilité des salaires, c'est-à-dire,
en réalité, de les déprimer.

I

La loi de l'Etat et les statuts corporatifs s'accordent
pour assurer à l'ouvrier proprement dit, au compagnon,
une rémunération de son travail. La créance de l'ouvrier
à raison du contrat de travail est même considérée par
les tribunaux d'alors comme une créance privilégiée [1].
« Jugements de salaires jusques à 25 livres tournois se
doivent exécuter nonobstant l'appel en ce qu'ils con-
cernent le salaire, » d'après un arrêt de Paris, de 1530 [2].
Mais, à côté de cette décision tutélaire, il faut en signa-

(1) Voy. également notre Code civil, art. 2100.
(2) Papon, VI, 12 XI; mars 1520 (anc. style).

ler d'autres qui le sont moins : s'il y a doute sur la quotité du salaire convenu, on condamne le maître à payer non pas le maximum ni même la moyenne des salaires locaux, mais seulement le minimum : « *Vignerons payés* dit Papon [1], *à raison du moins.* — Un citoyen de Grenoble envoie besogner à ses vignes plusieurs manœuvres, et leur fait promesse de les payer à même raison et prix chacun jour, que les autres citoyens de Grenoble payeront leurs vignerons. Après il s'en trouve qui ont baillé quinze deniers, les autres dix-huit, les autres vingt. Ce maître en présente quinze. Fut jugé à raison de quinze à Grenoble. » L'équité, semble-t-il, eût voulu qu'il payât 17 ou 18 deniers.

Il était rare d'ailleurs que le taux du salaire fût ainsi déterminé par une convention librement débattue entre les parties. Dans les villes jurées, l'Etat ou l'autorité seigneuriale ou municipale dont relevait la jurande édictait souvent un taux des salaires ; non pas un taux minimum, comme le demandent aujourd'hui nos socialistes, mais bien au contraire un maximum.

Dans le bâtiment, à Paris, en 1567, il est décidé que ce taux sera fixé chaque année ; pour l'année courante, il sera :

Pour les ouvriers de . .   10 livres t. (par mois?)
        —   aides   5   —   —

« avec défenses de demander ou exiger plus grand prix que dessus, sur peine de prison et d'amende arbitraire ».

Comment les salaires se payaient-ils ? A Saint-Omer dans plusieurs métiers, l'usage était de régler les ouvriers à la fin de chaque semaine, contre la présentation par eux des jetons ou « méreaux » que le maître leur remettait

[1] VI, 12, IX.

chaque jour de travail. Ailleurs, on les payait par jour, par mois, par année. L'ordonnance de 1572 décide que les imprimeurs de Paris toucheront 18 livres t. par mois.

Au contraire le salaire des ouvriers en bâtiment de Saint-Omer est un salaire à la journée :

<pre>
Un ouvrier, l'été. . . . .   8 gros.
       —   l'hiver. . . . . . .   6 —
Un charpentier . . . .   7 sols 6 deniers.
Un couvreur avec son manœu-
    vre. . . . .   5 sols.
</pre>

Le salaire est à l'année dans l'industrie d'État que nous avons déjà étudiée, dans les mines en régie du Beaujolais et du Lyonnais :

<pre>
Conducteurs de travaux . . . .   30 à 50 livres.
Simples manœuvres. . . . . .   5 à 10   —
Ouvriers . . . .   2 à 4   —
</pre>

A ces chiffres qui représentent le salaire payé en argent par l'administration des mines, il convient d'ajouter les avantages multiples assurés aux ouvriers, qui sont blanchis, nourris, logés et éclairés. Malheureusement, si nous possédons les comptes d'exploitation de ces mines, nous ne connaissons pas le nombre des ouvriers ; il nous est donc impossible de savoir quelle était la moyenne payée pour chacun et, à plus forte raison, la moyenne payée pour chaque catégorie de travailleurs. Quelques détails nous renseignent indirectement sur la condition des ouvriers : leur pain était bluté à quatre cinquièmes de froment pour un de seigle ; on achète pour eux 1.000 ânées (charges de 120 kil.) de vin blanc et clairet, 46 bœufs, 21 vaches, 204 moutons, 26 porcs, 16 « bacons », 155 livres d'œufs et fromages, 120 livres de poisson frais et salé, 22 livres d' « aulx, oignons et raiforts », 9 livres d'épices. Cela nous donne l'idée d'une alimentation riche, où le

pain est presque blanc, où figure le vin, où la viande
de boucherie joue un rôle plus important que la viande
de porc. Le mobilier n'est pas moins soigné : chaque
couchette a un lit de plume ou de laine, une couette, un
coussin, deux draps et des couvertures ; les dortoirs sont
chauffés. Conformément aux règles de la hiérarchie
industrielle, on veille à ce que les maîtres de montagne,
puis les charpentiers et les ouvriers de martel, soient
mieux nourris et mieux couchés que les simples manœuvres. Mais, dans l'ensemble (et sans partager absolument
pour cette administration l'admiration de Siméon Luce),
il est certain que nous avons affaire ici à des ouvriers
bien traités. Même le service médical est assuré par un
chirurgien de Lyon, appointé par l'administration. D'ailleurs, comme beaucoup de populations de mineurs du
temps actuel, ces ouvriers sont à demi des paysans : ils
travaillent au printemps et en automne dans les champs
qui appartiennent à chaque mine.

Il convient d'ajouter que l'entreprise échoua au bout
d'un an. Est-ce que vraiment les ouvriers étaient trop
bien traités ? Ou bien est-ce que l'exploitation directe par
l'État était, déjà au xv° siècle, la plus désastreuse des
combinaisons industrielles ?

Nous nous sommes un peu étendus, en raison des par-
ticularités qu'il présente, sur cet exemple de salaires à
l'année [1]. Voici maintenant un exemple non moins curieux
de salaire payé à la tâche. Il nous est fourni par l'industrie des soieries, telle qu'elle fut établie à Toulouse vers
1553.

Comment se répartissaient les bénéfices entre les trois
groupes d'individus : capitalistes, maîtres, ouvriers et

(1) Du moins *calculés à l'année;* car nous ne savons si la paie avait
lieu en une ou plusieurs fois.

ouvrières, qui collaboraient à la production ? — Pour déterminer exactement les profits du capital dans cette organisation, il faudrait connaître le prix-courant de la « canne » de soie ($1^m,80$), et voir de combien il est supérieur au prix payé à l'entrepreneur. Le prix de vente varie naturellement avec les cours, tandis que le prix payé à l'entrepreneur est fixe. L'idéal poursuivi par le législateur est donc d'assurer au travail (à l'entreprise et au travail manuel) une rémunération invariable, indépendante des fluctuations du marché. Les entrepreneurs et les ouvriers n'ont rien à craindre de la baisse, et ne profitent pas de la hausse des produits ouvrés. Ce qui, dans ce système, devient extrêmement variable, c'est le bénéfice du capitaliste ; il peut se définir ainsi : la marge entre une quantité fixe (le prix payé à l'entreprise) et une quantité variable (le prix de vente des soies). Cette marge est énorme si la soie est chère ; elle peut descendre à zéro ou même au-dessous, si le prix des soies vient à baisser.

Les auteurs des statuts, qu'on le sache bien, se sont parfaitement rendu compte de ce qu'ils faisaient ; ils ont très bien vu qu'ils créaient un système artificiel, en contradiction avec les lois économiques naturelles de l'offre et de la demande : « Car, disent-ils, pourrait être que, quand ledit velours n'aurait cours, lesdits marchands viendront diminuer si bas le prix dû aux maîtres pour la façon, que ceux-ci ne s'y pourraient sauver sans grande perte ; et au contraire, quand ledit velours aurait bon cours et dépêche, pourrait être que lesdits maîtres voudraient augmenter les prix si haut que serait cause que les marchands enchériraient lesdits draps [1], et en outre que pour l'avenir entre lesdits marchands et maîtres pourrait avoir plu-

___

[1] Ce qui serait contraire à l'intérêt du consommateur, c'est-à-dire à l'intérêt public, représenté par les capitouls, auteurs du statut.

sieurs différends sur le paiement dudit salaire ; et pour cela éviter est besoin et nécessaire que ledit prix soit taxé ».

Donc les « maîtres de la manufacture qui prendront besogne à faire des marchands » recevront :

```
Par canne de velours uni . . . . . . .   40 sols tournois.
     —      satin. . . . . . . . . . .   20    —
     —      damas . . . . . . . . . .    30    —
```

Le bénéfice de l'entrepreneur est exprimé par la différence entre ces chiffres fixes et les chiffres, également fixes, de la remise qu'il doit faire à l'ouvrier. Le taux de cette remise — qui doit toujours être faite en espèces sonnantes et jamais en marchandises ni denrées — varie suivant la nature du travail. Le texte se borne à indiquer le rapport du salaire au prix total ; il est facile d'en déduire le taux même du salaire.

```
Velours uni : « les maîtres paieront aux compagnons, pour
    leur façon, les quatre quints (4/5) qu'ils en auront »,
    soit. . . . . . . . . . . . . . . . .   32 sols.
Satin, les 2/3, soit. . . . . . . . . .   13 sols 2 deniers.
Damas, les 2/3, soit . . . . . . . . .   20 sols.
```

Mais pour ces deux derniers travaux, il y a deux ouvriers par métier ; les prix de 13 sols 2 deniers et de 20 sols doivent s'entendre des prix payés en bloc à chaque métier. Ces sommes se répartissent ensuite ainsi (pour le damas par exemple) :

```
A l'ouvrier qui travaille sur le métier,
    les 3/5, soit. . . . . . . . . . . .   12 sols.
A l'ouvrier qui tire les las [1], les 2/5,
    soit. . . . . . . . . . . . . . . . .    8    —
```

(1) Avant l'invention du métier Jacquart, pour les étoffes exigeant plus de deux groupes de fils de chaîne, comme on n'usait que de deux lames, des ouvriers spéciaux étaient chargés de tirer sur les différents groupes de fils (*lacs* où *las*) pour les lever et les baisser.

Les ouvriers accessoires (filature, moulinage, teinture), hommes et femmes, sont payés, comme dans l'industrie moderne, au poids (à la livre) de produit ouvré :

Femmes { pour dévider, par livre. . .	6 sols 8 deniers.	
{ pour doubler la soie. . . .	3 sols.	
Moulinage.	4 —	
Pour retordre.	3 —	
Teinture	6 —	
Noir	7 —	
Cramoisi	15 —	

Il est extrêmement difficile de comparer ces salaires avec les salaires actuels, non seulement en raison de la quasi-impossibilité où nous sommes d'exprimer le pouvoir réel des monnaies du xvi° siècle, mais aussi à cause des progrès du machinisme, qui rend toute comparaison boiteuse entre les moulineurs, dévideuses, torsiers d'autrefois et d'aujourd'hui. Notons seulement que le rapport entre certains salaires a varié. Ici les torsiers ne touchent que 3 sols tournois à la livre, tandis que les dévideuses touchent plus du double, soit 3 sols 8 deniers. Au contraire, d'après l'*Office du travail* (salaires exprimés en heures, non en poids), les dévideuses gagnent en moyenne 1 fr. 15 par jour, tandis que les torsiers ont 2 fr. 50. Mais tout dépend de la quantité de livres de soie que l'on pouvait au xvi° siècle et que l'on peut aujourd'hui tordre ou dévider en un jour.

Les salaires ci-dessus sont des salaires uniquement payés en argent. On préférait souvent au contraire un salaire partiellement fourni en nourriture, parfois même en logement. C'était le cas pour la régie des mines de 1455-56 ; on désirait même empêcher autant que possible les ouvriers de se faire verser une indemnité représentative des frais de bouche et de loyer : « Quand le gouverneur affermera et louera les maîtres, ouvriers et manœuvres, il les affermera *pour salaire et pour dépense*, sans leur bailler argent à part pour leursdites dépenses que le moins et le plus tard qu'il se pourra », sans quoi ils ne consommeraient pas les vivres de l'administration.

Le système de 1455 est tout à fait celui des économats. On le retrouve à un certain degré chez les imprimeurs lyonnais en 1539. Les maîtres paient alors à leurs ouvriers : 1° des gages en espèces; 2° « pain, vin et pitance ». Accusés de faire des bénéfices sur ce second article, ils proposent de renoncer à ce régime, et de tout payer en espèces, soit, pour les compositeurs, 6 sols 6 deniers par jour de travail [1]. Les compagnons refusent, et préfèrent l'ancien système. Le sénéchal maintient ce système, qui est également maintenu à Paris.

Mais la royauté revint sur ces décisions. En 1571, elle décida que, « pour obvier à toutes dissensions, sera défendu, à tous maîtres imprimeurs, de ne nourrir les compagnons, soit sous prétexte de les prendre en pension ou sous quelque autre couleur que ce soit, directement ou indirectement ». Le salaire des compositeurs parisiens (salaire maximum) est fixé à près de douze sols par jour ; celui des Lyonnais sera fixé par le sénéchal.

En dépit de cette ordonnance, l'ancien système continua, du moins à Lyon, à être en vigueur. La preuve en est dans un contrat de travail que nous avons cité plus haut (p. 65), et qui est du 20 février 1580 : le maître s'engage à « nourrir » le compagnon « des dépens de bouche,

---

(1) Exprimés en fonction du prix du blé à Lyon à cette même époque. 6 s. 6 d. seraient équivalents, comme pouvoir d'achat, à une somme actuelle de 5 francs. D'après M. d'Avenel, ce pouvoir serait sensiblement inférieur, soit 3 fr. 90. — Aujourd'hui le salaire moyen d'un compositeur, dans le Rhône, est de 6 fr., mais pour douze heures seulement de travail au lieu de seize.

à lui fournir couche et logis *comme il est de coutume* ». Ces derniers mots prouvent que les édits de 1571-72 n'avaient pas été exécutés. En dehors de ces avantages, le compagnon ne recevra comme salaire en espèces que 12 écus d'or par an. Cela ne faisait guère plus de 2 sols tournois [1] par jour. La proportion entre la fraction du salaire payée en logement et nourriture et la fraction payée en argent était donc énorme, au moins des 4/6.

II

Il s'agit ici de conditions librement débattues. Lorsque le salaire était fixé par l'autorité publique ou par les statuts, nous avons dit et répété qu'il s'agissait d'un salaire *maximum*. La preuve en est qu'il est interdit, soit aux maîtres, soit aux compagnons, de pousser à la hausse du salaire : « Est défendu à tous les maîtres dudit métier (cordonniers, 1574) de bailler plus grand prix les uns que les autres pour attirer et débaucher les compagnons ». Quant aux coalitions formées en vue d'obtenir un relèvement des salaires, elles tombent sous le coup des lois générales contre les coalitions, qui s'appliquent même aux villes non jurées. Tout concourt donc à maintenir les salaires à un taux aussi voisin que possible du minimum au-dessous duquel l'ouvrier ne pourrait plus vivre. Si jamais la *loi d'airain* a reçu son application, c'est bien au xvi° siècle.

Tandis que de 1500 à 1600, si nous en croyons M. d'Avenel [2], le pouvoir d'achat des métaux précieux est

(1) L'écu d'or vaut trois livres en 1575.

(2) *Hist. écon. de la propriété, des salaires...*, t. I, p. 27. Nous ne citons ces chiffres que sous bénéfice d'inventaire, et en tenant surtout compte des rapports qui existent entre eux.

tombé de 6 à 2 $^1/_2$, les salaires sont loin de s'accroître dans la même proportion. D'après le même auteur, le salaire d'un journalier rural tombe même, de 3 fr. 60 par jour sous Charles VIII, à 2 fr. 25 sous Charles IX, à 1 fr. 95 sous Henri IV. Le salaire moyen des maçons, de 4 fr. 10 au début du xv° siècle, de 4 fr. 80 au début du xvi°, n'est plus que de 4 francs sous François Ier et de 2 fr. 85 en 1575. Celui des charpentiers passe en un siècle de 4 fr. 60 à 2 fr. 80 [1].

Même lorsqu'il y avait augmentation nominale des salaires, cette augmentation se faisait « avec lenteur et inégalité, malgré la sourde résistance des maîtres, au milieu des cris et des coalitions d'ouvriers [2] ». Les maçons du château de Gaillon étaient payés 3 à 4 sols par jour au début du siècle ; ils sont payés, à Dieppe en 1549, 5 sols ; en 1557, leur salaire monte à 5 sols 7 deniers, et une ordonnance de 1572 établit un maximum de 12 sols 6 deniers. Mais qu'était cette hausse en présence de celle des denrées ? De 1501 à 1598, le prix d'un chapon est passé de 4 à 15 sous, celui d'une pinte de vin de 4 deniers à 3 sous (neuf fois plus !), celui d'une voie de bois de 18 sols 4 deniers à 4 livres 15 sols, celui d'une livre de chandelle de 1 sou à 5 sols. M. Levasseur a donc tout à fait raison de dire : « Les maîtres profitent du renchérissement pour vendre leurs marchandises plus cher, et attendent pour payer plus généreusement leurs ouvriers, que ceux-ci les y aient contraints par leurs réclamations réitérées ; de là des misères, des plaintes et des révoltes [3]. »

(1) Ces chiffres sont censés tenir compte : 1° de la valeur intrinsèque de la livre tournois ; 2° du pouvoir d'achat de l'argent à ces diverses dates.

(2) Levasseur, t. II, p. 58.

(3) *Ibid.*, II, p. 57.

Ce renchérissement du prix de la vie non compensé par une hausse proportionnelle des salaires, nous en trouvons l'aveu, dès 1544, dans une ordonnance royale sur la cherté des vivres : « Nos sujets en plusieurs états sont en ce tellement grevés et offensés que ceux qui ont quelque patrimoine et revenu n'en sauraient vivre, *encore moins les artisans et le menu peuple du labeur de leurs mains*, par ce moyen contraints d'augmenter les salaires et prix accoutumés de leurs ouvrages, vacations et peines ; au danger de pis, s'il n'y est promptement pourvu. » Il n'y fut pas pourvu, car la royauté s'était attachée à une œuvre impossible : améliorer la condition des ouvriers tout en s'opposant à la hausse des salaires.

Elle s'emploie même très énergiquement à combattre l'action des lois naturelles, lorsque ces lois, si on les laissait jouer librement, auraient pour résultat d'amener une hausse des salaires. On a la preuve de cet état d'esprit dans le *Règlement* de 1601 sur les gages des gens des champs. Les guerres civiles, en diminuant la population paysanne, ont eu pour conséquence nécessaire une augmentation du prix de la main-d'œuvre rurale. Cette hausse coïncide avec l'appauvrissement des laboureurs-propriétaires et la baisse du prix des fermages. Aussi le prévôt de Paris n'hésite-t-il pas à déclarer « excessifs » les salaires réclamés par les journaliers ; il les accuse de s'enrichir de la ruine des laboureurs et des fermiers, qui ne peuvent plus payer leurs loyers. Il intervient arbitrairement pour rétablir l'équilibre entre le capital et le travail, et fixe comme suit les salaires par an :

Charretiers.	15 écus
Seconds charretiers.	8 1/3
Cochers.	12

Faucheurs en blé.	4 boisseaux par 100 perches, pour les terres lourdes. 3 boisseaux par 100 perches, pour les terres légères, ou bien la même valeur en espèces, au cours du dernier marché, au gré de l'employeur.	
Faucheurs d'avoine, par arpent.		8 sols.
Faucheurs de foin, par arpent.		15 sols.
Batteurs en grange.		1/24 du grain.
Vignerons par an et par arpent.		6 écus 2/3.
Vignerons par an et par arpent pour les terres légères		5 —
Journaliers (non nourris) été		8 s. par jour.
hiver		6 s. —
La servante-ménagère, par an.		4 écus [1].
Les autres.		3 écus 20 s.
Maître berger, nourri.		12 écus.

Les enfants de moins de quinze ans ne toucheront pas de salaire du tout ; ils seront « entretenus à la volonté du maître ou fermier, de toiles, tiretaine ou autrement, à sa commodité ».

Si la loi interdit le marchandage à la hausse, si les ouvriers ne peuvent réclamer, individuellement ou collectivement, une rémunération supérieure à celle qui est fixée par la loi, si même il est souvent défendu aux maîtres de leur offrir un avantage de cette nature, par contre la loi autorise presque, en fait, le marchandage à la baisse, puisqu'elle ne garantit la préférence à l'ouvrier de la ville par rapport à celui du dehors ou même au Français par rapport à l'étranger que « s'ils le requièrent pour même prix que l'étranger ».

C'était faire du travail étranger ou forain, c'est-à-dire du travail à bas prix, le régulateur du travail urbain et national.

____

(1) C'est-à-dire, d'après les évaluations de M. d'Avenel 68 fr. ; or, le même M. d'Avenel donne comme salaire moyen de cette catégorie de servantes une somme supérieure, 73 fr.

III

« Les corporations plus ou moins fermées..., écrit M. d'Avenel, *n'ont pas exercé d'influence sur le prix du travail*[1]. » Voilà qui est, *a priori*, pour nous étonner quelque peu. Beaucoup de statuts corporatifs interdisent la hausse des salaires ; ils assurent aux maîtres la possibilité de trouver toujours des bras en quantité suffisante ; ils maintiennent dans la situation d'ouvriers à gages les travailleurs qui voudraient s'établir à leur compte : et l'on prétendrait qu'ils n'ont pas eu d'action sur la hausse ou la baisse des salaires, sous prétexte que l'évangile des économistes en a décidé autrement, sous prétexte que les lois civiles sont impuissantes, dit-on, à modifier l'évolution économique !

A posteriori, M. d'Avenel se croit en droit d'affirmer qu' « il n'y a aucune différence appréciable, dans la rétribution de chaque corps d'état, entre les villes où ces corps d'état étaient libres et celles où ils étaient monopolisés ». Nous savons cependant qu'à Lyon, ville libre, les typographes étaient beaucoup moins payés, et pour un travail supérieur, qu'à Paris, ville de jurandes. Inversement M. d'Avenel lui-même nous montre, en 1429, les maçons de Rouen payés 6 francs par jour (à peu près comme ceux de Paris, qui ont 6 fr. 10), tandis que ceux d'une petite commune rurale (à métiers libres) des environs de Rouen gagnent 1 fr. 60. Qu'est-ce à dire ? sinon que, dans certains cas, l'organisation corporative amenait la hausse, dans certains cas la baisse des salaires.

(1) *Paysans et ouvriers des trois derniers siècles.*

L'erreur de M. d'Avenel réside surtout en ceci : il prête à ses adversaires l'idée que l'organisation corporative avait pour objet la hausse des salaires, et il triomphe bruyamment de l'échec de cette soi-disant théorie : « Si le régime corporatif avait eu, dit-il, les conséquences que l'on suppose, les ouvriers de métier eussent été autrefois beaucoup mieux payés que les journaliers [1] ; et ils l'eussent été beaucoup mieux dans les villes où leur privilège les eût rendus maîtres des prix du travail que dans les localités où la concurrence était ouverte à tout le monde. » Assurément, si le privilège des communautés eût en effet rendu les ouvriers « maîtres du marché du travail », c'est-à-dire si les corporations avaient été uniquement composées d'ouvriers, si elles avaient surtout représenté les intérêts ouvriers. Mais les corporations n'étaient pas des syndicats formés par les seuls travailleurs, c'étaient des syndicats mixtes ; or la corporation entière, et non le corps des ouvriers, était maîtresse du marché du travail. Et la corporation, à mesure que l'on avance dans le xvie siècle, c'est de plus en plus les maîtres et même un petit nombre de maîtres. Les règlements, élaborés par les seuls patrons, sont combinés pour empêcher toute hausse des salaires ; les dispositions prises pour permettre, sous certaines conditions, l'usage des ouvriers forains en sont une preuve suffisante. Ce que les corporations ont voulu ce n'est pas la hausse, ce n'est pas absolument la baisse, c'est la stabilité des salaires, seul moyen pratique d'égaliser entre les divers maîtres du métier les conditions de la concurrence. Et, comme le prix de la vie augmentait sans cesse, la stabilité des salaires, c'était en réalité la baisse continue des salaires. Le régime cor-

____

[1] Sur ce point, M. d'Avenel est tout à fait dans l'erreur : les manœuvres sont presque toujours moins payés que les compagnons.

poratif a puissamment aidé à cette baisse, et il n'est donc pas exact d'écrire : « L'ancienne organisation du travail, malgré son appareil très compliqué, aboutissait pour les salaires à peu près au même résultat que la complète liberté contemporaine... Les artisans n'en ressentirent, directement, ni avantage, ni inconvénient. » Pour pouvoir l'affirmer, pour avancer que des groupements ouvriers privilégiés ne peuvent se rendre « maîtres des prix du travail », il eût fallu établir une comparaison, non pas entre toutes les villes libres et toutes les villes jurées, mais entre les métiers qui possédaient des confréries indépendantes d'ouvriers (il y en avait dans des villes à jurandes, comme Toulouse, et dans les villes libres, comme Lyon) et ceux qui n'en possédaient pas. Encore faudrait-il que les résultats de la lutte entre l'association capitaliste et l'association ouvrière n'eussent pas été viciés par l'intervention arbitraire des pouvoirs publics.

Raisonnant toujours dans l'hypothèse où le régime corporatif serait censé avoir eu pour objet la hausse des salaires, M. d'Avenel dénie toute influence à l'action des pouvoirs publics : « Doit-on attribuer, dit-il, cet insuccès [l'impuissance des corporations à amener artificiellement la hausse des salaires] aux ordonnances de *maximum* que promulguait de temps en temps la puissance sociale — monarque ou municipalités urbaines — pour réduire la paye des « gens de métier » à de « justes limites » lorsqu'elle paraissait exorbitante ? Nullement, » parce que cela est contraire à l'orthodoxie économique. « Les efforts faits, par voie coercitive, pour diminuer les salaires quand ils s'élevaient naturellement, ont été aussi peu efficaces que ceux des salariés pour les maintenir, quand d'eux-mêmes ils tombaient. » Pour soutenir cette thèse, il faudrait prouver, ce qu'on ne fait pas, que ces ordonnances ne furent jamais exécutées. Mais on trouve plus commode de dire que lorsqu'elles ont été maintenues, c'est qu'elles étaient en accord, et supprimées, en désaccord avec la nature des choses : ce qui est, en vérité, une merveilleuse manière de tout expliquer.

Il est certain que les lois sur le maximum des salaires ont dû être, qu'elles ont été violées bien des fois par des conventions particulières, et que ces conventions ont été exécutées, encore qu'illégales. A défaut d'autre preuve de ce fait, il suffirait de citer les prescriptions, tant de fois répétées, qui interdisent aux ouvriers de réclamer, aux maîtres de leur donner une rémunération supérieure ; on ne défend pas avec cette énergie les lois qui sont respectées par tous.

Il sera donc facile de citer des ouvriers qui ont été dans la réalité payés un prix supérieur à celui fixé par le roi. Toutes les ordonnances du monde ne feront jamais qu'un entrepreneur, s'il a un besoin urgent des bras d'un autre homme, ne cherche à s'acquérir ces bras, à quelque prix que ce soit, ouvertement ou clandestinement. Mais de ce que les lois sur le maximum ont été maintes fois violées, de ce qu'elles ont été impuissantes à modifier radicalement l'évolution économique, nous n'avons pas le droit de conclure que le salaire légal, lorsqu'il existe, n'influe pas, et dans une forte mesure, sur la moyenne des salaires réels. Dans la majorité des cas, le travail et le capital ne procèdent pas par conventions particulières, ni surtout par conventions clandestines ; ils acceptent les conditions établies par la puissance publique ; s'ils s'en écartent, c'est généralement dans une assez faible mesure, et toujours en considérant le salaire légal comme un étalon. Aussi, en dehors de l'action naturelle des lois économiques, la fixation légale d'un salaire minimum a forcément pour résultat une tendance au relèvement des salaires, comme la fixation d'un salaire maximum une tendance à l'abaissement. Vraie des États et des périodes de civilisation où la liberté individuelle et collective est grande, cette affirmation est bien plus vraie encore d'une époque où le droit de coalition n'existait pas, où la puissance publique était très forte, et très disposée à intervenir violemment dans les conflits entre le capital et le travail. Les économistes oublient volontiers qu'il y a dans l'histoire un autre élément matériel que la richesse, à savoir la force brutale. Les hommes renoncent très bien à améliorer leur vie pour conserver cette vie même et pour garder leur liberté. Les lois économiques, si elles avaient joué toutes seules, auraient amené la hausse des salaires des ouvriers au XVI° siècle ; mais la majorité d'entre eux aimaient mieux se contenter de salaires inférieurs que d'être mis à l'amende, emprisonnés, fustigés, ou même punis de mort pour crime de rébellion. — Il n'est donc pas exact de dire que les ordonnances sur le maximum n'ont influé en rien sur le taux réel du salaire.

Il est certain, tout au contraire, que les salaires des imprimeurs lyonnais et parisiens se seraient accrus en 1539 si on avait laissé jouer librement les lois naturelles, si l'intervention royale n'avait amené le maintien de la main-d'œuvre non payée et du salaire en nourriture, et l'interdiction des coalitions. La preuve que, sans cette intervention, les salaires auraient haussé, c'est que le roi estima en somme, par son ordonnance de 1571, qu'une hausse était légitime. De même en 1601, les salaires des gens des champs devaient monter en vertu des seules lois naturelles, comme ils avaient monté en

Angleterre après le Black Death, en France après les guerres du xvᵉ siècle. C'est le roi qui, dans l'Ile-de-France, arrête cette hausse, et l'arrête « sous peine du fouet ». D'une façon générale, niera-t-on que l'interdiction faite aux ouvriers de se coaliser n'ait exercé une influence déprimante sur la rémunération du travail?

Le régime corporatif et l'action des pouvoirs publics ont eu également pour objet non pas la hausse, pas précisément la baisse nominale, mais la stabilité des prix de la main-d'œuvre. Leur influence s'est exercée dans le même sens que les lois naturelles, lorsque celles-ci étaient défavorables aux travailleurs ; elle a contrarié le libre jeu des lois naturelles, lorsque celles-ci auraient amené l'amélioration de la condition des ouvriers. Cette influence, par suite du pouvoir général que possédait la royauté, s'est exercée sur les métiers libres comme sur les métiers jurés. La royauté a cherché à uniformiser, au profit des jurandes, c'est-à-dire surtout au profit des maîtres, les conditions du travail.

CHAPITRE VII

LE TRAVAIL LIBRE ET L'ACCÈS A LA MAITRISE

I. *Le travail libre.* — Les villes à jurandes sont en minorité avant
1581. — Lyon. — Quartiers libres dans les villes jurées. —
Métiers libres dans les villes jurées. — II. *Le travail clandestin.*
— Les « chambrelans ». — III. *L'accès de la maitrise* — Difficultés pour arriver au patronat dans les métiers libres. — Dans les
métiers jurés : chef-d'œuvre, droits d'entrée, banquets, etc.
Accroissement de ces difficultés au xvi⁰ siècle. Faveurs faites
aux fils de maitres et aux ouvriers riches. — Le *maitre* est-il
nécessairement un patron ? — IV. *Tendance à la réglementation.*
— Créations de maitrises dans les villes jurées ; dans les villes
libres. Édits de 1581 et 1597. — V. *Les dérogations.* — Maitres de
lettres, ouvriers suivant la cour, ouvriers du Louvre.

I

« En France, dit Loyseau dans son *Traité des Offices*
(p. 328), il n'y avait anciennement que certaines bonnes
villes, où il y eût certains métiers jurés, c'est-à-dire ayant
droit de corps et communauté, en laquelle on entrait par
serment ; lesquelles villes à cette occasion étaient appelées villes jurées. Mais par édit du roi l'an 1581, confirmé
et renouvelé par autre du roi Henri IV de l'an 1597,
toutes les villes de France sont à présent jurées : même
il est porté par ces édits que les maitres du métier non
seulement des villes, mais aussi du plat pays, doivent être

jurés ou reçus en justice, et aussi ont droit de corps et communautés. »

Ainsi, au XVI° siècle, en France, les villes à jurandes étaient la minorité ; dans la majorité des villes au contraire, et dans tous les villages, le travail était libre. C'est-à-dire que chacun pouvait, à sa guise, à ses risques et périls, exercer le métier auquel il se croyait apte ; il pouvait, si ses capitaux le lui permettaient, embaucher des ouvriers, engager des apprentis, acheter et vendre, bref faire acte de maîtrise, sans avoir à payer un droit d'entrée, sans faire un chef-d'œuvre, sans se soumettre aux multiples obligations des jurandes. Tout au plus, dans les villes bien policées, étaient-ils soumis à la visite d'officiers municipaux qui venaient s'assurer de la bonne exécution des travaux et du respect des règlements de police et des conventions particulières ; ce droit pouvait être délégué, au moins en partie, à des chefs d'industrie élus par leurs confrères, qui recevaient, comme dans les jurandes, le titre de maîtres ou gardes du métier. Ils formaient la représentation légale du métier, prenaient part aux élections municipales, étaient consultés sur la répartition des impôts qui devaient frapper les gens de métier ; mais ils n'avaient aucunement, comme les gardes des jurandes, le droit d'ouvrir ou de fermer à tel ou tel l'accès de la maîtrise.

La preuve que ce régime existait dans un très grand nombre de localités, elle se trouve dans le préambule même de l'édit de 1581, rendu précisément sous le prétexte de mettre fin à l'inégalité qui existait entre les lieux jurés et les lieux à métiers libres. Et cette liberté était si profondément enracinée qu'il fallut renouveler en 1597 l'impuissant édit de 1581. Et même après 1597 le travail libre résistait encore avec obstination dans de nombreuses villes.

Tel était notamment le régime en vigueur dans la grande cité industrielle de Lyon. L'exemple est typique. On voit quelle erreur on s'expose à commettre quand on croit que le système corporatif était la règle au xvi° siècle : il faut immédiatement excepter de cette règle l'une des plus grosses et des plus actives populations ouvrières d'alors. Trois métiers seulement, celui des orfèvres, à cause du prix élevé des matières qu'ils manipulent, celui des barbiers-chirurgiens, à cause de leur influence sur la santé publique, celui des serruriers, parce qu'ils ont en main la sécurité des domiciles, étaient organisés en jurande; plus tard on y ajouta les apothicaires, pour les mêmes raisons qui avaient fait assermenter les barbiers-chirurgiens. D'autres métiers essayèrent bien de se donner une organisation analogue. Mais la ville, du moins dans la période la plus brillante de son histoire, dans la première moitié du xvi° siècle, entendait rester fidèle à la liberté du travail ; largement ouverte à tous ceux qui voulaient vivre de leurs bras et s'enrichir par leur intelligence, elle s'enrichissait elle-même de l'afflux des artisans et des maîtres, Français et étrangers, Italiens, Allemands, Suisses, Flamands, Espagnols ; elle n'est pas seulement, quatre fois l'an, une foire aux marchandises ; elle est, en permanence, une foire au travail, et elle va devenir une foire aux idées. Aussi, en 1511 [1], elle fait prononcer l' « abolition des jurandes que, contrairement au privilège de la commune, les cordonniers, tailleurs d'habits, tisserands, épingliers, selliers et autres corporations avaient commencé d'introduire à Lyon ».

Le travail libre est-il absolument banni même des villes jurées ? Et d'abord quelles sont les villes qui peuvent

(1) Arch. communales de Lyon, AA 151.

être jurées ? Loyseau va encore nous renseigner à cet égard : « Le second point de la police, dit-il dans son *Traité des Seigneuries* (p. 49), concerne les métiers jurés qu'on a estimé autrefois ne pouvoir être établis ès villes des seigneurs sans permission du Roi...¹. » Mais, à l'époque de Loyseau, c'est-à-dire au xvi° siècle, le seigneur dans les villes seigneuriales, et par conséquent le corps de ville dans les communes, pouvaient, aussi bien que le roi dans les villes royales, créer des corps de métiers jurés : « Donc de la police du baron ou châtelain dépend d'avoir corps de métiers en sa ville, d'y faire élire chacun an des jurés, visiteurs et gardes de chacun métier, qui soient tenus par certains temps rapporter et affirmer devant le juge ordinaire des visitations qu'ils auront faites chez chacun maître de leur métier, et en faire rapport. Et surtout il appartient au baron, à l'exclusion du haut justicier, de faire des statuts et règlements de chacun métier... Toutefois j'ai vu une ancienne ordonnance de Charles V portant que les statuts des métiers seront confirmés par le Roi, qui possible se doit entendre des villes royales : pour ce qu'on a autrefois tenu, que la rédaction, ou du moins la confirmation des statuts des métiers appartenait au roi et aux seigneurs et non aux juges royaux ou subalternes ; et de fait j'ai vu plusieurs statuts de métiers faits en forme de chartes par les ducs et comtes. »

La question soulevée ici par Loyseau était controversée.

(1) Notons en passant que Loyseau n'admet point que cette acception du mot de ville jurée soit légitime : « D'où quelques-uns croient que vient la distinction des villes jurées et des non jurées ; appelant villes jurées celles qui ont droit d'avoir métiers jurés : bien qu'à mon avis les villes jurées soient celles qui ont droit de corps de ville et échevins, qu'on appelle en quelques endroits jurats. Mais quoi qu'il en soit, par l'édit du feu roi de l'an 1581, confirmé par le roi d'à présent en l'an 1597, il est non seulement permis, mais aussi commandé, que les métiers de toutes les villes et bourgs soient jurés ».

Assurément les statuts contenus dans le *Livre des Métiers* n'avaient leur sphère d'application que dans les quartiers de Paris dépendant du domaine royal ; par exemple les talemeliers établis dans la Cité reçoivent leurs statuts de l'évêque ; ceux qui sont établis sur les terres des abbayes de Saint-Germain, Saint-Marcel, Sainte-Geneviève, du Bourg-l'Abbé, de la Ville-l'Évêque échappent également à l'action du prévôt ; ils peuvent seulement déclarer qu'ils désirent se soumettre à la juridiction royale. Si Louis XI, de son autorité royale, érige en jurande les métiers de Clermont en 1480, c'est qu'il vient, au moment même. de rétablir le consulat dans cette ville ; il n'y a donc pas encore dans la ville d'autre autorité que la sienne..

En fait, d'ailleurs, dans ce domaine comme dans tous les autres, les agents du pouvoir royal cherchaient à empiéter sur les juridictions particulières. Peu à peu, ils ont ruiné la juridiction des grands-officiers sur les divers métiers parisiens relevant de leurs offices, celle du bouteiller sur les cabaretiers, du grand-chambrier sur les pelletiers, du grand-panetier sur les boulangers, du grand-maréchal sur les maréchaux et gens de forge, etc. [1]. Déjà, en 1421, si le grand-chambrier est maintenu par le Parlement dans le droit « de recevoir à la maîtrise les marchands et artisans de sa dépendance et de les faire visiter par ses officiers », c'est « à la charge néanmoins de faire rapport des contraventions au prévôt de Paris », juge royal. Un siècle plus tard, en 1521, ce sera bien pis : le Parlement rendra un jugement « par lequel Pierre Adancourt, fripier, que le maire de la justice du grand-chambrier avait incarcéré pour contraventions, est mis en liberté et renvoyé au Châtelet », et le chambrier condamné aux

____

(1) *Traité de la police*, t. I, p. 101-160.

dépens et dommages. On peut mesurer par là tout ce que
la justice royale a gagné dans l'intervalle[1].

Même méthode pour empiéter sur les juridictions à base
territoriale. Par exemple on insère, en 1574, dans les
statuts des cordonniers de Paris, l'article 2 que voici[2] :
« Que les jurés feront toutes visitations nécessaires à faire
audit métier, tant en la ville que faubourgs de Paris,
sans que pour visiter esdits faubourgs ils soient tenus demander licence aux hauts justiciers autres que M. le
Prévôt de Paris, quelques privilèges et droit de justice
qu'ils aient, attendu qu'il est question du fait de police,
de laquelle la connaissance appartient à M. le Prévôt de
Paris et non à autre. » Ce mouvement d'empiétement
continue, grâce à la connivence des corporations elles-
mêmes, qui aiment mieux se soumettre à une autorité
inique et par là échapper à l'inextricable réseau des juridictions seigneuriales. Déjà, Loyseau le remarquait[3],
« cet édit moderne de l'an 1597 a attribué indistincte-
ment aux juges des lieux la rédaction et homologation
des statuts des métiers ». Cela se voit dans les faits au
XVIIe siècle : l'abbé de Saint-Denis, Paul de Gondi, cardinal
de Retz, confirme bien, le 26 mars 1665, à la requête des
boulangers-pâtissiers-rôtisseurs de Saint-Denis, les statuts « que nos prédécesseurs abbés leur ont tout de
temps accordés[4] » ; mais il paraît que cette confirmation
est insuffisante et que l'homologation royale est nécessaire, car une déclaration royale de septembre 1671 s'exprime ainsi : les boulangers, etc., « nous ont fait remontrer

(1) En 1523, arrêt contre le grand-panetier. En 1513, François Ier
supprime le grand-chambrier et réunit ses droits au domaine.

(2) AD xi, 12 b.

(3) *Op cit.*, p. 50.

(4) AD xi, 14.

que les rois nos prédécesseurs ayant de tout temps et nous depuis notre événement à la couronne concédé... aux sieurs abbés de ladite abbaye le droit de créer et établir, etc... Mais parce que le contenu esdits statuts n'a été par nous confirmé, lesdits exposants nous ont très humblement fait supplier, etc... ».

Mais, que la ville soit royale ou seigneuriale, il est rare que le régime des jurandes y soit établi tout d'un coup, et que par conséquent tout d'un coup en disparaisse la liberté du travail. Antérieurement à l'édit de 1581, je connais peu d'exemples [1] d'une révolution de ce genre. Dans la pratique, les choses se passaient tout autrement : l'autorité mettait en jurande d'abord tel métier, puis tel autre, au fur et à mesure que l'intérêt public, ou celui même des maîtres et ouvriers semblaient rendre cette transformation désirable. Lorsque Étienne Boileau rédigea le *Livre des métiers*, il se contenta de coucher par écrit les statuts déjà en usage, et il est vraisemblable que tous les métiers alors existant à Paris ne furent pas inscrits sur son registre. En tout cas, après la rédaction de ces établissements, les progrès de l'industrie amenèrent la création de nouveaux métiers, qui furent d'abord tout à fait libres; on verra à la fin de ce chapitre que ces métiers ne furent que peu à peu, et parfois tardivement, mis en jurande. Il y avait donc, dans toute ville jurée, à côté de la main-d'œuvre organisée, une quantité variable de main-d'œuvre légalement libre. Avant Louis XI par exemple, les foulons, les faiseurs d'esteufs, les tissutiers de Paris étaient libres, tandis que, dans la même ville, les drapiers ou les fileresses de soie étaient soumis à l'obligation de la maîtrise.

(1) Le plus caractérisque est celui, déjà cité, de la ville de Clermont en 1180.

II

Dans les métiers jurés, en droit, l'exercice de la maîtrise est rigoureusement interdit à quiconque n'est passé maître ; l'ouvrier qui n'a pas acquis la situation juridique de maître ne peut que travailler comme compagnon au compte et dans le logis d'un autre. Eût-il les capitaux nécessaires pour s'établir, une habileté reconnue et la confiance du public, il ne peut travailler à son compte et dans son logis : « Nul serviteur (couteliers de Paris, 1565) ayant servi un maître coutelier ne pourra aucunement tenir chambre en la ville de Paris... dudit métier de coutelier, s'il n'est maître en cette ville de Paris. »

Mais en fait, la loi était souvent impuissante à défendre le privilège des maîtres. Plus d'un ouvrier capable réussissait, même dans les villes et métiers jurés, à installer chez lui un petit atelier, à grouper sous sa direction sa femme, ses enfants, quelques compagnons plus pauvres, quelques apprentis, et à se former une clientèle. N'ayant pas eu à supporter les droits de maîtrise et les frais de chef-d'œuvre, n'ayant pas à payer les droits de confrérie, ce maître hors cadre se trouvait dans d'excellentes conditions pour faire concurrence aux maîtres réguliers. Assurément cet exercice clandestin du métier était illégal, mais il n'en était pas moins très réel. Il y avait là une revanche de la nature des choses contre le système artificiel des communautés, et c'est grâce à cet abus que se maintenait, en dépit des monopoles et des privilèges, la liberté du travail. Pas de statuts qui ne demandent l'extirpation de cette damnable liberté. Mais la répétition même de ces plaintes prouve qu'elles étaient sans grand résultat.

Dès 1456[1], les cordonniers se plaignent au roi de la concurrence illégale du travail libre :

« Comme les maîtres cordonniers de cette ville de Paris nous aient signifié que aucuns ouvriers sueurs d'icelle ville de leur autorité se soient ingérés et ingèrent chacun jour tenir ouvroir public dudit métier de sueur sans ce qu'ils aient été par nous reçus et passés maîtres... »

L'ordonnance royale de 1456 ne servit pas à grand'chose, puisqu'il fallut la renouveler en 1467, et sans plus de succès. Un siècle après, en 1574, on entend de nouveau des plaintes contre ces cordonniers en chambre, et l'on demande au roi que, « pour obvier à plusieurs abus et malversations commises de jour en jour audit métier de cordonnier par plusieurs compagnons cordonniers *cham-brelans*, défenses soient faites aux maîtres cordonniers de cette ville d'acheter aucuns souliers des chambrelans sur peine de 10 livres parisis d'amende, en faisant toutes sortes d'ouvrages dudit métier et la plupart souliers de petits enfants, et les envoyer çà et là vendre, débiter et contre-porter [colporter] par leurs femmes et aucunes personnes attitrées ».

On voit par là que les ouvriers libres ne vendaient pas seulement au public ; il se trouvait encore des maîtres réguliers qui leur achetaient leurs produits, sans doute parce qu'ils les avaient à meilleur marché, pour les revendre avec bénéfice.

Même situation chez les tailleurs où l'on est obligé, en 1467, de défendre de « lever ouvroir sans avoir fait apprentissage et chef-d'œuvre ». Et dès 1484 il est nécessaire d'interdire de nouveau à quiconque n'est maître « de lever ni tenir établi, ni tailler garnements à mesure ni autre-

---

(1) Dans une ordonnance confirmative de 1467, Y vii, fo 46 à 50 vo.

ment, ni tenir valets ni apprentis », à peine de 60 sols par jour et de la prison jusqu'au paiement intégral de cette amende [1]. En 1467 les pourpointiers demandent « que désormais aucuns valets audit métier ne besognent en chambres secrètement ni autrement pour autrui, sinon ès hôtels et pour les maîtres tenants ouvroir d'icelui métier en la ville [2] ». Une ordonnance du prévôt [3], rendue en 1494 à la requête des jurés balanciers, constate que, malgré les statuts, « néanmoins plusieurs personnes de plusieurs états se sont ingérés et ingèrent de jour en jour de faire ou faire faire, vendre et débiter grand nombre de balances et poids qu'ils font marquer de fausses marques ». A Rouen les menuisiers-huchiers se plaignent, dès 1415, du tort fait au corps par de « faux ouvriers ».

III

Si beaucoup d'artisans cherchent à échapper au métier, si, malgré la menace des amendes et de la prison, les « chambrelans » trouvent encore leur compte à exercer librement et clandestinement leur industrie, c'est sans doute que les obligations de la maîtrise sont très lourdes et que même l'accès à cette situation privilégiée est très difficile et très coûteux. En effet, à mesure que le temps avance, nous voyons se multiplier les obstacles que doit franchir tout compagnon qui veut passer maître. Même dans les métiers libres, par suite du développement de l'industrie, il est de plus en plus malaisé de devenir patron, parce qu'il est de plus en plus nécessaire de pos-

(1) Y vii, 201 v°-273.
(2) Ibid., f° 15-19 v°.
(3) Lespinasse II, p. 519 et AD xi 19.

séder un capital d'une certaine importance. La production s'est accrue dans de larges proportions, la concurrence est devenue plus grande, le crédit a pris un essor jusquelà inouï ; il n'est donc pas possible, sous Louis XII ou François Ier, de s'établir commerçant ou industriel avec les ressources médiocres qui suffisaient du temps de saint Louis ; on fait venir des pays lointains, du Levant ou des Amériques, des matières premières coûteuses ; on paie et l'on se fait payer en traites sur les foires de Lyon, traites qui peuvent être remises de foire en foire, et quelquefois même être transportées à des foires de Suisse ou d'Allemagne ; on emprunte aux banquiers italiens, on entretient des agents ou des commissionnaires dans les pays voisins. Les sociétés commerciales, les sociétés en commandite se multiplient et permettent déjà une certaine concentration des capitaux, qui rend la concurrence difficile au travailleur isolé[1]. Certaines industries nouvelles ont besoin d'un matériel coûteux : l'imprimerie, la reine du siècle, n'est pas une de ces industries qu'on puisse installer avec un établi, quelques outils et une petite provision de matière, comme le métier de cordonnier, de tailleur ou de serrurier ; même sous la forme rudimentaire qu'elle revêt alors, il lui faut des presses, des formes, des caractères, des encres et des papiers ; ce gros outillage industriel est difficile à trouver, il faut l'acheter à des prix assez élevés, et celui qui le possède a entre les mains une véritable valeur, car il peut vendre son matériel et le léguer par testament. L'imprimeur est obligé d'employer des ouvriers nombreux à chaque presse, et il lui faut avoir plusieurs presses s'il veut faire ses affaires ; ses ouvriers, en raison de leur éducation spéciale, exigent des salaires

______

(1) Voy. surtout à ce sujet Ehrenberg, *Das Zeitalter der Fugger* et Fagniez, *Économie sociale sous Henri IV*.

relativement élevés, et il a besoin d'avoir recours à des lecteurs et correcteurs, vrais savants qui sont payés très cher. Un livre à imprimer est une entreprise de longue haleine, un placement qui ne fructifie qu'au bout d'un temps assez considérable, lorsque la dernière feuille est sortie des presses et que le nouveau-né peut faire son chemin dans le monde; mais jusque-là, l'imprimeur a dû faire des avances qui sont restées improductives et, s'il est en même temps libraire, le rendement futur de ces avances est pour lui incertain. Comparée à l'industrie moderne, l'imprimerie du xvie siècle fait assurément piètre figure ; comparée à toutes les industries du xiiie ou du xive siècle, c'est déjà de la grande industrie et de l'industrie mécanique. Il en est de même de la soierie, avec ses chaudières, ses moulins, le nombre d'ouvriers et d'ouvrières qu'elle emploie, la division du travail qui s'y pratique. Ce n'est pas en faisant des économies sur son salaire que l'ouvrier peut acquérir le matériel, louer les locaux spacieux et rémunérer la main-d'œuvre nécessaires à ces industries.

On voit cependant quelques compagnons imprimeurs, servis par une chance exceptionnelle ou grâce à la puissance de l'association, arriver en quelques années à la situation de patron. Mais il n'en saurait être de même dans les métiers jurés. Aux obstacles créés par la nature des choses s'ajoutent d'autres barrières, formées par les règlements, et que l'on s'ingénie à rehausser et à épaissir de jour en jour. L'obligation du chef-d'œuvre, qui n'existait que dans un petit nombre de métiers, devient tout à fait générale. Tous les corps qui sont organisés en jurande au xve siècle et au xvie siècle exigent un chef-d'œuvre : voyez les faiseurs d'esteufs (1467), les sayetiers (1481), les ceinturiers d'étain (1551), les doreurs sur cuir (1559) : « Les maîtres lesquels à présent tiennent ouvriers dudit métier seront tenus chacun l'un après l'autre de faire chef-d'œuvre dudit métier pour montre de leur suffisance [1]. » Les passementiers aussi « seront tenus l'un après l'autre de faire chef-d'œuvre [2] ». De même les patenôtriers et boutonniers d'émail (1566) [3]. Dans les métiers déjà organisés l'obligation du chef-d'œuvre est introduite si elle n'existe pas, renforcée si elle existe. A Toulouse, d'après M. du Bourg [4], le chef-d'œuvre ne paraît pas d'abord avoir été exigé ; il semble, d'après les anciens statuts, que la capacité notoire et l'observation des règlements suffisait : « Chaque année (anciens statuts des chandeliers), lors du renouvellement du capitoulat, tous les hommes et toutes les femmes qui voudront exercer ledit métier dans la ville ou dans les faubourgs de Toulouse se présenteront devant la cour des capitouls pour prêter serment aux statuts et faire inscrire leurs noms. » Mais dès le début du xv° siècle il est question d'exiger des maîtres quelques garanties positives ; en 1462 les chandeliers sont soumis à un examen.

Le mal n'eût pas été trop grand, si le chef-d'œuvre eût été un simple examen, constatant simplement l'aptitude de l'ouvrier à pratiquer le métier. Mais le programme de cet examen était élaboré par les jurés, c'est-à-dire par les élus des maîtres ; comme leur intérêt de classe s'opposait à l'accroissement du nombre de leurs concurrents éventuels, ils rendaient cet examen aussi difficile que possible. Il fallait généralement très longtemps pour faire le chef-d'œuvre : dix jours chez les teinturiers de soie et toiles

<hr>

(1) Y xi, f° 40 v°.
(2) F° 46.
(3) Y xii, f° 53 v°,
(4) *Corporat. de Toulouse*, p. 56.

(1559), un mois chez les découpeurs, égratigneurs, gaufreurs (1604) : encore ces durées sont-elles des maxima fixés par la loi, ce qui prouve que dans la pratique, avant la rédaction de ces ordonnances, on avait prolongé l'épreuve bien davantage[1]. Encore les jurés avaient-ils un moyen bien simple d'empêcher les candidats d'arriver à la maîtrise, c'était d'écarter leur candidature ; chez les cartiers (1594), avant de donner le chef-d'œuvre, les jurés devront faire enquête chez le maître qui a eu l'apprenti, « puis suivant le rapport desdits maîtres leur accorder ou refuser chef-d'œuvre ».

On ne s'arrangeait pas seulement pour compliquer l'examen, mais encore pour le rendre onéreux. On exigeait que l'objet à exécuter contînt des matières très chères, parfois précieuses, et ces matières, comme il eût été juste, n'étaient pas fournies au candidat par le jury. Il pouvait donc arriver qu'un excellent ouvrier, très capable de tenir boutique, fût dans l'impossibilité matérielle de se présenter à l'examen, faute de pouvoir en faire les frais. Ce qui rendait cette iniquité plus flagrante, c'est que le fils du maître était le plus souvent dispensé de cette coûteuse et redoutable épreuve, et simplement obligé de faire une « expérience légère[2] ». Des avantages analogues étaient concédés à ceux qui épousaient des veuves ou filles de maîtres. On tendait ainsi à faire de la classe des maîtres une caste héréditaire et fermée.

Les frais de chef-d'œuvre n'étaient pas les seules dépenses imposées au candidat. Il lui fallait encore offrir un banquet et parfois des cadeaux à ses juges, et payer des droits d'entrée assez élevés. Ces droits furent géné-

<hr>

[1] Parfois un an et davantage, dit l'édit de 1581.

[2] Entre autres chez les gaîniers (1560) : « expérience légère qui se pourra faire et parachever en vingt-quatre heures ».

ralement relevés entre 1450 et 1581. — En 1456, chaque maître nouveau payait au roi 10 sols parisis, « avec tel don volontaire qu'il voudra faire à la confrérie selon sa puissance et faculté pour aider et continuer le divin service et autres choses de ladite confrérie [1] ». Ce don n'était « volontaire » qu'en apparence : en effet le receveur du domaine ne donnera au candidat quittance de ses 10 sols, que sur le vu du certificat des jurés constatant qu'ils sont contents de son chef-d'œuvre « et satisfaits du don qu'il aura fait à ladite confrérie ». Le malheureux était donc livré, pieds et poings liés, à ses confrères. Chez les faiseurs d'esteufs (1467), il faut payer 20 sols à la confrérie, 10 sols aux maîtres. Chez les sayetiers (1481), 20 sols à la confrérie, 14 au roi, 6 aux jurés. Les fils de maître sont souvent dispensés complètement de ces droits, ou ils n'en payent que la moitié.

Les jurés exigeaient souvent des cadeaux supérieurs à ceux qui étaient fixés par les statuts. D'autre part, comme le chef-d'œuvre devait s'exécuter dans la maison d'un maître et sous sa surveillance, les jeunes gens riches allaient faire leur chef-d'œuvre chez des patrons indulgents, qui les aidaient et se chargeaient ensuite de les faire recevoir par leurs collègues [2]. Ces abus allèrent si loin que l'autorité dut s'en émouvoir. En 1560, on défend aux jurés des gainiers-fourreliers d'exiger quoi que ce soit en sus du salaire fixé par la cour, avec peine du quadruple contre qui pousserait à autre dépense. Chez les cartiers, le candidat ne donnera que 40 sols parisis à chaque juré.

---

(1) Y vii, fⁿ 12-14. — Boulangers de Toulouse : 5 livres tournois à la ville, 4 à la confrérie, 1 aux bayles, 20 s. au notaire, plus à boire aux bayles et maîtres.

(2) Levasseur, t. II, p. 95-102.

François Ier décida bien, par son ordonnance de Villers-Cotterets (août 1539), la suppression des cadeaux faits aux jurés et des banquets offerts aux maîtres (art. 188), même si les candidats les offraient volontairement : « Et sans faire autre dépense (art. 189), ni prendre aucun salaire par les maîtres du métier, voulons qu'ils soient tenus recevoir à maîtrise icelui qui les requerra, incontinent après qu'il aura bien et dûment fait son chef-d'œuvre et qu'il leur sera apparu qu'il est suffisant. » Pour assurer l'exécution de son ordonnance par des sanctions sévères, il ajoute (art. 190) que le fait d'avoir fait dépense autre que celle du chef-d'œuvre rend « inhabile et incapable de la maîtrise ».

Tout cela fut vain. Tous ces abus, qui rendaient l'accès de la maîtrise impossible aux pauvres et qui accroissaient chaque jour la distance entre le maître et le compagnon ne disparurent pas, car ils sont éloquemment résumés dans un document indiscutable, dans le préambule de l'édit de 1581 [1] :

« Donner ordre aussi aux excessives dépenses que les pauvres artisans des villes jurées sont contraints de faire ordinairement pour obtenir le degré de maîtrise, contre la teneur des anciennes ordonnances, étant quelquefois un an et davantage à faire un chef-d'œuvre tel qu'il plaît aux jurés ; lequel enfin est par eux trouvé mauvais et rompu, s'il n'y est remédié par lesdits artisans avec infinis présents et banquets, qui recule beaucoup d'eux de parvenir audit degré et les contraint quitter les maîtres et besogner en chambres, lesquels étant trouvés et tourmentés par lesdits jurés, ils sont contraints derechef besogner pour lesdits maîtres, bien souvent moins capables qu'eux... »

Le roi, on le voit, ne ménage pas ses expressions. Il dit

---

(1) Lespinasse, t. 1, p. 84.

très nettement ce que nous avancions au début de ce paragraphe ; si le travail clandestin subsiste en dépit de toutes les mesures prises pour le supprimer, s'il y a des « chambrelans », c'est parce qu'il est impossible à l'ouvrier pauvre d'arriver à la maîtrise.

Mais admettons qu'un compagnon ait réussi à conquérir le grade de maître. Passera-t-il pour cela, et sans plus, de la condition d'ouvrier à celle de patron ? Nullement ; il n'aura dans la main qu'un parchemin sans valeur. En dehors des conditions morales et professionnelles exigées pour l'obtention de la maîtrise, il lui faudra réunir encore les conditions matérielles qui sont nécessaires, en tout état de civilisation et quelle que soit l'organisation du travail, à quiconque veut vendre, acheter et produire, c'est-à-dire qu'il lui faudra un capital. Il aura, sur le terrain économique, à subir la redoutable concurrence du fils de maître qui, dispensé de l'apprentissage, du chef-d'œuvre, des droits d'entrée, n'aura pas ébréché son capital avant de commencer la lutte, qui héritera de son père le matériel industriel, la boutique, la clientèle. Aussi plus d'un compagnon, une fois passé maître, reste ouvrier comme devant. Voyez par exemple, dans la *Farce du ramoneur*[1], le varlet à qui son maître déclare :

> « Je t'ai au moins fait tant d'honneur
> Que tu es maître ramoneur,
> Passé par les maîtres jurés.

Mais c'est un honneur bien vain, puisque ce maître est resté varlet, et même varlet fort rarement payé de ses gages :

> Je n'en donrais pas un ognon ;
> Depuis que je suis compagnon,
> Je n'ai pas gagné mes dépens.

(1) *Anc. théâtre*, I, p. 202.

Souvent aussi, ceux qui avaient tenté la chance et qui s'étaient établis sans un capital suffisant étaient brisés par la concurrence et obligés de redevenir ouvriers. Ainsi s'expliquent les prescriptions des statuts relatives aux « pauvres maîtres » qui travaillent, soit à l'atelier, soit à leur domicile, pour le compte de leurs riches confrères.

En résumé, la distance qui sépare l'ouvrier du patron, déjà grande dans les métiers libres, était encore accrue dans les métiers jurés par le fait même de l'organisation corporative. Cette distance, pendant la durée du xv° et du xvi° siècle, ne fait que s'élargir, tant sous l'influence des causes naturelles qu'en raison des tendances étroites, de plus en plus oligarchiques, de la classe qui détient presque héréditairement le capital industriel.

IV

Cette classe avait un intérêt si grand à défendre sa situation privilégiée contre les empiétements possibles, que nous la voyons sans cesse occupée à compliquer et à étendre l'organisation corporative du travail, à pourchasser le travail libre.

Dans les villes jurées, l'idéal poursuivi est la transformation complète de tous les métiers libres en jurandes. Ainsi s'expliquent les nombreuses créations de métiers nouveaux que nous rencontrons sous Louis XI et sous tous ses successeurs. Tous les prétextes sont invoqués : intérêt du roi, du public, des maîtres, des ouvriers. Il est à noter que cette transformation est souvent réclamée par les ouvriers eux-mêmes. C'est le cas pour les faiseurs d'esteuf, en 1467, les patenôtriers en 1566. Cela s'explique fort bien : lorsque le roi décide « que dorénavant les ouvriers d'icelui métier vivent en police comme ès autres métiers de notre dite ville », il ajoute généralement que tous les ouvriers actuels seront passés maîtres « s'ils le requièrent en faisant chef-d'œuvre dudit métier », quelquefois même sans chef-d'œuvre. Tout le monde croit donc avoir à gagner au change.

Comme l'érection en jurande est une source de revenus pour l'autorité royale, seigneuriale ou municipale, celle-ci accorde presque toujours ce qu'on lui demande. Il est même rare qu'elle refuse à une section de spécialistes, appartenant à un métier déjà juré, le droit de se séparer de la communauté pour former un métier à part. C'est cependant ce qui se produisit en 1551 pour les ceinturiers d'étain, qui demandaient à se séparer des ceinturiers et corroyeurs[1] ; le prévôt consulta les maîtres ceinturiers, parmi lesquels les ceinturiers d'étain étaient en minorité, et, sur son avis, le roi décida que « aucun métier juré de ceinturiers d'étain ne sera fait en ladite ville de Paris, d'autant qu'il y a métier juré en notre dite ville de Paris de corroyer et ceinturier, auquel lesdits ceinturiers d'étain sont compris ». La seule concession qu'on leur fit, ce fut de modifier le programme du chef-d'œuvre pour ceux qui voulaient exercer la ceinturerie d'étain : « Ceux qui se voudront passer maîtres ceinturiers et conréeurs, qui ne sont appliqués que à faire ouvrage d'étain, qu'ils feront chef-d'œuvre dudit étain en la présence des jurés dudit métier... »

Mais c'est là une exception[2]. Les charcutiers, organisés en métier en 1475, sont complètement détachés des bouchers en 1513. Les horlogers sont mis en jurande en 1544, les plombiers en 1547, les doreurs sur acier en

(1) Y x, f° 141.

(2) Levasseur, II, p. 29-33.

1558. Avant 1501, les paveurs « n'avaient besoin d'autres titres pour travailler aux ouvrages publics et particuliers que d'être connus et approuvés par les commissaires du Châtelet[1] ». Mais ils sont alors organisés en communauté à la requête de 27 personnes, « tous paveurs en cette ville de Paris, faisant et représentant la plus grande et saine partie des paveurs de cette ville de Paris ». Le motif, on le devine, ce sont les malfaçons de certains paveurs. Pour faire accepter la transformation, on décide que tous les paveurs en exercice depuis an et jour resteront maîtres sans chef-d'œuvre ni droit. Mais à l'avenir il faudra faire chef-d'œuvre, payer 20 s. p. au roi et autant au jurés, « sans autres frais, dîners ou buveries ». Les fils de maître seront exempts du chef-d'œuvre et ne paieront que 10 sols.

A Rouen comme à Paris, les faiseurs d'esteufs se font mettre en jurande parce que leur industrie est peu lucrative, « petit métier, œuvre de grand peine et de petit profit », et parce que de faux ouvriers remplissent les balles de sable ou de chaux.

Mais les villes non-jurées n'échappent pas à la contagion. Là aussi l'administration municipale et le patronat obéissent souvent à la tendance qui pousse à la réglementation ; elles sont généralement encouragées dans cette voie par la royauté même ; elles réclament et elles obtiennent des statuts copiés plus ou moins servilement sur ceux de Paris.

A cet égard, l'histoire de la ville de Lyon est des plus curieuses. A l'époque de sa grande prospérité industrielle, Lyon avait énergiquement maintenu son caractère de ville non-jurée. Après les premières guerres de religion,

----

(1) *Tr. de la police*, t. IV, p. 183.

lorsque les produits ne s'écoulent plus à si bon prix, lorsque l'émigration des ouvriers huguenots amène la raréfaction de la main-d'œuvre, lorsque les exigences des compagnons deviennent plus grandes et sont, dans une certaine mesure, soutenues par la royauté, le consulat lyonnais, recruté en partie parmi les maîtres, n'a plus qu'un désir : assurer la tranquillité du patronat en établissant à Lyon le système corporatif. A la date du 23 janvier 1571, la délibération suivante est prise par le corps de ville [1] :

« Sur ce qui a été proposé audit consulat du grand bénéfice que la ville recevrait si les métiers de ladite ville étaient réduits à un certain nombre et jurés à la forme et instance [2] de la ville de Paris, y retenant les mêmes droits et autorités que jouissent les prévôt des marchands et échevins de Paris. A été arrêté d'en dresser les mémoires et articles suivant les statuts qui en ont été octroyés à ladite ville de Paris. Pour dresser lesquels mémoires ledit sieur avocat du roi a été commis. »

Nous n'avons pu découvrir ces mémoires mêmes, qui seraient d'un intérêt si capital, puisqu'ils nous donneraient le tableau complet et comme le bilan des industries lyonnaises en 1571. Mais nous en retrouvons les conclusions dans les instructions remises à l'avocat du roi, Jérôme de Chastillon, envoyé en cour pour y défendre les intérêts de la ville [3]. Le désir du consulat est d'organiser tous les métiers lyonnais en jurandes et de les placer sous sa propre juridiction :

« ... Et suivant les remontrances faites par les bour-

___

(1) Arch. comm. BB 89 f° xxvi : « Réduire les métiers à un certain nombre. »

(2) Lisez « instar », comme dans le texte suivant.

(3) BB 89, f° lxiv v°, 20 mars : « Mémoire des affaires qu'il faut présentement poursuivre en cour ».

geois juges de la police, avis pris sur icelles d'aucuns principaux notables de ladite ville mandés au consulat, lesquels auraient trouvé nécessaire pour le bien de ladite ville de faire réduire chacun état et métier d'icelle à certain nombre, et iceux faire jurer, à l'instar de la ville de Paris, en l'hôtel commun de laquelle ceux de chacun métier qui veulent dresser boutique se viennent consigner et inscrire ; faut prier mondit sieur l'avocat du roi se charger de faire ladite poursuite, en obtenir les lettres et règlement nécessaires ; et si l'on voyait qu'il fût utile et nécessaire (comme il est) que les mesureurs de blés et charbon et autres semblables denrées fussent pourvus et nommés par MM. les échevins de la ville comme sont ceux de Paris, il serait bien à propos le faire accorder par mêmes lettres et règlement, se conformant et approchant le plus près qu'il sera possible au statut politique et attribution d'autorité et de juridiction de la ville de Paris. »

Le voyage de Jérôme de Chastillon eut lieu [1] ; nous en ignorons le résultat. Nous savons seulement que les Lyonnais ne réalisèrent qu'au XVII siècle ce rêve : organiser leurs métiers « à l'instar de la ville de Paris ».

Tout ce qu'ils purent faire en attendant, ce fut d'appliquer plus sévèrement que par le passé les règlements existants. A lire les termes de la délibération du 8 mai, on croirait volontiers que la ville avait laissé quelque peu tomber en désuétude le droit qu'elle avait de faire visiter les ateliers :

« Ont été commis lesdits sieurs Boylier et Vallon avec M. l'avocat de Masso avec M. Borain, conseil et avocat de la ville, pour savoir ce que l'on aura à faire pour raison

_____

(1) BB. 89 f° CXII, 7 Juin : Mandement de 671 l. 4 s. t. à J. de Chastillon « pour les frais et dépense d'un voyage qu'il a fait en cour pour les affaires de ladite ville suivant la délibération consulaire du XX° mars dernier passé ».

du commandement fait à cri public aux maîtres des métiers de la ville de visiter chacune semaine les ouvrages de leur métier, à peine de cent livres, afin de ne perdre l'autorité de ladite ville, à laquelle lesdits maîtres des métiers doivent rapporter les fautes et abus et non à autres [1]. »

Cette visite se faisait naturellement d'une façon plus minutieuse dans les trois métiers qui étaient jurés. Voici par exemple ce qui fut décidé pour celui des orfèvres, le 12 février 1572 [2] :

« Jean Bourra, doyen des orfèvres, Claude Lescuyer et Philibert Rat, maîtres jurés anciens du métier des orfèvres, ont de nouveau fait le serment accoutumé ; et Christophe dit Lacourde et [un blanc] Saint Aly nouvellement élus pour la présente année [3] par le syndicat de ladite ville, ont aussi fait le serment accoutumé et ont promis et juré de faire les visitations des œuvres [?] de leurdit état, rapportant au consulat de mois en mois les fautes, abus et contraventions qu'ils connaîtront en leurdit métier. »

Ce ne fut pas sans quelque difficulté que les quatre jurés-orfèvres réussirent à remplir la mission dont la ville les avait chargés, mais elle les soutint énergiquement, comme en fait foi le procès-verbal de la séance du 6 mai 1572 [4] :

« Les quatre maîtres jurés du métier des orfèvres de cette ville de Lyon, comparants audit consulat, ont rapporté que procédant à la visitation des ouvrages de

---

(1) BB. 80, f° xcxviii, v° : « Des métiers ».

(2) *Ibid.*, 90 f° xxvi.

(3) Comme dans beaucoup de métiers, il y avait 4 jurés, élus pour deux ans et renouvelables par moitié ; le doyen était sans doute élu par eux. Eux-mêmes étaient nommés par le corps de ville.

(4) BB 90, f° lxxxiii.

leur métier et état, ils auraient trouvé quelque ouvrage ès boutiques et chambres d'un nommé Jacques et Nicolas Nussier [?] et Lambert Lantilly, orfèvres, voulant procéder à la visitation desquelles et s'en voulant saisir pour ce faire, auraient été empêchés par lesdits le Nussier et Lantilly, lesquels se seraient rebellés. Au moyen de quoi ont requis lesdits sieurs consuls de mander lesdits orfèvres, pour y pourvoir ainsi qu'ils verront être à faire. Ce qui a été ordonné et sur le champ ont été mandés lesdits orfèvres par l'un des mandeurs de ladite ville et le clerc des orfèvres. Lesquels étant de retour, ont rapporté le refus qu'ils ont fait de (un blanc)... »

En somme, les Lyonnais n'obtinrent qu'un seul résultat positif, savoir l'érection en jurande d'un quatrième métier de leur ville. En 1588, les apothicaires (évidemment les maîtres de ce métier)[1] demandèrent au consulat « à être réglés en leur art, ... d'autant qu'il y a plusieurs compagnons ignorants ledit art, lesquels se seraient impunément, jusques ici, ingéré d'y lever boutique d'apothicaire, sous prétexte que la ville n'est jurée comme Paris et autres villes de ce royaume, au grand préjudice de la santé publique ». Les consuls, avec le concours du procureur du roi et des apothicaires les plus experts en leur art, dressèrent un règlement, que le roi approuva par lettres données à Blois, en novembre 1588[2].

Les apothicaires lyonnais n'auraient pas eu besoin, en 1588, d'une ordonnance spéciale pour se mettre en jurande, si l'édit général de 1581 avait reçu même un

----

(1) ADxi 12. Ils avaient déjà demandé, en 1571, un règlement analogue à ceux de Paris, Toulouse, Rouen, Orléans. Mais Charles IX leur accorda seulement (Blois, 26 oct.) l'autorisation de présenter leurs comptes immédiatement après la mort ou guérison du malade.

(2) Enregistrés le 22 déc. confirmés en 1609, ces statuts furent modifiés en 1659.

semblant d'exécution. Cet édit était, en apparence, le triomphe des partisans de la réglementation et de l'uniformité ; il établissait le régime corporatif dans toutes les villes, bourgs et même villages du royaume ; dans les localités trop petites, les gens de métiers étaient groupés par châtellenies ; un certain nombre des abus les plus criants du régime étaient supprimés ou atténués, ce qui aurait dû rendre l'édit plus facile à appliquer[1].

En réalité, le travail libre résista obstinément, surtout dans les villages ; le côté fiscal de l'édit acheva de le rendre impopulaire ; les guerres civiles en rendirent l'exécution impossible. Il y eut bien quelques créations ou quelques réorganisations isolées de corps de métiers jurés[2] ; mais, dans l'ensemble, la tentative d'unification de Henri III échoua piteusement, et Henri IV, dans le préambule de l'édit de 1597, constate que l'édit de 1581 est resté à peu près lettre morte. Il ne fait guère qu'en répéter les prescriptions ; mais il n'eut pas plus de succès que son prédécesseur, puisqu'un peu plus tard Laffemas réclamait encore l'établissement du régime corporatif dans tout le royaume.

V

La royauté, par désir d'uniformité, pour étendre son autorité et ses ressources, a poussé à la disparition du travail libre ; mais, en même temps, et par un de ces caprices législatifs qui ne sont pas rares dans l'histoire de

----

(1) Lespinasse, t. I, p. 84. Voy. une assez bonne analyse dans Martin Saint-Léon, *Hist. des corporations*, p. 249.

(2) Miroitiers de Paris (1581), papetiers de Thiers (1582), tailleurs de Paris (1583), doreurs sur cuir (1594), cartiers, etc.

l'ancien régime, elle a pris une série de mesures particulières qui dérogeaient aux principes généraux qu'elle-même avait posés. La plus importante et la plus fréquente de ces dérogations, c'est la création des maîtrises par lettres. Après avoir solennellement déclaré que nul ne sera passé maître s'il n'a fait régulièrement son apprentissage, subi l'épreuve du chef-d'œuvre, payé les droits d'entrée, etc., le roi donne — ou plutôt vend — à des gens plus ou moins qualifiés des lettres leur permettant d'ouvrir boutique ; il accroît ainsi, d'un trait de plume, le nombre des concurrents et amène une perturbation complète dans les conditions du marché. Cela se fait déjà sous Louis XI. Au xviᵉ siècle, il n'est pas de mariage ou de naissance d'un prince ou d'une princesse du sang, d'événement de quelque importance qui ne soit prétexte à la création d'un certain nombre de maîtres de lettres[1]. En 1522 François Iᵉʳ accorde à Louis de Clèves le droit de créer un maître de chaque métier[2] ; en 1524 un maître de chaque métier est créé à l'occasion de la naissance de Madeleine de France, puis de celle de Charlotte de France, en 1528 pour le mariage de Renée de France, etc. Henri III, avant de rendre son édit de 1581, avait concédé à sa sœur le droit de créer deux maîtres de chaque métier dans chaque ville du royaume où elle est entrée ou entrera. Ces créations portaient un grave préjudice aux maîtres déjà établis : en effet une ordonnance de François II (1559) décidait que ces maîtres de lettres seraient reçus sans chef-d'œuvre ni droits ; le roi n'exigeait donc de ces nouveaux maîtres aucune condition de temps ni de capacité et leur demandait moins d'argent que

____

(1) Levasseur, II, p. 109.

(2) Léop. Delisle, *Catalogue des Actes de Fr.*, t. Iᵉʳ, nᵒˢ 1510, 2010, 2011 3146, etc.

les jurés. Les anciens maîtres essayaient parfois de rendre la vie impossible aux maîtres de lettres, ou les forçaient à payer secrètement de gros droits d'entrée. Aussi les lettres de maîtrises vénales ne trouvaient-elles pas toujours acquéreur. A Toulouse, on s'opposa d'abord à ce que les maîtres de lettres pussent devenir bayles ou jurés[1]. Chez les espasiers, on nommait chaque année deux bayles, « un maître de chef-d'œuvre et un maître de lettres »; le premier gardait les statuts, le second les clefs et la boîte de la confrérie. Mais si un compagnon se présentait au chef-d'œuvre, le maître de chef-d'œuvre pouvait s'adjoindre un de ses pareils aux lieu et place du maître de lettres, réputé incapable de juger un travail qu'il n'avait pas fait lui-même. — Il est à noter que le roi ne cessa nullement de pratiquer la vénalité des maîtrises après 1581.

Une autre dérogation au droit commun, c'est la création de ce que nous pourrions appeler les brevets d'invention. Dans une pensée d'intérêt général, l'autorité royale ou municipale peut concéder à un individu qui n'a fait ni apprentissage, ni chef-d'œuvre, mais qui est doué de talents naturels, le droit et même le privilège exclusif d'exploiter une invention. Henri II accorda un privilège de cette nature à Abel Foulon, le 17 juin 1551[2]. Cette pièce est assez curieuse, tant par elle-même que par les inventions dont elle nous donne la description sommaire :

« Comme ces jours passés, après avoir vu certains artifices et ouvrages inventés par notre cher et bien aimé valet de chambre Abel Foulon pour réduire en cuivre, argent ou autre métal solide les caractères, lettres et

____

(1) Du Bourg, *Org. du travail*, p. 101.
(2) Yx f° 150, lettres données à Châteaubriant.

planches que les fondeurs, tailleurs et autres artisans ont accoutumé faire en plomb, étain et bois, avec un instrument de géométrie dit holomètre pour connaître les mesures de toutes choses qui se peuvent voir à l'œil, ensemble la description de l'usage dudit holomètre : Nous ayons ordonné audit Foullon de faire besogner auxdits ouvrages, artifices et instruments, et iceux mettre et exposer en vente pour être vus et entendus d'un chacun, à quoi il lui sera besoin de faire de grands frais, mises et dépenses, dont il pourrait bien être frustré par aucuns artisans, ouvriers et imprimeurs, qui après avoir vu lesdits ouvrages, artifices et instruments et la description de l'usage dudit holomètre se voudraient efforcer de les contrefaire... » En conséquence le roi lui accorde pour dix ans le privilège de « faire ou faire faire seul, par tels artisans, ouvriers et imprimeurs que bon lui semblera, lesdits ouvrages, artifices et instruments, ensemble imprimer ou faire imprimer la description de l'usage dudit holomètre, et iceux exposer ou faire exposer en vente... Faisant inhibitions et défenses à tous autres artisans, ouvriers et imprimeurs que durant ledit temps et terme de dix ans ils n'aient à faire ou faire faire ni exposer en vente en notredit royaume lesdits ouvrages, artifices, instruments et descriptions..., s'ils ne sont de ceux qui auront été faits par ledit Foullon ou par son commandement », sous peine de confiscation des objets et d'amende arbitraire [1].

De même en 1568, trois chaudronniers de Paris ayant inventé une nouvelle espèce de morions de cuivre et la communauté des armuriers les empêchant d'exploiter leur invention, le roi dérogea aux statuts en leur fa-

(1) Enreg. au Parlement le 10 juillet, au Châtelet le 5 déc. 1551. — F° 151, requête de Foullon au Parlement, 151 v° au prévôt.

veur[1]. C'est grâce à ces dérogations que le système corporatif n'arrivait pas complètement à détruire l'esprit d'initiative et à arrêter le progrès.

Mais il y avait d'autres dérogations encore, et d'autres catégories d'ouvriers privilégiés, jouissant des mêmes droits que les maîtres sans en avoir les charges. Parmi eux étaient les « ouvriers suivant la cour », qui étaient considérés comme faisant partie de la domesticité royale[2]. Mais le nombre de ces ouvriers suffit à prouver que très peu d'entre eux travaillaient en réalité pour les besoins de la famille et de la suite du roi ; le reste étaient des ouvriers privilégiés, qui achetaient à beaux deniers l'exemption de tous les frais qui grevaient l'indutrie jurée. Ils étaient déjà 160 sous François Ier, cordonniers, lingers, bouchers, poulaillers, poissonniers, apothicaires, tailleurs, etc., tous commissionnés par le prévôt de l'hôtel, qui pourvoyait aux vacances. Il semble que 160 ouvriers de ce genre étaient plus que suffisants pour fournir à tous les besoins de la cour. Henri IV, qui avait grand besoin d'argent et qui battait monnaie avec les privilèges, n'en jugea pas ainsi : il augmenta ce nombre de 320 nouveaux titulaires[3], parmi lesquels je relève 6 charcutiers, 6 pâtissiers, 4 gantiers-parfumeurs, 6 chandeliers, 3 corroyeurs, 2 libraires, 6 brodeurs, 6 passementiers, 2 verriers, 4 tapissiers, 2 plumassiers, 4 chirurgiens-barbiers, 4 quincailliers, 4 découpeurs, 2 épiciers-confituriers, 4 ceinturiers, 4 fripiers, 3 chapeliers, 2 horlogers, 2 orfèvres, 6 ravaudeurs de bas, 2 parcheminiers, 2 vertugadiers, 6 cuisiniers, 8 joueurs d'instruments, 4 armuriers, 4 arquebusiers, 2 menuisiers-tourneurs faisant lances, boules et

____

(1) Levasseur, II, 20.
(2) *Tr. de la Police*, t. I, p. 171.
(3) Par lettres-pat. de 1606.

paillemails, 2 peintres et deux doreurs, graveurs et damasquineurs. Cela faisait 480 ouvriers privilégiés qui, à Paris, exerçaient la maîtrise sans en avoir les charges, faisant ainsi aux autres maîtres une irrésistible concurrence ; et comme ils pouvaient suivre la cour dans ses déplacements, ils transportaient avec eux, de ville en ville leur supériorité économique.

A côté des « ouvriers suivant la cour », nous rencontrons sous Henri IV une autre catégorie de travailleurs privilégiés, ce sont les ouvriers du Louvre. Le roi, dit M. Fagniez, installa « dans la grande galerie du Louvre qu'il venait de terminer des artisans d'élite... Les vexations des corporations vinrent les y troubler. Le roi rendit alors, le 30 juin 1607, des lettres patentes autorisant les hôtes du Louvre à travailler pour le public et les apprentis formés par eux à s'établir dans tout le royaume sans faire de chef-d'œuvre ni prendre de lettres de maîtrise [1] ». Mais pour faire triompher complètement leur cause, et des jalousies des maîtres, et des résistances du Parlement, il fallut l'édit du 22 décembre 1608 [2]. Nous y voyons que beaucoup de ces ouvriers ne sont pas originaires de Paris et n'y ont pas été passés maîtres. Comme on veut les empêcher de travailler pour les particuliers et de faire recevoir leurs apprentis à la maîtrise, ils ne peuvent même plus trouver d'apprentis. Ces ouvriers, qui sont nominativement désignés par l'édit, appartiennent tous aux industries d'art : ce sont des peintres (Jacob Bunel, Marie Bourgeois), des sculpteurs (Guillaume Dupré, Franqueville), des horlogers, des orfèvres, des graveurs en pierres fines, des parfumeurs, fontainiers, forgeurs d'épées, fourbisseurs, un menuisier-

______

(1) Fagniez, *Economie sociale*, p. 101.
(2) AD xi, 10, et Fagniez, p. 102.

faiseur de cabinets (Laurent Setarbe), des faiseurs d'instruments de mathématiques (Alleaume), un tapissier de haute lisse, un tapissier ès ouvrages du Levant, un ouvrier en globes mouvants. Tous sont déclarés exempts de la visite des jurés. Ils pourront avoir chacun 2 apprentis (le second sera pris lorsque le premier aura fini la moitié de son temps), engagés par-devant notaire. De cinq en cinq ans leurs fils ou apprentis seront reçus maîtres, comme s'ils avaient fait leur apprentissage ailleurs, sans chef-d'œuvre, lettres, ni festin ; il leur suffira de présenter au juge royal leur contrat et leur certificat d'apprentissage pour être reçus à maîtrise.

Par ces diverses dérogations au droit commun, lettres de maîtrise, brevets d'invention, marchands et ouvriers suivant la cour, ouvriers du Louvre (au moins par les trois dernières), la royauté aidait assurément au progrès de l'industrie et même de la science ; mais elle battait en brèche ce régime corporatif qu'elle prétendait fortifier et qu'elle aurait voulu étendre à tout le royaume.

CHAPITRE VIII

LE TRAVAIL DES FEMMES

I. *Métiers féminins.* — Au XIII° siècle. — Aux XV° et XVI° : les lingères de Paris. — La soierie. — II. *Métiers mixtes.* — Les veuves de maîtres. — Maîtresses et ouvrières. — Leurs droits dans la communauté. — III. *Salaires des femmes*, moins élevés que ceux des hommes.

C'est une opinion assez généralement répandue que l'emploi des femmes dans l'industrie est une invention des temps modernes. On se figure volontiers que les siècles passés ont laissé exclusivement la femme à son rôle d'épouse et de mère; c'est, dit-on, le régime capitaliste, c'est la liberté du travail et la machine qui ont créé ces types nouveaux : l'ouvrière, la patronne, la jeune apprentie.

Une telle opinion a de quoi séduire à la fois les imaginations pieuses qui rêvent de restaurer le passé et les novateurs socialistes. Mais l'historien constate qu'elle n'est en accord ni avec les faits, ni avec les textes. Sous cette triple espèce d'apprentie, d'ouvrière et de patronne, la femme apparaît déjà dans l'industrie du XIII° siècle; elle joue un rôle considérable dans l'industrie du XV° et du XVI° siècle.

I

Il importe, à cet égard, de distinguer deux sortes de métiers : ceux qui, par nature ou par usage, sont exclusivement exercés par des femmes ; ceux qui, au contraire, sont communs aux deux sexes.

Dans la plus ancienne codification des statuts industriels, dans le *Livre des Métiers*[1], nous trouvons la preuve que, dès le temps de saint Louis, les métiers dont la matière première est la soie ou le fil d'or sont à Paris, réservés aux femmes : fileresses à grands et à petits fuseaux, tisserandes de soie, tisserandes de couvre-chefs de soie, faiseuses de chapeaux d'or, ces cinq corporations au moins ont un personnel exclusivement féminin. Leur organisation intérieure est calquée sur celle des métiers virils : elles se composent de maîtresses, d'ouvrières d'apprenties ; les règlements d'apprentissage, les conditions exigées pour l'acquisition de la maîtrise, les règlements d'atelier, les heures de travail, etc., tout est établi par analogie avec ce qui se passe chez les hommes. Les communautés d'hommes ont à leur tête des prud'hommes jurés ; à la tête des communautés féminines se trouvent des *prudes-femmes*, probablement élues par les maîtresses comme les prud'hommes l'étaient par les maîtres. Les fileresses à petits fuseaux sont gouvernées par deux « prudes-femmes du métier » ; il n'est pas formellement question de prudes-femmes dans les statuts des fileresses à grands fuseaux, mais l'identité de ces statuts avec ceux des fileresses à petits fuseaux nous permet de conjecturer que l'institution dont nous constatons l'existence chez

____

[1] De Lespinasse et Bonnardot, dans la collection de l'*Histoire de Paris*.

celles-ci se retrouvait également chez celles-là. Il y a trois
maîtresses-jurées chez les tisserandes de soie, trois chez
les tisserandes de couvre-chefs de soie. Nous ignorons s'il
y en avait également chez les faiseuses de chapeaux d'or.

Ces prudes-femmes avaient-elles des droits absolument
analogues à ceux des prud'hommes? Non certes ; le prévôt
de saint Louis n'est aucunement un partisan de l'égalité
civile des deux sexes. A côté des prudes-femmes, on
place à la tête de la corporation des prud'hommes chargés
de les surveiller et, pour ainsi dire, de remplir à leur
égard le rôle de tuteurs; ces prud'hommes ne sont pas
élus par les maîtresses du métier, mais désignés par l'autorité : « Au métier devant dit (il s'agit des fileresses à
grands fuseaux) a deux prud'hommes-jurés et sermentés
de par le Roi, lesquels le prévot de Paris met et ôte à
sa volonté ». Trois prud'hommes — et une seule prude-
femme, Eudeline des Prés — contre-signent en 1306
une modification aux statuts des tisserandes de soie.
Pour les tisserandes de couvre-chefs, il n'est pas question
de prud'hommes, et nous connaissons seulement les noms
des trois maîtresses-jurées de ce métier pour 1296 :
Johana la Pie, Hondée de Fosses et Elise de Meaux.
Dans les rôles de 1292-1300, publiés par M. Fagniez, je
trouve la mention d'une quinzaine de métiers féminins[1].

Au xvᵉ siècle, le plus important parmi les métiers
exclusivement réservés aux femmes est le métier des lingères. Nous en connaissons l'organisation par une pétition

___

(1) Fagniez. *Etudes sur l'industrie*, p. 7 à 19. Ce sont les métiers
suivants : Aumônières, cerenceresses, chapelières de soie, bateresses
d'étain, fileresses de soie, floreresses de coiffe, femmes qui font lacs
de soie, qui œuvrent de laine ; pigneresses, pigneresses de laine, de
soie ; femmes qui carient la soie, qui dévident la soie, qui font tissus
de soie ; fesseresses de tissus de soie. Le métier de lingerie, plus tard
exclusivement féminin, est alors exercé concurremment par des lingers
et des lingères (p. 16).

adressée au roi Charles VIII, en 1485, par les lingères de Paris. Ce métier avait à sa tête des prudes-femmes, car la requête est présentée au nom des « maîtresses-jurées femmes et filles de la lingerie de Paris[1] » ; par contre nous ne voyons pas que ces prudes-femmes aient été assistées d'un conseil de jurés-hommes ; car c'est directement qu'elles s'adressent au roi. Leur communauté est organisée sur le modèle de celles des hommes, et elle doit être, comme celles-ci, doublée d'une confrérie religieuse et charitable ; car il est question, dans la pétition, des « assemblées et fêtes dudit métier ». Dans les assemblées, au moins une fois l'an, on doit lire les statuts. Il y a cependant un point sur lequel ce métier ne paraît pas avoir été réglementé comme les autres : contrairement à l'usage courant, il ne semble pas avoir connu la limitation du nombre des apprenties[2]. « C'est, nous dit-on en effet, un métier notable et auquel, pour apprendre honnête maintien, l'œuvre de couture, état de marchandise et éviter oisiveté, les gens notables de justice, bourgeois, marchands et autres notables personnes de notre ville de Paris mettent leurs jeunes filles. » Si les gros bourgeois de Paris plaçaient leurs jeunes filles chez les maîtresses-lingères à seule fin de les préserver des périls de l'oisiveté et de les habituer à faire œuvre de leurs dix doigts, c'est sans doute qu'il n'était pas interdit à ces maîtresses de recevoir plus de deux ou trois apprenties.

Cette organisation était ancienne. Il y a deux cents ans passés, disent-elles, que « furent octroyées aux pauvres femmes et filles lingères de Paris, prédécesseures (*sic*) desdites suppliantes, les places aux Halles de Paris du côté

---

(1) Y vii, f° 283 v° à 284 v°. « Pour les lingères. » L'ordonnance, datée de Paris, 20 août 1485, fut enregistrée au Châtelet le 23 août.
(2) Nous avons déjà cité partiellement ce texte au chapitre de l'*Apprenti* p. 35.

du mur du cimetière de Saint-Innocent », c'est-à-dire à peu près l'emplacement occupé par la rue actuelle de la Lingerie. Leurs privilèges, confirmés par les prédécesseurs de Charles VIII et par ce roi lui-même, étaient contenus dans des chartes qui ont été perdues. Comme cette formule : « plus de deux cents ans », nous reporte à peu près à la date de la promulgation du *Livre des Métiers*, on peut croire que les statuts des lingères formaient une partie ou une annexe perdue de ce livre.

Il est remarquable que, si les lingères s'adressent au roi, ce n'est pas pour faire confirmer des privilèges économiques ou des règlements industriels, mais tout uniment des prescriptions de moralité, pour maintenir la bonne renommée du métier et expulser de la communauté des éléments impurs. « Durant lequel temps, disent-elles, c'est-à-dire depuis plus de deux cents ans, a été accoutumé que quand aucunes femmes ou filles se gouvernent mal et qu'il en était scandale, que par les maîtresses-jurées et autres notables femmes dudit métier, elles étaient mises hors de ladite halle et des fêtes et assemblées d'icelui métier. » Les maîtresses sentent que, dans un métier composé exclusivement de femmes — et qui sont perpétuellement en rapport avec le public — il est aussi difficile que nécessaire d'éviter jusqu'à l'apparence de l'immoralité ; cela est d'autant plus nécessaire que les jeunes filles dont elles ont la charge sont placées chez elles pour faire, en même temps que leur instruction professionnelle, leur éducation morale ; il faut donc « que les bonnes femmes et filles que l'on met et qui sont et seront au temps à venir audit métier de lingerie et de ladite halle n'aient mauvais exemple, et qu'elles soient bien et honnêtement instruites selon les commandements de Notre-Seigneur. » En conséquence, le roi leur accorde les règlements que voici :

« Lesdites suppliantes ni leurs successeurs ne recevront dorénavant aucunes femmes ou filles blâmées ou scandalisées de leurs corps ou autrement, afin que par elles les bonnes femmes et filles et l'état dudit métier ne soit vitupéré ou scandalisé. »

Mais, quelque soin que l'on prenne d'empêcher l'entrée dans la bergerie des brebis galeuses, la maladie peut se déclarer subitement au milieu même du petit troupeau ; ce cas aussi est prévu : « Si aucunes femmes ou filles dudit métier étant en ladite halle étaient mal renommées ou scandalisées, que lesdites maîtresses-jurées et autres femmes notables dudit métier les puissent avertir de non elles trouver en ladite halle ne ès assemblées et fêtes du métier. » Ainsi donc les lingères de mauvaise vie seront frappées d'une double peine : 1° radiation des rôles des communauté et confrérie ; 2° privation du droit d'avoir atelier et boutique dans la rue de la Lingerie. Si les contrevenantes refusent d'obéir, le roi va jusqu'à conférer aux maîtresses-jurées des droits de police, et ordonne à sa propre police, le cas échéant, de leur prêter main-forte.

« Et si, après l'avertissement, icelles femmes et filles mal renommées et scandalisées s'efforçaient elles trouver en ladite halle, que lesdites maîtresses pourront mettre leur linge et marchandise hors d'icelle halle ; et outre si elles s'efforçaient venir et être aux fêtes et assemblées dudit métier, de les mettre ou faire mettre dehors d'icelle... Et s'il arrivait que par force il fût résisté, que lesdites maîtresses-jurées et aucunes notables femmes d'icelui métier puissent requérir et appeler des officiers de Châtelet, sergents et autres personnes pour ôter la force, en telle manière que honnêteté soit gardée audit métier. »

Ce qui est assez curieux, c'est que les peu discrètes

personnes dont il est question dans l'ordonnance, si elles
perdent leur place à la halle et le droit de siéger aux
assemblées corporatives, ne perdent nullement le droit
d'exercer le métier. Faut-il croire que les lingères voulaient user d'indulgence envers des camarades qui avaient
mal tourné ? Ou bien ces irrégulières avaient-elles de puis-
sants protecteurs parmi les jeunes seigneurs qui entou-
raient un jeune roi ? Charles VIII lui-même, le futur con-
quérant qui mènera si galamment la guerre de Naples,
était-il intéressé à ce que les lingères parisiennes n'eussent
pas toutes une vertu trop farouche ? Le fait est que l'ordonnance n'est sévère qu'en apparence et rend par ailleurs
aux lingères mal vivantes ce qu'elle paraissait leur avoir
ôté : « Par les articles dessusdits n'est pas entendu que
toutes celles qui sont dudit métier de lingerie et qui auront
été apprentisses sous aucune qui aura la franchise d'icelui
métier ne puissent besogner dudit métier de lingerie et de
la marchandise d'icelui hors de ladite halle. » Ainsi donc,
du moment que vous avez fait votre apprentissage, vous
êtes et restez lingère, eussiez-vous lancé votre bonnet
un peu trop haut, à cette seule condition d'exercer vos
divers métiers « hors de ladite halle ». Ah ! le bon billet
qu'ont les lingères de la grande lingerie ! Elles sont pré-
servées contre la contagion morale et le mauvais exemple;
elles ne sont nullement protégées contre la concurrence
redoutable de celles qui ont autre chose que leur aiguille
pour vivre. François Ier, en 1515, confirme l'ordonnance de
Charles VIII [1], et toujours pour des raisons plutôt morales
qu'économiques : « Parquoi est chose louable d'entretenir et faire vivre honnêtement les femmes et les filles
d'icelui métier. »

<hr>

[1] Y ix, f° 9 v°. « Lettres pour les Lingères. » Paris, mars 1515,
enreg. au Châtelet en 1532.

Hors de Paris, nous trouvons également des métiers spéciaux aux femmes. A Rouen, les lingères en neuf obtiennent de nouveaux statuts en 1538 ; les lingères en vieux, dont les statuts dataient de 1410, les font renouveler en 1588. Les rubanières, dont les statuts sont confirmés en 1524, engagent en 1536 un procès contre une autre communauté également féminine, les bonnetières-enjoliveuses, et se font donner de nouveaux statuts en 1553 et 1558. Les brodeuses, réglementées dès 1449, sont confirmées par Henri III et obtiennent en 1595 le privilège de fournir les parures de mariées [1].

Lorsque l'industrie de la soie prit en France un grand développement et de plus en plus le caractère d'une industrie mécanique, elle employa un grand nombre d'ouvriers hommes ; cependant certaines branches de cette industrie restèrent exclusivement dévolues aux femmes. Au xv⁰ et au xvi⁰ siècle, comme de nos jours d'ailleurs, toute grande fabrique de soieries avait à la fois des équipes d'hommes et des équipes de femmes, celles-ci employées à des travaux spéciaux, tels que le dévidage et le doublage. On peut donc considérer les femmes occupées à ces travaux comme constituant un corps de métier exclusivement féminin.

Lorsque Louis XI, en 1466, voulut implanter à Lyon le métier de soierie, il espérait qu'à ce métier « se pourront occuper licitement hommes et femmes de tous états, tant femmes de religion que autres [2] ». De même lorsque les capitouls de Toulouse [3], sur les conseils

---

(1) Ouin-Lacroix, p. 106 et suiv. A Paris, les métiers de rubaniers, bonnetiers et brodeurs étaient mixtes.

(2) H. Sée, *Louis XI et les villes.*

(3) Du Bourg, *Organis. du travail dans le Midi*, p. 124 : « Un essai de solution de la question ouvrière au xvi⁰ siècle. — Manufacture d'étoffes de soie à Toulouse. » Nous avons déjà étudié cette organisa-

de l'Italien Alexandre Salvini, veulent établir dans leur ville une manufacture rivale de celles de Lyon et de Tours, c'est, entre autres raisons, parce que « plusieurs jeunes filles pauvres qui vaguent par les rues et plusieurs pauvres femmes vieilles, en dévidant et doublant les soies, qui est un travail léger, pourront aussi gagner une pièce d'argent pour vivre ». Les statuts de 1553, à côté des marchands de soie et des ouvriers hommes, citent : « Et tiercement les femmes qui dévident et doublent les soies, communément appelées maîtresses [1]. »

Quelle était, au point de vue corporatif, la situation de ces dévideuses et doubleuses ? Forment-elles des communautés indépendantes, ou bien ont-elles leur place dans les assemblées du métier, et cette place est-elle égale à celle des mouliniers, tisserands ou teinturiers ? Cela est assez difficile à démêler, car l'industrie de la soie paraît avoir eu de bonne heure une organisation capitaliste. A Toulouse, comme on l'a vu plus haut, les capitouls signalent, dans ce métier, la coexistence de trois types industriels très différents, et dont les rapports réciproques sont déterminés par la loi municipale : 1° le marchand-capitaliste, qui fournit la matière première et se fait livrer, moyennant un prix de façon invariable, les produits fabriqués ; 2° l'entrepreneur — chef d'atelier ; 3° l'ouvrier et l'ouvrière. Entre ces trois groupes il ne saurait exister un lien corporatif proprement dit. Ils ne paraissent pas non plus s'être réunis en une confrérie religieuse.

Il en est à peu près de même, à Saint-Omer et dans

tion à propos des salaires (p. 95 et suiv.). Mais il est nécessaire de dégager de ce sujet général ce qui est spécial au travail des femmes.

(1) Le moulinage est alors exécuté par des hommes. Actuellement l'*Office du travail* signale à la fois, dans les ateliers, la présence de mouliniers et de moulinières.

quelques autres villes, pour l'industrie des draps, dans laquelle les travaux accessoires sont également confiés à des femmes. Là aussi, les métiers de tisserands, foulons, tondeurs, fournissent le travail à un syndicat de capitalistes, celui des drapiers, et nous ne pouvons voir quelle est au juste la place réservée aux ouvrières dans cette organisation [1].

II

Passons maintenant aux métiers mixtes, également accessibles aux deux sexes. On compte à Paris, en 1292-1300, environ quatre-vingts métiers de ce genre ; c'est dire que, dès la fin du xiii° siècle, presque toutes les professions étaient accessibles aux femmes ; nous allons voir dans quelles conditions [2].

Tout d'abord les veuves de maître ont généralement le droit de continuer à tenir l'ouvroir de leur mari pendant le temps de leur veuvage.

Le jurisconsulte Papon [3] consacre un titre à l'étude « des métiers jurés exercés par les veuves après la mort de leurs maris », et s'exprime à ce sujet de la façon suivante : « Pour l'exemple certain de l'honneur que femmes reçoivent de leurs maris, tant de leur vivant qu'après, fait grandement à noter un arrêt donné à Paris, le 19 novembre 1427, entre Jehanne veuve d'Alain Pocquelin, maître barbier et chirurgien de la ville de Paris [4], d'une part, et les maîtres jurés de cet art, d'autre part : par lequel fut dit, que par ses maîtres valets elle pour-

---

(1) Pagart d'Hermansart, p. 522.
(2) Fagniez, *lieu cité*.
(3) VI, 9.
(4) Molière aurait-il, par hasard, un chirurgien parmi ses ancêtres ?

rait exercer l'art de barbier et aussi de chirurgien, par experts qui seraient reçus et approuvés de la cour. »

Parfois rien n'indique si la veuve exerce le métier avec de moindres prérogatives que le maître défunt : chez les serruriers de Toulouse, par exemple [1], ou les gainiers de Rouen [2]. Dans d'autres cas, elle doit déposer un cautionnement, qui est de 25 l. t. chez les patiniers de Toulouse [3], ou bien elle doit demander l'autorisation des bayles (pâtissiers de la même ville), qui lui procureront, si elle n'en a, un valet capable. Les ceinturiers toulousains ne lui permettent pas d'avoir plus d'un ou deux ouvriers à gages ; les boursiers de la même ville sont plus durs encore : elle ne travaillera, disent-ils, « que de ses mains tant seulement, sans qu'elle puisse tenir autres valets, ni apprenti ni apprentisse ». En général on l'autorise, si elle sait le métier ou si elle a un ouvrier capable, à garder les apprentis du mari, mais non à en prendre de nouveaux (cordonniers de Paris, 1574) [4] : c'était l'obliger, lorsque ces apprentis auraient fini leur terme, à continuer le métier avec les seuls ouvriers payés, c'est-à-dire la mettre hors d'état de supporter la concurrence de ses confrères. Les savetiers de Toulouse ne l'autorisent à exercer que pendant un an après la mort du mari. Elle est déchue de ses droits si elle se conduit mal « avec ses compagnons ou autres » (pâtissiers de Toulouse, boulangers du Mans) [5]. C'est sans doute pour éviter des dangers du même genre qu'on lui interdit (chandeliers de Paris, 1465) « d'aller besogner dudit métier hors de son ouvroir,

---

(1) Du Bourg, *Corporat. de Toulouse*, p. 85.

(2) Ouin-Lacroix, p. 621.

(3) Du Bourg, *Ibid*.

(4) Cette clause est à peu près générale.

(5) Cauvin, p. 365.

ains y pourra envoyer un ouvrier suffisant avec son apprenti si aucun elle en a[1] ». Si elle se marie à un homme qui ne soit du métier, elle est, pendant la durée de ce mariage, privée de ses droits[2]; mais si elle épouse un ouvrier, elle le dispense, comme ferait une fille de maître, d'une partie des conditions exigées pour la maîtrise[3].

Cette situation des veuves est toute spéciale; il s'agit là de femmes qui, bien souvent, n'ont été ni apprenties ni ouvrières, et c'est dans une pensée d'humanité que l'on fait d'elles des maîtresses. Ce n'est pas là encore le travail des femmes proprement dit. Nous trouvons, au contraire, la femme employée concurremment avec l'homme, dans le travail libre : lorsqu'une communauté fait pour la première fois homologuer ses statuts, elle se compose généralement, le jour où elle requiert sa mise en jurande, de « maîtres et maîtresses, ouvriers et ouvrières »; les noms de ces travailleurs des deux sexes sont même très souvent écrits tout au long dans l'ordonnance constitutive. Les nombreuses corporations organisées sous Louis XI (faiseurs d'esteufs, etc.) étaient toutes dans ce cas.

Cette dualité, qui apparaît ainsi dans le travail libre légal, persiste dans le travail libre clandestin. Les artilliers de Paris, en 1377, se plaignent de la concurrence délictueuse qui leur est faite « par plusieurs compagnons chambrelans, lesquels font toutes sortes d'ouvrages dudit métier », et qui non seulement les font vendre par leurs femmes, mais « prennent en outre femmes, enfants en apprentissage et serviteurs pour les aider à faire lesdits ouvrages ».

(1) AD xi, 15.
(2) Cartiers de Paris, 1594.
(3) Cordonniers de Paris. On sait que les veuves d'imprimeurs continuaient généralement à exercer le métier de leur mari, avec les machines, les caractères et les marques et devises du défunt.

Dans les métiers organisés, l'égalité n'est pas toujours complète entre les hommes et les femmes. Chez les limiers de Paris, d'après le *Livre des Métiers*, les apprentis des deux sexes, les ouvriers et ouvrières, les maîtres et maîtresses semblent jouir des mêmes prérogatives et subir les mêmes conditions. En 1292, un statut unique est promulgué « pour le commun des brodeurs et brodeuses » et signé par deux hommes et une femme. Mais à la même époque, chez les corroyeurs, si les femmes peuvent bien être apprenties, elles ne sauraient devenir maîtresses, exception faite des femmes et veuves de maîtres. Parfois l'apprentissage lui-même et, par voie de conséquence, la maîtrise, sont réservés aux filles de maîtres : chez les ceinturiers de Paris (1395)[1], « que nuls maîtres ou maîtresses ne pourront prendre en leurs maisons aucunes filles pour leur montrer à travailler, coudre ni enrichir aucunes ceintures, ni obliger[2], si ce ne sont des filles de maîtres ». A défaut de ce monopole exclusif, elles ont des avantages analogues à ceux des fils de maîtres : « Et quant aux filles desdits maîtres, encore que leur père allât de vie à trépas, ne seront tenues de faire aucun apprentissage dudit métier, ains pourront travailler d'icelui (si bon leur semble), comme compagnonnes dudit métier (cartiers de Paris, 1594). »

Ce mot de « compagnonnes », substitué ici aux mots plus fréquemment usités de « chambrières, servantes, ouvrières », semble indiquer qu'il y a, entre les travailleurs des deux sexes, une assez complète parité. De même, les statuts rouennais placent sur le même pied drapiers et drapières[3]. Déjà, en 1475, les statuts des

_____

(1) AD xi, 40.

(2) Par un contrat d'apprentissage.

(3) Ouin, p. 016. Chez les foulons de Paris (Y vii, f° 27), on emploie des « varletz, chambrières, apprentiz et apprentisseresses ».

tissutiers de Paris proclamaient le principe de l'égalité des sexes, — au point de vue économique, s'entend : « Que les femmes ouvrant et qui besognent dudit métier de présent en ladite ville de Paris seront maîtresses audit métier si être le veulent, en payant pour leur nouvelle maîtrise et entrée 12 sols parisis, *comme dit est ci-dessus des hommes...* Les apprentisses pourront être reçues maîtresses en faisant chef-d'œuvre et en payant telle somme à appliquer en la manière *comme est dit ci-dessus.* » Et pour bien établir que tissutiers et tissutières sont soumis à une législation uniforme, l'ordonnance ajoute cette disposition générale : « Et que en effet et substance tous les points et articles ci-dessus contenus seront communs et s'étendront et appliqueront *tant aux femmes que aux hommes,* soit qu'il touche la maîtrise ou les ouvrages ou autre chose dudit métier [1]. »

Mais, même dans ce cas — probablement unique — d'une complète assimilation des femmes aux travailleurs de l'autre sexe, ce qui empêchait toujours les maîtresses d'avoir une situation aussi stable que celles des maîtres, c'est que ces femmes, célibataires ou veuves, pouvaient perdre leur autonomie par mariage. Dès lors, leur statut personnel peut être plus ou moins gravement modifié, en raison de l'union qu'elles ont contractée. Chez ces mêmes tissutiers, qui font de la maîtresse un véritable maître, la femme mariée peut être privée de ses droits pour cause d'immoralité du mari : « Et s'il advenait que telles femmes ou filles qui auraient été apprentisses et maîtresses se mariassent à aucun homme qui ne fût de honnête état, vie et gouvernement, en ce cas lesdites femmes ne pourront tenir ledit métier durant ledit

(1) Y VII, f° 150 v°, 159. Ord. du prévôt « touchant le métier de tixus ».

mariage avec leursdits maris. » Chez les gaîniers de
Rouen, le seul fait d'épouser un homme qui ne soit du
métier fait perdre à une femme ses droits de maîtresse.
Elle ne les recouvre même pas en devenant veuve, si
son mari lui a laissé des enfants ; quant à la femme
d'un simple ouvrier gaînier, elle pourra, en principe,
travailler dans l'hôtel du patron de son mari et non
ailleurs, pas même dans son propre domicile ; pourtant,
« au cas que les maris d'icelles femmes ouvreront en
leurs maisons, elles pourront ouvrer avec eux[1] ». Chez
les passementiers de la même ville, la femme qui s'est
mariée hors du métier « sera privée de besogner comme
maîtresse dudit métier, mais elle pourra besogner en
chambre de ce qu'elle saura ouvrer, sans tenir aucuns
serviteurs en besogne ». Cependant ces restrictions au
droit des femmes ne se retrouvent pas dans tous les
statuts ; on lit, en effet, dans ceux des brodeurs de
Paris (1551) : « Que les femmes et filles seront reçues
maîtresses audit métier en faisant apprentissage et chef-
d'œuvre, *tel que les hommes sont tenus faire...* Et
pourront lesdites femmes qui seront reçues maîtresses
tenir ouvroir dudit état, encore qu'elles fussent mariées
à autres non étant d'icelui état[2]. »

Les femmes occupées aux métiers mixtes avaient-elles
des droits corporatifs égaux à ceux des hommes ? Fai-

(1) Ouin-Lacroix, p. 674.

(2) Les statuts de 1292 avaient été homologués pour le « commun des
broudeurs et des brouderesses ». En 1303, ont signé deux maîtres et une
maîtresse. Mêmes statuts en 1316. Au contraire, il n'est question que
des hommes en 1469, 1483, 1497 : du moins, si ces derniers statuts
parlent des veuves et de leurs « apprentisses », ils omettent de parler
de véritables maîtresses. L'ordonnance de 1551, qui établit (art. 25)
d'une façon si nette le droit des femmes, fut peut-être en partie
motivée par une tentative faite par les maîtres-brodeurs, pendant la
durée du xvᵉ siècle, pour expulser tout doucement les femmes de la
maîtrise.

saient-elles, au même titre, partie des communautés et confréries ? Pouvait-il y avoir, dans ces corps, des prudes-femmes, des baylesses ? *A priori*, cela semble peu probable, puisque, même dans un certain nombre de métiers féminins, les femmes n'exercent leurs droits qu'avec l'assistance d'une sorte de conseil judiciaire composé d'hommes[1]. Nous n'avons pas rencontré de textes signalant la présence des femmes à côté des hommes dans les jurandes. Chez les pâtissiers de Toulouse, nous voyons bien que la veuve est régulièrement convoquée, à l'égal des maîtres, pour la messe confraternelle ; mais elle est considérée d'office comme absente, et frappée, à chaque convocation, d'une amende de 3 deniers tournois. Elle n'aurait pu, à la chapelle, remplir la place d'un maître, porter le cierge, tenir un coin du drap, et sa présence n'aurait guère été convenable dans la bruyante mangeaille qui suivait le service divin. Chez ces tissutiers de Paris qui font de la femme à peu près l'égale de l'homme, il nous est impossible de démêler si le rôle corporatif des maîtresses était ou non purement passif. Une jurande de quatre membres était élue par la communauté « pour visiter et rapporter les fautes dudit métier, *tant hommes que femmes* ». Mais, si elles figurent dans la communauté à titre d'administrées et de justiciables, y avaient-elles également une place à titre d'électrices et d'éligibles ? Le silence des textes ne permet pas de donner une réponse positive à cette question. Tout au plus peut-on, de ce silence même, induire cette conjecture : le prévôt, qui indique si nettement que les droits des femmes sont égaux à ceux des hommes en tout le reste, n'aurait pas manqué, si les femmes

---

(1) Voy., ci-dessus p. 113, « les fileresses » à grands fuseaux.

avaient été les égales de l'homme même en cela, de
signaler leur rôle dans le gouvernement de la communauté. D'une façon générale, il ne semble pas qu'il y ait
eu, du moins au xve et au xvie siècle, des *jurées* à la tête
des métiers mixtes, ni peut-être même que les *jurés* aient
été élus par un collège composé de maîtres et de maîtresses.

III

L'emploi des femmes comme ouvriers d'industrie eut-
il, dans ces deux siècles, une répercussion sur les salaires ?
Y eut-il une tendance à payer les femmes moins cher que
les hommes ? Se servit-on de la main-d'œuvre féminine — comme on faisait de la main-d'œuvre apprentie [1] — pour peser indirectement sur le prix du travail
masculin ?

Si nous possédons pour cette époque un certain nombre de documents sur le prix des terres et des diverses
marchandises, nous sommes plus pauvres en ce qui concerne le prix du travail, particulièrement du travail
industriel urbain. En second lieu, quand même les contrats de travail, de même que les contrats de vente, de
loyer et d'hypothèque, auraient été rédigés par-devant
notaire, nous ne pourrions — pour des raisons que j'ai
déjà exposées ailleurs [2] — faire usage des données numé-
riques de ces textes qu'avec la plus extrême précaution.

Notons cependant que, dans la question qui nous occupe,
la difficulté n'est plus la même. Quelle que soit la valeur

(1) Voy. plus haut, ch. ii.

(2) *De la méthode en histoire sociale* (*Revue des cours et conférences*,
1897, p. 855). Voy. d'Avenel, *Histoire économique des prix*, etc., et (dans
la *Revue des Deux-Mondes*) *Paysans et ouvriers des trois derniers siècles*.

réelle des salaires payés, en 1553, à un moulinier et à une dévideuse de Toulouse, nous pouvons entre ces deux chiffres établir un rapport, et c'est ce rapport seul qu'en ce moment il nous importe de connaître. C'est peut-être d'une façon très erronée, par exemple, que M. d'Avenel évalue à 3 fr. 60 le salaire moyen d'un manœuvre, et à 2 fr. 30 environ celui d'une journalière rurale au temps de saint Louis, tous deux exprimés en livres et deniers tournois ou parisis : il n'en reste pas moins que l'un de ces salaires est beaucoup plus élevé que l'autre. Ainsi donc, sans accepter toujours les transcriptions en monnaies actuelles, données par M. d'Avenel, des salaires d'autrefois, on peut considérer comme à peu près valables les conclusions suivantes, qu'il en tire : à la fin du XIVe siècle, le rapport entre le salaire féminin et le salaire masculin (qui est actuellement des 3/5), était des 3/4 ; au XVe siècle il est seulement de 1/2 ; au XVIe siècle il paraît baisser encore.

Mais il est essentiel de noter que ces rapports sont extraits par M. d'Avenel, à peu près exclusivement, de chiffres relatifs au travail rural. Il est très difficile de savoir si ce rapport était le même dans l'industrie. A Toulouse, pour les soieries, on nous donne bien des chiffres précis pour les salaires des ouvriers des deux sexes. Pouvons-nous tirer de ces chiffres un très grand parti ? D'abord, au lieu d'être exprimés en fonction des heures de travail, les salaires toulousains sont des salaires à la tâche, et l'unité de salaire est le prix payé pour le traitement d'une livre de marchandises. Une femme a 6 sols 8 deniers tournois par livre de soie doublée ; un homme a 4 sols pour mouliner une livre, 3 sols pour la retordre. Dira-t-on qu'il est aisé de traduire ces salaires-poids en salaires-heures, ce qui permettrait de comparer entre eux

le salaire-heure de l'homme et celui de la femme ? Oui,
une pareille traduction est possible dans l'industrie
moderne qui, par son mécanisme même, développe chez
l'ouvrier et l'ouvrière une tendance à produire une quantité infiniment croissante de travail pendant l'unité de
temps ; l'est-elle aussi pour l'industrie du xvi° siècle,
beaucoup plus lente et beaucoup plus irrégulière en son
activité ? Il est sûr qu'une Toulousaine du xvi° siècle,
venue à l'atelier pour « gagner une pièce d'argent pour
vivre » en se livrant à « un travail léger », n'a rien de
comparable avec une ouvrière de nos jours, assise à la
table où s'empilent les écheveaux, et qui, fiévreuse et
hâtive, les dévide ou les refait si vite qu'à peine les voit-
on passer entre ses doigts ; ou bien avec celle qui, debout
devant les broches et les dévidoirs qui tournent d'une
effrayante rapidité, passe une journée entière à rattacher
des fils. Comment trouver une commune mesure entre le
produit d'une heure de travail en 1553 et en 1898? A
plus forte raison est-il impossible de savoir quel poids de
soie un homme pouvait mouliner pendant qu'une femme
en dévidait une livre.

Tout ce qu'on peut dire, c'est que, si les choses se passaient à l'atelier à peu près comme aux champs, il est permis
de supposer que le travail de la femme était généralement
moins payé que celui de l'homme, et même que le rapport
du premier salaire au second était plus faible que de nos
jours. Par conséquent l'emploi des femmes dans l'industrie devait tendre à faire baisser le prix de la main-
d'œuvre. Pourtant on ne pourra rien affirmer absolument à
cet égard, tant que l'on n'aura pas produit des textes prou-
vant que les ouvriers, de même qu'ils se plaignaient du
nombre excessif des apprentis, se sont également plaints
alors du nombre des femmes admises dans les ateliers.

Il est d'ailleurs très difficile de donner des conclusions générales à une étude de ce genre. Elle manque forcément d'unité, parce que le sujet lui-même est multiple. On a pu se convaincre, chemin faisant, que, sur ce point du travail des femmes comme sur tout le reste, la législation industrielle des xve et xvie siècles est prodigieusement variable suivant les lieux et suivant les industries ; ajoutons qu'à côté des villes à métiers jurés subsistent — il ne faut pas l'oublier — les villes et villages à métiers libres, lesquels, au moins avant l'édit de 1581, sont en majorité dans notre pays.

CHAPITRE IX

CONFRÉRIES ET COALITIONS

I. *La confrérie*. Caractère religieux et charitable. — Statuts de confréries. Banquets. — II. *L'autorité publique et les confréries.* — Édit de Villers-Cotterets. — III. *Rôle de l'ouvrier dans la confrérie.* — Charges et bénéfices. Bayles-compagnons. Confréries ouvrières. — IV. *Coalitions.*

I

Les liens purement corporatifs n'étaient généralement pas les seuls à unir entre eux compagnons, apprentis et maîtres. En même temps qu'il faisait, en raison même de son métier, partie d'une communauté, tout membre de la classe industrielle était inscrit à une confrérie, de caractère à la fois charitable et religieux.

Le *Livre des Métiers* mentionne déjà, au xiiie siècle, l'existence de « la boîte » ou de « l'aumône » dans une vingtaine de métiers [1]. Il est question de fêtes corporatives pour les talemeliers (le jour de saint Pierre ès liens), pour les boucliers (le jour de saint Léonard). Les maçons devront payer 20 sols à la chapelle de Saint-

(1) Il en mentionne formellement l'existence chez les orfèvres, batteurs d'or, tisseurs de soie, braliers, cristalliers, imagiers, tailleurs, épingliers, cuisiniers, boursiers, selliers, tabletiers, chapeliers de feutre, corroyers, gantiers, cordonniers, poissonniers. Mais cette institution a pu exister dans d'autres métiers encore.

Blaise pour toute contravention aux règlements sur l'apprentissage. L'organisation d'une confrérie est nettement décrite dans les titres relatifs aux tabletiers et aux épingliers. — Les fonds recueillis pour la « boîte » sont généralement consacrés aux pauvres du métier, tantôt (selliers) à tous les pauvres du métier, tantôt (cuisiniers) seulement aux vieillards. Chez les orfèvres, la « boîte » paie tous les ans, à Pâques, un bon repas aux pauvres de l'Hôtel-Dieu.

En apparence au moins, ce double caractère religieux et charitable se conserve dans les très nombreuses confréries du xve et du xvie siècle. Quelques-unes de ces confréries étaient ouvertes à tout le monde, et ce n'est que par l'effet du hasard que les membres d'un même métier y étaient en majorité. D'autres ne comprenaient que les gens d'un même métier, maîtres, compagnons, apprentis et leurs familles. On peut même noter, dans les statuts rédigés ou renouvelés à la fin du xve ou au xvie siècle, une tendance à rendre la confrérie obligatoire pour les membres de chaque communauté. Quelquefois il existe deux confréries, une de patrons et une d'ouvriers [1].

Le centre de la confrérie, c'est la chapelle du saint sous la protection duquel elle est placée. Ses deux symboles essentiels sont le drap qui sert aux enterrements, le cierge que l'on porte aux processions. Elle a pour recettes les droits d'entrée, les cotisations annuelles, le prix de la vente du chef-d'œuvre, les revenus de ses propriétés immobilières, les amendes, les dons et legs, le produit de la boîte, c'est-à-dire du tronc qui est placé dans la chapelle. Son administration se confond souvent

(1) Hipp. Blanc, *les Corporations de métiers*, Paris, 1888, p. 98. Du Bourg, *Corporations de Toulouse*, p. 8 : « Tous les maîtres et ouvriers seront confrères et appartiendront à lad. confrérie de Sainte-Catherine, établie dans l'église de Saint-Rome. » (Boursiers-aiguilletiers, 1440.)

avec celle de la communauté elle-même : c'est le cas, par exemple, dans le Midi, où les bayles de la confrérie sont en même temps les gardes du métier [1] ; à Saint-Omer au contraire, la confrérie est administrée par des gouverneurs spéciaux [2] ; de même à Rouen elle élit un prévôt, un clerc et des servants [3]. Pour créer une confrérie nouvelle, comme pour ériger un nouveau corps de métier, il faut l'autorisation de l'autorité séculière, royale, seigneuriale ou municipale [4] ; une fois créée, la confrérie est soumise, non seulement à cette autorité, mais aussi à celle de l'official [5].

Les principaux actes de la confrérie sont la célébration des messes confraternelles. Les drapiers de Toulouse (1464) se réunissent tous les ans, le 1er mai, « dans l'église de Saint-Sernin, pour y faire célébrer une grand'messe en l'honneur de Dieu et de la glorieuse vierge Marie ». Chez les parcheminiers de cette ville (1465), « tous les maîtres, les valets et les apprentis dudit métier seront tenus, le jour de la fête Notre-Dame de février, d'aller entendre dévotement la messe dans ladite chapelle » ; de plus les maîtres devront y assister à une messe un dimanche par mois, « et avertir leurs valets et massips et apprentis d'y venir ». Les tailleurs de Nantes ont une messe à la Trinité, le lendemain une messe de requiem, plus trois messes par semaine [6]. Les brasseurs de Saint-

(1) Du Bourg, *passim*. Il arrive souvent que la confrérie est organisée par les statuts du métier.

(2) Pagart d'Hermansart, p. 258.

(3) Ouin-Lacroix, p. 411-417.

(4) Drapiers de Toulouse, 1464 : « les capitouls ordonnèrent que, tous les ans... » Pâtissiers, 1492, Pagart, t. II, p. 86, Brasseurs : « les mayeur et échevins ont accordé aux doyen et gardes... »

(5) Blanc, p. 87 ; Ouin-Lacroix, p. 411.

(6) Blanc, p. 87.

Omer s'engagent à orner une chapelle et à y faire célébrer une messe par semaine « si possible est [1] » ; de plus ils doivent assister à la messe des trépassés le lendemain du jour du Saint-Sacrement, aux vêpres et à la grand'-messe la nuit et le jour de saint Arnould, et le lendemain à l'obit.

En dehors de ces cérémonies ordinaires, la confrérie doit rendre les honneurs funèbres à ses membres décédés. Pour chaque décès de maître ou compagnon (tailleurs de Nantes, 1471), on célébrera dix messes, dont une à note, c'est-à-dire en musique, « et pareillement pour les femmes étant en ladite confrérie » ; les serviteurs du métier non compagnons qui auront payé leur cotisation un an et plus auront cinq messes, dont une à note. Tous les confrères doivent (brasseurs de Saint-Omer, 1492) « accompagner le corps de ceux des maîtres ou de leurs femmes dudit métier qui dorénavant trépasseront en cette ville ». Le fait de ne pas assister aux messes ou aux obsèques est puni d'amendes ; par exemple (drapiers de Toulouse, 1644) l'absent paiera « un quarton de quintal d'huile destinée aux lampes des corps saints ».

Pour bien nous rendre compte de ce qu'étaient les confréries, le mieux est d'étudier les actes par lesquels se sont constituées quelques-unes de ces associations. On y distingue surtout le motif religieux, qui a inspiré ces créations. Voici le préambule des statuts de la confrérie des plombiers-étaimiers de Rouen :

« Pour la bonne et sociale dévotion que nous avons à Dieu le créateur, à sa très sainte Mère, au glorieux saint Michel, à sainte Magdeleine et à sainte Catherine, nous

____

(1) Pagart, t. II, p. 86.

nous sommes associés ensemble dudit métier de plombier et étaimier, en invoquant Dieu et les bons saints et saintes, que... il leur plaise être médiateurs et intercesseurs envers notre sauveur et rédempteur Jésus-Christ...[1].»

Celle des brasseurs de Saint-Omer est créée « tant au bien, profit et utilité de la chandelle [2] d'icelui métier, comme aussi de ce qu'outre pourront à succession de temps pour employer en ornements et autres choses nécessaires à l'entretènement et service divin que annuellement ils font célébrer... »

Cependant tout n'était pas exclusivement religieux dans les actes des confréries. A la suite de la messe annuelle avait lieu, dans la chapelle même, l'assemblée qui élisait les autorités de la confrérie et généralement aussi celles de la communauté. Après cette assemblée, les maîtres se réunissaient en un banquet, auquel il fallait assister sous peine d'amende. Ces repas, véritables *frairies*, étaient souvent un prétexte à débauches ; les femmes du métier en étaient exclues, sans doute à cause de la liberté de parole qui y régnait. Aussi s'explique-t-on que l'Église ait à diverses reprises (notamment au concile de Sens de 1524) condamné les confréries, et qu'on ait introduit les articles suivants dans le règlement sur les banquets des bateliers[3] de Saint-Omer (1546) : défense de faire insolence, « murmurer et dire de vilaines paroles à la table l'un de l'autre, » de chercher à s'enivrer l'un l'autre, de se servir sans autorisation ; ordre de quitter la table aussitôt après grâces dites, car il n'était pas prudent de prolonger ces réunions outre mesure.

(1) Ouin-Lacroix, p. 218.

(2) C'est-à-dire du clergé entretenu au nom du métier dans la chapelle du saint patron.

(3) Ou ychenaires. Pagart, p. 271.

II

L'État ne voyait pas d'un bon œil les confréries. Ces coalitions organisées lui paraissaient autant d'ennemis de la puissance publique. Aussi furent-elles plus d'une fois supprimées, dès le début du xiv° siècle ; mais toujours, par la force des choses, elles se reconstituaient secrète- ment, et finissaient par se faire reconnaître de nouveau par l'autorité. En 1498 [1], le Parlement ordonna aux lieu- tenants civil et criminel d'empêcher à Paris toutes assemblées et tous banquets sous prétexte de confréries, de faire emprisonner ceux qui s'y trouveraient et de con- fisquer les viandes de ces banquets au profit des pauvres. — Le 28 juillet 1500, nouvel arrêt faisant défense au Prévôt de souffrir qu'il soit établi nouvelle confrérie, sous ombre de maîtrise de métiers ou marchandise, ni aucune autre assemblée, au préjudice du bien public. En outre la cour ordonne qu'il sera informé par les examinateurs du Châtelet sur ce que plusieurs des métiers ont érigé des confréries, et de quelle autorité ils « s'assemblent, cons- pirent et monopolent [2] », sous prétexte de confréries. « Conspirer et monopoler, » cela veut dire, dans la langue du xvi° siècle : se rendre coupables du délit de coali- tion.

Enfin le 25 mai 1535, un autre arrêt du Parlement défend formellement aux maîtres des métiers, jurés ou non jurés, et aux marchands qui ne sont pas des métiers jurés, d'avoir des confréries dans la ville de Paris ou dans les autres villes du ressort, et d'y faire « des assemblées

<hr>

(1) Levasseur, t. II, p. 112.
(2) *Tr. de la police*, t. I, p. 405-406.

et monopoles ». Puis c'est le grand édit de Villers-Cotterets (1539), rendu au beau milieu de la grève fomentée par les confréries des imprimeurs parisiens et lyonnais, et qui s'exprime sur le compte des confréries avec une sévérité sans précédent. Le roi en effet déclare formellement (art. 185) « que suivant nos anciennes ordonnances et arrêts de nos cours souveraines, seront abattues, interdites, et défendues toutes confréries de gens de métier et artisans par tout notre royaume ». Dans le délai de deux mois, les biens appartenant aux confréries seront remis aux juges des lieux (art. 186) « et, à faute d'avoir fait (cette remise) dedans ledit temps, seront tous les maîtres du métier constitués prisonniers ».

Il s'agit, comme on le voit, d'une suppression complète de toutes les confréries de métier, et d'une interdiction générale et absolue de les rétablir.

L'ordonnance reçut un commencement d'exécution. A Paris les biens des confréries furent même saisis par le prévôt. Mais, sagement, elles laissèrent passer l'orage ; elles attendirent que le roi eût oublié les motifs qui avaient momentanément fait de lui un farouche adversaire du droit de coalition. Puis les drapiers de Paris remontrèrent que depuis trois cents ans ils avaient une chapelle en l'église des Saints-Innocents : le roi, par lettres-patentes du 19 avril 1541, les exempta des dispositions prohibitives de 1539. C'était la première brèche ouverte dans la loi ; d'autres dispenses furent peu à peu accordées, et la terrible ordonnance de 1539 resta sans effet.

L'ordonnance rendue par Charles IX en 1561 se borne à rappeler que l'argent des confrères ne doit servir, en dehors du service divin, qu'à des œuvres d'assistance ou d'instruction : preuve indirecte que les confréries se sont

reformées en secret. De nouveaux désordres ne tardèrent
pas à se produire. En effet, des lettres-patentes du
5 février 1562 constatent que, « dans plusieurs villes du
royaume, et particulièrement à Lyon, les confréries avaient
été rétablies ; que sous ce prétexte les gens de métiers faisaient des royautés certains jours de dimanches et de fêtes[1],
et en ces jours ils faisaient porter par des personnes
habillées en masque ou d'une autre manière extrava-
gante, c'est-à-dire par les rois et reines du métier, des
pains bénits ornés de petites bannières diversement
peintes ; qu'ils les faisaient conduire avec des tambours
et des fifres, suivis d'un grand nombre d'artisans souvent
armés, depuis la maison de celui qu'ils appelaient cour-
rier de leur confrérie jusques aux églises où le service
se devait faire, et après le service, ils retournaient dans
le même équipage dans les maisons des courriers, ou aux
cabarets où ils avaient fait préparer le festin ». Le roi,
à l'exemple de son aïeul, abolit toutes les confréries
(vaine menace !) et ordonne que leurs revenus seront
partie employés à l'instruction des enfants, partie versés
à l'Aumône de Lyon ou aux hôpitaux des villes.

En janvier 1564, les confréries avaient si peu dis-
paru qu'on défend de nouveau les banquets, par une
ordonnance que confirme l'édit de Moulins en décembre
1566. Un édit de 1567 défend particulièrement aux compagnons de se réunir pour banqueter. En novembre 1577
et en mai 1579 (ordonnance de Blois) on condamne de
nouveau les abus des confréries, qui avaient été dénoncés
par les États généraux. Mais les confréries avaient la vie

---

(1) L'usage du *reinage*, ou nomination de rois et reines du métier
s'est conservé au XVIIe siècle (par exemple, voy. Cheylud. *Médecins,
chirurgiens et apothicaires de Murat*, Paris, Champion, 1896, in-8º). Ces
royautés étaient mises aux enchères au profit de la confrérie, et vendues
aux fils et filles de maîtres. Il pouvait y avoir plusieurs rois et reines.

dure. On eut des faiblesses pour quelques-unes d'entre elles, les barbiers, les drapiers, etc. Un peu plus tard elles devinrent les cadres de la démocratie catholique. Et cela se fit le plus aisément du monde. Les compagnons huguenots, très nombreux vers 1560, avaient presque tous émigré en Suisse, en Hollande, en Angleterre. Les patrons firent insérer dans les statuts des clauses interdisant l'entrée du métier à ceux « de contraire religion » et aux blasphémateurs contre les saints[1]. Placées par nature sous la direction des curés des paroisses où se trouvaient leur chapelle, les confréries tombèrent complètement dans la dépendance du bas clergé et formèrent, à Paris et dans bien des grandes villes, la véritable armée de la Ligue.

III

Quel était le rôle des ouvriers dans les confréries ? Ils y jouaient d'abord, tout naturellement, le rôle de contribuables. Chez les tailleurs de Nantes, si chaque maître paie 2 deniers par semaine, chaque compagnon ou serviteur paie un denier. De plus tout compagnon changeant de maître paie 15 deniers, dont une moitié seulement est donnée aux autres ouvriers, le reste est versé à la confrérie ; de même la moitié des droits de bienvenue[2]

(1) Charpentiers de Toulouse, portefaix du poids commun. Du Bourg, *Org. du travail*, p. 74.

(2) Ces droits étaient parfois assez élevés. Parfois ils absorbaient le prix de la première journée de travail. Chez les drapiers de Rouen (Ouin-Lacroix, p. 621, art. XXIX) : « Quand iceux varlets iront première fois à la place pour gagner leur vie, ils seront tenus payer ce qu'ils gagneront pour icelui jour seulement aux ouvriers avec lesquels ils auront besogné pour icelui jour. » Chez les foulons, ce droit s'appelait « lavure de pieds ».

payés par de nouveaux ouvriers. Les nouveaux ouvriers brasseurs, à Saint-Omer, payent à « la chandelle » 40 sols s'ils sont apprentis en la ville, 60 s'ils viennent du dehors. Pour assurer le recouvrement de ces droits d'entrée et de ces cotisations, il arrive parfois qu'on oblige les maîtres de retenir sur le salaire de l'ouvrier les sommes que celui-ci doit à la confrérie [1].

Mais les ouvriers tiraient-ils quelque bénéfice de leur participation à la confrérie ? Il en était ainsi, assurément, dans beaucoup de confréries. Chez les pâtissiers de Toulouse par exemple, après avoir décidé que « si un maître de bonne vie et honnête conversation vient en pauvreté par male fortune, ladite confrérie soit tenue de le secourir », on ajoute qu'il en sera de même à l'égard « de tout compagnon qui, après avoir servi longtemps et fidèlement un ou plusieurs maîtres, tombera dans la misère et ne pourra gagner sa vie ». Mais, ce qui ne laisse pas d'être inquiétant, la quotité de ce secours est fixée par les bayles et les maîtres [2].

Trop souvent, nous voyons que les maîtres seuls sont convoqués aux assemblées du métier. Si des maîtres, femmes ou enfants de maîtres viennent à décéder, les ouvroirs du métier sont fermés (payait-on ces journées chômées ?), des messes sont dites sur la bourse commune, et l'absence aux obsèques est punie d'une amende d'une livre de cire, si le délinquant est maître, d'une demi-livre s'il est compagnon. Or on ne voit pas que les

----

(1) Du Bourg, *Org. du travail*, p. 93. — Parfois le taux de ces versements n'était pas fixé, mais laissé à la générosité des confrères. Tailleurs de Paris, 1583, art. XXIX : tous les maîtres et compagnons « mettront et seront tenus de mettre selon leur bonne volonté et courtoisie donner (*sic*) et non contraints », pour le service, les pauvres vieux et anciens maîtres et compagnons, les mendiants et aveugles.

(2) *Ibid.*, p. 21.

compagnons aient toujours en droit à des honneurs
funèbres. Ces honneurs, spécifiés par les statuts des
tailleurs nantais de 1471, sont passés sous silence dans
ceux de plusieurs autres confréries. Il est même positivement défendu aux ouvriers imprimeurs de Lyon
de quitter leur ouvrage pour assister aux obsèques d'un
compagnon.

Deux choses semblent indiquer que les ouvriers
n'avaient pas toujours à se louer de l'attitude des confréries patronales à leur égard : la création des bayles-
compagnons et l'institution des confréries indépendantes
d'ouvriers. C'est surtout dans le Midi que nous rencontrons ces deux ordres de faits [1].

Chez les menuisiers de Toulouse, il est décidé que « les
compagnons dudit office éliront tous les ans deux bayles-
compagnons pour aider aux autres bayles-maîtres et garder les droits de la confrérie » ; ils auront une des trois
clefs de la boîte et du coffre.

Naturellement les bayles-compagnons s'insinuent d'a-
bord très timidement dans le gouvernement de la confrérie. Les bayles-maîtres des contrepointeurs choisiront
eux-mêmes les deux bayles-compagnons « des plus anciens
et de la qualité requise, pour les aider et assister », et ils
leur feront « prêter le serment de leur être fidèles et obéissants ».

On pourrait croire, à lire certains textes, que cette

(1) Du Bourg, toujours plein d'admiration pour le régime corporatif,
est bien obligé d'avouer qu'au xvi° siècle les conflits entre patrons et
ouvriers étaient fréquents. Mais il esquive la difficulté : 1° en reje-
tant sur la prédication de l'hérésie la responsabilité de ces conflits;
2° en leur déniant toute importance. *Org. du travail*, p. 112 : « Malgré
quelques symptômes inquiétants qui surgissent de loin en loin et viennent nous dire que l'influence de la Réforme commence à travailler
les esprits et à jeter ses ferments de discorde, on peut affirmer que la
paix et la fraternité régnaient alors au sein de ces associations de
travailleurs. »

création des bayles-compagnons était une concession volontaire, gracieusement faite aux ouvriers par les maîtres. Ce n'est pas ce que disent les articles « que les compagnons passementiers, teinturiers, fileurs de soie et autres ouvriers de soie en Toulouse présentèrent à l'état et aux bayles dudit métier pour, si leur plaît, les agréer et accepter ». Ce sont les compagnons qui, bien humblement, prennent l'initiative de la réforme, et ils s'excusent de leur hardiesse en disant qu'ils veulent aider les maîtres : c'est « pour le soulagement desdits maîtres-bayles dudit état au divin service », qu'ils ont « entre eux proposé et délibéré que... il serait bon d'élire à présent deux desdits compagnons » ; et ces bayles-compagnons seront pris « à la volonté et discrétion » des bayles actuels ; à l'avenir les bayles-compagnons sortant de charge désigneront quatre candidats, sur lesquels les bayles-maîtres en prendront deux [1].

Puis, quand cette mesure ne suffisait pas, on allait jusqu'à créer des confréries de compagnons. Par exemple [2], « a été proposé, arrêté et conclu entre la communauté des compagnons de l'office de chirurgie et de la barberie » de Toulouse « faire entre eux compagnons certaine société, compagnie et statuts en œuvres spirituelles... et aussi pour continuer entre eux l'étude de chirurgie ». Ils protestent, il est vrai, que, « par ladite société, n'entendent en rien préjudicier ni déroger aux statuts et droits des maîtres jurés dudit office, mais plutôt les veulent soutenir et aider ».

S'ils croient devoir prendre cette précaution, c'est qu'il y avait eu, dès avant le xvi° siècle, des conflits entre sociétés patronales et sociétés ouvrières : à côté de

----

(1) Du Bourg, p. 114.
(2) *Ibid.*, p. 115.

la riche confrérie des tailleurs (Sainte-Luce), Toulouse en possédait une autre (Saint-Sébastien), composée de compagnons, d'où vinrent « noises, débats, inconvénients ». Les deux corps se fondirent en un seul en 1509, sous la condition de célébrer la fête de leurs deux patrons.

Les compagnons-boulangers formaient aussi un corps indépendant [1]. Quand l'un deux mourait sans laisser de quoi subvenir aux frais de la sépulture, c'étaient « les bayles desdits compagnons » qui le faisaient ensevelir aux dépens de la confrérie ; de même en cas de maladie et d'indigence, ils le fournissaient d'aliments, de barbier, médecin et apothicaire. Ils avaient même obtenu de la ville un arrêté qui obligeait les maîtres à contribuer à leurs dépenses : « Pour supportations des charges de la chapelle… ont ordonné les sieurs capitouls que, suivant l'ancienne coutume et de tout temps observée [2], les maîtres dudit métier seront tenus de donner un denier pour chaque dimanche, qu'ils seront tenus de mettre dans la boîte qui leur sera présentée par les bayles desdits compagnons. »

A Paris, nous constatons l'existence de deux confréries distinctes chez les cordonniers, et ces deux corps ne s'entendent guère entre eux. Le 19 juin 1555, un arrêt du Parlement interdit aux maîtres et aux garçons de se troubler les uns ni les autres le jour de leurs fêtes respectives, à peine de prison et de dix marcs d'amende. Cet arrêt fut complété par la convention suivante [3] :

« Entre les maîtres cordonniers à Paris, demandeurs et

(1) Du Bourg, p. 21.

(2) Cette mention semble indiquer que les maîtres tentaient de se soustraire à cette obligation, puisqu'il fallut les contraindre à respecter la coutume. Il est fâcheux que Du Bourg (p. 116) ne donne pas la date exacte de cette décision ; il dit simplement qu'elle est du xvi° siècle.

(3) ADxi 16.

exécuteurs en exécution de l'arrêt... et les compagnons et serviteurs dudit état, aussi demandeurs et défendeurs... appointé est, en exécutant ledit arrêt et pour mettre fin aux différends desdites parties, que lesdits maîtres-cordonniers feront faire le service en l'église Notre-Dame de Paris le jour de Saint-Crépin, vingt-cinquième jour d'octobre, et lesdits compagnons feront faire aussi le service en ladite église le jour de Saint-Crépin d'été, qui est huit jours devant la Pentecôte. Ne pourront lesdits maîtres et compagnons respectivement créer ni recevoir les deniers pour lesdits divins services qu'une fois l'an et chacun à sondit jour ; et sont icelles parties condamnées à payer chacun d'eux pour moitié la rente due à la fabrique de ladite église. »

IV

Si la confrérie était une sorte de coalition permanente, mêlée d'éléments philanthropiques et religieux, il ne faut pas croire qu'il n'y avait pas alors de coalitions d'une autre espèce, formées par le seul souci de défendre des intérêts communs[1]. Les auteurs de l'ordonnance de Villers-Cotterets le savaient bien ; car ils ne se bornent pas à supprimer les confréries, ils interdisent d'une façon générale toute espèce de coalition industrielle ou com-

____

(1) La question a été étudiée (en 1887), mais à un point de vue trop peu historique par H. Smith, *les Coalitions et les grèves*, par A. Crouzel, *Etude hist. et juridique sur les coalitions et les grèves*, et par Renault, *Hist. des grèves*. Ces trois auteurs se sont contentés de dépouiller la collection des ordonnances royales, sans rechercher s'il n'existait pas d'autres documents. Trop préoccupés de fournir des arguments aux thèses de l'économie politique, ils mélangent les époques (le dernier surtout) et commettent souvent des inexactitudes. Leur effort a presque exclusivement porté sur les coalitions au xviiᵉ siècle.

merciale (art. 191) : « Nous défendons à tous lesdits maîtres, ensemble aux compagnons et serviteurs de tous métiers, de ne faire aucunes congrégationns ou assemblées grandes ou petites, et pour quelque cause ou occasion que ce soit, ni faire aucuns monopoles, *et n'avoir ou prendre aucune intelligence les uns avec les autres du fait de leur métier*... » C'est déjà, dans cette dernière phrase, la formule révolutionnaire : « Les citoyens de même état ou profession, les ouvriers et compagnons d'un art quelconque ne pourront former des règlements sur leurs prétendus intérêts communs. » (Loi du 14 juin 1791, art. 1er.)

Mais l'édit de Villers-Cotterets ne vint pas plus à bout des coalitions proprement dites que des confréries. En 1574, à Rouen, nous rencontrons une coalition patronale, une ligue des boulangers et des pâtissiers pour se soustraire aux droits de mouture perçus par la ville ; ils insultent le clerc des moulins, essaient de le jeter à l'eau. Il faut que le lieutenant du bailliage menace du fouet le chef de la coalition et renouvelle les anciennes défenses contre les monopoles [1].

Plus fréquentes encore sont les coalitions d'ouvriers. Les statuts donnés aux tailleurs en 1583 [2] « défendent très expressément à tous serviteurs et valets dudit métier de faire aucunes assemblées devant le logis du clerc dudit métier ni ailleurs, ni porter aucunes épées, dagues ni autres armes dedans ladite ville et faubourgs ». Le 10 janvier 1601, une sentence du Châtelet défendit aux compagnons cordonniers de « faire aucunes cabales ni assemblées entre eux ». Cette sentence [3] nous permet de voir quelle

<hr>

(1) Ouin-Lacroix, p. 55.

(2) Lespinasse, t. III p. 190.

(3) AD xi 16. La sentence se réfère à des arrêts rendus par le Parlement contre les compagnons en 1558 et 1579.

était l'organisation de ces coalitions, destinées à rendre les ouvriers maîtres du marché du travail. Quatre compagnons avaient été emprisonnés « à la requête de Jean le Roux, aussi compagnon cordonnier, les maîtres et jurés cordonniers intervenant et le procureur du roi,... pour raison des outrages par eux faits et commis en la personne dudit le Roux », parce qu' « il ne voulait pas payer leur écot en un cabaret où ils l'auraient mené sous prétexte de lui vouloir faire bailler de la besogne... ». Il s'agit donc d'une violation de la liberté du travail commise contre un ouvrier qui refusait de faire partie de la coalition, et les délinquants sont poursuivis non seulement par leurs victimes, mais par la coalition des patrons et par la puissance publique [1].

De toutes les coalitions ouvrières du xvi° siècle, les plus célèbres sont celles qui furent formées par les ouvriers typographes de Paris et de Lyon, et dont nous allons conter l'histoire.

____

(1) Nous laissons de côté les usages bizarres des compagnonnages, que l'on rencontre vers la fin du xvi° siècle.

CHAPITRE X

HISTOIRE D'UNE GRÈVE AU XVIe SIÈCLE

Les lecteurs qui ont bien voulu nous suivre jusqu'ici doivent être arrivés maintenant à la conclusion suivante :

Il suffit d'étudier d'un peu près l'histoire économique du xvie siècle pour se persuader que les questions dites sociales se posaient alors, sinon avec la même extension, du moins avec la même intensité et presque dans les mêmes termes que de nos jours. On se trompe quand on juge la situation des classes ouvrières sous François Ier par ce qu'on sait de ces mêmes classes au temps de saint Louis ou dans les belles années du règne de Louis XIV ; on oublie qu'au milieu du xviie siècle, Colbert est venu rendre aux institutions corporatives une vie active et parfois bienfaisante, qui leur faisait presque complètement défaut à la fin du moyen âge. A cette époque, les inconvénients du régime corporatif étaient devenus plus intolérables, les avantages moins appréciables que jamais. Aussi les conflits entre le capital et le travail sont-ils très fréquents et très aigus ; sous le nom de confréries, de véritables syndicats ouvriers luttent contre des syndicats de patrons ; les grèves éclatent à tout instant, et pour des motifs analogues à ceux qui les causent aujourd'hui.

Nous allons étudier un de ces conflits, qui agita l'imprimerie parisienne et lyonnaise, de 1539 à 1572, et d'abord la grève qui suspendit presque complètement le travail dans les ateliers typographiques des deux grandes villes depuis le printemps de 1539 jusqu'à la fin de 1542. Rien ne manque à cette crise pour lui donner tout l'aspect d'une grève moderne : ni les demandes d'élévation des salaires, ni les protestations contre l'avilissement prémédité de la main-d'œuvre, ni le recours aux coalitions, ni la violation de la liberté du travail, ni l'intervention du pouvoir communal d'abord, du pouvoir central ensuite[1].

I

Résumé dans une ordonnance royale du 28 décembre 1541, le récit de la grève lyonnaise a été complété exclusivement dans les pages qui suivent, avec des pièces extraites des archives communales de Lyon ; je me contenterai de commenter ces documents, sans prendre plus longtemps la peine d'établir, entre ces événements et d'autres faits plus voisins de nous, une comparaison qui s'imposera d'elle-même à l'esprit du lecteur.

§ 1.

Je ne rappelle que pour mémoire l'importance excep-

[1] On trouvera une bonne étude sur ce conflit dans l'*Essai sur la police des compagnons imprimeurs sous l'ancien régime*, par L. Morin, typographe (Paris, Claudin, 1898, p. 16-24).

tionnelle de l'industrie typographique à Lyon au xvi°
siècle [1]. Attirés par les consuls, des imprimeurs allemands
y avaient introduit leur art dès le siècle précédent. Les
imprimeurs lyonnais se formèrent à leur école, si bien
que cette industrie était devenue, au dire du sénéchal,
« un des beaux trains et manufactures de ce royaume,
voire de chrétienté ». Le roi rappellera plus tard que Lyon
a enlevé leur monopole à l'Allemagne et à Venise, et
qu' « il n'y a aujourd'hui lieu en la chrétienté où il se
fasse plus bel ouvrage, n'en plus de diverses sciences
qu'il se fait audit Lyon, où une grande partie tant de
notre royaume qu'autres pays ou provinces étrangers se
fournissent de livres ». Une pareille industrie n'avait pu
se développer sans amener dans la ville un grand nombre
de compagnons, très souvent venus d'au delà des fron-
tières, inconnus du pouvoir consulaire, souvent inconnus
de leurs maîtres eux-mêmes ; population turbulente dont
nous trouvons la main dans toutes les émeutes qui
troublent Lyon en 1519, en 1529, en 1530. Ce sont ces
compagnons qui, le 31 juillet 1539, comparurent devant
le sénéchal pour entendre la sentence prononcée entre eux
et les maîtres imprimeurs.

A cette date, ils avaient cessé le travail depuis « trois
ou quatre mois en ça », ce qui reporte le début de la
grève au printemps de la même année. Subitement, dans
tous les ateliers à la fois, les compagnons « ont tous
ensemble laissé leur besogne ». Cette simultanéité dans
l'arrêt du travail était le résultat d'une entente préalable,
d'une coalition ou, comme on disait alors, « d'un monopole ». Ces chômages concertés n'étaient pas chose rare,
sans doute, chez les typographes lyonnais ; car ils avaient

______

(1) Voy. surtout les trois volumes de la *Bibliographie lyonnaise* de
M. Baudrier. Un quatrième est en préparation.

créé un mot pour désigner ce que nous appellerions une grève, ils appelaient cela le *tric*[1]. Organisés en une vaste confrérie, ils s'engagent, par serment, à cesser le travail dès que l'un d'entre eux croira devoir se plaindre de son maître, et à ne reprendre l'ouvrage que d'un commun accord ; quant aux récalcitrants, la confrérie se charge de les mettre à la raison. Elle a des chefs publiquement connus, puisqu'on poursuit en justice cinq compagnons qui doivent répondre tant en leur nom qu'en celui de « leurs consorts » ; elle a une « bourse commune », provenant sans doute des cotisations de ses membres, et qui sert à la fois aux banquets confraternels et à la résistance, tantôt juridique, tantôt violente, contre les maîtres. Les compagnons portent ordinairement des armes, dagues, poignards ou « bâtons invasibles », soit à l'atelier, soit dans la rue. Ils tiennent de fréquentes assemblées corporatives, tantôt dans la maison de l'un des maîtres, tantôt dans un local particulier[2].

Aussitôt que le mot de *tric* a été prononcé, nous les voyons procéder à des violations systématiques de la liberté du travail. Ils menacent les compagnons et apprentis qui ne veulent pas quitter l'ouvrage de « les battre et mutiler, et, en outre, de les expulser de la confrérie », et ils exécutent leurs menaces. Ils errent armés par la ville, de jour et de nuit, « vagants et comme vagabonds, »

---

(1) *Tric*, dit le *Règlement* de 1696, p. 11, est un mot inventé par les compagnons, « pour lequel, et incontinent après la prononciation d'iceluy, ils délaissent leur ouvrage pour faire quelque débauche ». On a proposé plusieurs étymologies pour ce mot. Aucune ne paraît satisfaisante.

(2) Arch. communales de Lyon AA. 151 f°°, 69-70. « Avons ordonné.., et défendons auxd. compagnons et apprentis d'icelle imprimerie de ne faire aucuns serments ne monopoles ne eux assembler hors les maisons et poêles de leurs maîtres en plus grand nombre de cinq sans congé et autorité de justice, sur peine d'être emprisonnés, bannis, punis comme monopoleurs, et autres amendes arbitraires. »

et se livrent à tous les désordres. Non seulement ils frappent les maîtres qu'ils peuvent rencontrer, mais ils poussent bientôt l'audace jusqu'à vouloir s'opposer à l'exécution de la justice et à houspiller les agents chargés de réprimer leurs violences. Le procureur du roi les accuse formellement d'avoir battu « le prévôt et les sergents jusques à mutilation et effusion de sang [1] ».

Le *tric* est donc aggravé par une sorte d'insurrection. Les grévistes se donnent une véritable organisation militaire, prennent des bannières et enseignes comme signe de ralliement, désignent un capitaine, des lieutenants et chefs de bandes. Ils ne marchent pas à l'aventure, mais par grosses compagnies, bien formées et bien conduites, sans doute les ouvriers d'un même atelier réunis dans une même compagnie. C'est une véritable mobilisation des forces ouvrières, et le roi remarque avec colère que les compagnons se comportent exactement « comme si étaient

(1) *Ibid.* : « Que puis trois ou quatre mois en çà lesd. compagnons imprimeurs se seraient débauchés et auraient laissé et discontinué led. train d'imprimerie, et par manière de monopole tous ensemble auraient laissé leur besogne et débauché grand nombre des autres compagnons et apprentis, les menaçant de battre et mutiler s'il besoignaient et ne laissaient lad. œuvre et imprimerie comme eux ; tellement que led. art d'imprimerie serait laissé et discontinué, puis quatre mois en ça, et est en doute d'être du tout aboli, au grand dommage et détriment de la chose publique, attendu que c'était un des beaux trains et manufactures de ce Royaume, voire de chrétienté, qui a coûté beaucoup à l'attraire et faire venir en cetted. ville ; et seraient lesd. compagnons imprimeurs et apprentis vagants et comme vagabonds parmi cetted. ville de Lyon jour et nuict, la plupart d'eux portants épées et bâtons invasibles et faisant plusieurs excès contre lesd. maîtres et autres, ainsi que disait et maintenait et disait (*sic*) mond. s'. le procureur du Roi, qui disait davantage que lesd. compagnons sont monopolés et font serments et promesses illicites, entres autre de cesser œuvre quand l'un d'eux veut cesser, et ne besoigner si tous n'en sont d'accord ; et que pis, souvent se sont rebellés contre justice et les sergents et officiers d'icelle, ont battu le prévôt et sergents jusques à mutilation et effusion de sang ; et y a innumérables informations et décrets de justice à les prendre au corps, ce que on ne peut faire ni exécuter à cause de leurs monopoles et qu'ils se trouvent forts : dont plusieurs en auraient été emprisonnés. »

gens de nos guerres et ordonnances ». Cette cohésion leur donne une telle puissance que l'autorité est désarmée ; la justice a rendu contre les coupables « innumérables informations et décrets », mais il n'est pas possible de les mettre à exécution. Ils ont si souvent battu le guet que le guet n'ose plus sortir.

La situation est si grave, qu'on craint de voir l'art d'imprimerie disparaître complètement de Lyon. Mais quelle était l'origine de cet état de choses ? C'est ce qu'on voit assez clairement dans les textes, particulièrement dans les considérants de la sentence rendue par le sénéchal ; elle nous expose les griefs des deux parties, représentées l'une par cinq compagnons nommément désignés, l'autre par dix maîtres imprimeurs, entre lesquels nous trouvons quelques-uns des noms les plus illustres de l'imprimerie lyonnaise, les Jean de Cambrai, les Sébastien Gryphe, les Denis de Harcy, les Thibaud Païen, les Jacques Myt, les Macé Bonhomme, agissant, eux aussi, pour « autres leurs consorts », c'est-à-dire pour une confrérie [1].

Les griefs avoués par les compagnons sont au nombre de deux. Ils se plaignent : 1° de toucher des salaires insuffisants et inférieurs à ceux d'autrefois ; 2° de ne pas pouvoir travailler à leur guise. — Pour le premier point, il importe de remarquer que le salaire se composait alors de deux éléments distincts : les gages proprement dits, destinés à subvenir aux frais de logement et aux dépenses personnelles ou familiales du compagnon, et la nourriture,

______

(1) « Pierre Dumont, Roboan, Dominique Germer, Barthelemy Lamy, Pierre Chamanier, Simon de Vunsy et leurs consorts, compagnons imprimeurs et besoignants en l'art de l'imprimerie dudict Lyon ; — D'autre aussi Jehan de Molins dit de Cambray, Bastien Griffius, Denys de Harcy, George Regnaud, Jehan Barbe, Thibaud Païen, Macé Bonhomme, Jehan Crespin, Jacques Myt, Hector Pernet et les autres leurs consorts, maîtres imprimeurs et tenans boutiques et maisons d'imprimerie aud. Lyon. »

qui devait lui être fournie par le maître sous cette triple forme : « pain, vin et pitance. » Il paraît que c'est surtout sur ces derniers articles que les maîtres avaient cherché à réaliser des économies déshonnêtes ; nous ne pouvons guère douter que cette réclamation au moins ne fût parfaitement légitime, car nous verrons le sénéchal y faire droit dans une assez large mesure [1]. — En second lieu, ils se plaignent que les maîtres ne veuillent pas leur donner de travail et leur « ouvrir les poêles et boutiques pour besogner ». Cette accusation est au premier abord assez bizarre ; on ne voit pas trop pourquoi ces chefs d'industrie auraient eux-mêmes organisé le chômage. Mais, dans leur réponse, nous trouverons une solution à cette difficulté. Il paraît que, par une particularité de caractère assez souvent remarquée chez les ouvriers appartenant à une industrie qui exige un certain développement intellectuel, les typographes lyonnais étaient des travailleurs quelque peu fantaisistes, et, pour tout dire, des amateurs. Ils auraient voulu travailler à leurs heures, à leurs jours, quand le cœur leur disait. Il était impossible, par exemple, d'exiger d'eux qu'ils achevassent leurs journée les veilles de fêtes ; par contre, il leur arrivait de vouloir se faire ouvrir l'atelier les jours fériés pour terminer la besogne qu'ils avaient laissée en train.

A ces deux griefs s'en ajoutait un troisième que les ouvriers ne semblent pas avoir présenté devant le tribu-

---

(1) « A quoi les compagnons disait que de ce qu'ils s'étaient discontinué et auraient laissé lad. œuvre et imprimerie, ce aurait été par la faute et coulpe desd. maîtres, et non d'iceux compagnons : car iceux maîtres ne les veulent nourrir ainsi qu'il appartient et qu'il est accoutumé et ne leur veulent bailler à besoigner, ne ouvrir les poêles et boutiques pour besoigner ; et s'il y a aucuns particuliers qui aient malversé, qu'ils soient punis, et non ceux qui n'en peuvent mais, disants qu'ils sont prêts à travailler et faire leur devoir, en les nourrissant et payant les gages accoutumés ».

nal, mais qui n'en avait pas moins été l'une des causes déterminantes du *tric* : c'est la question de l'apprentissage. Les anciennes règles du système corporatif étaient si bien tombées en désuétude que les maîtres introduisaient dans les ateliers un nombre croissant d'apprentis, qu'ils employaient aux travaux de tout ordre, faisant ainsi une forte concurrence au travail adulte. La colère des compagnons se manifestait par des menaces et des coups adressés à ces enfants, par des entraves mises à leur travail, finalement par la désertion des « poêles ».

Les patrons se défendent fort habilement. Ils commencent par insinuer — ce qui était peut-être un peu vrai — que les ouvriers sont menés par une minorité violente ; beaucoup d'entre eux « voudraient faire leur devoir et besogner », mais ils n'osent pas, de peur d'être mis à l'index par la confrérie. D'une façon générale, leur travail est beaucoup trop irrégulier ; ils ne veulent pas travailler à la tâche, mais à la journée, ce qui rend presque impossible la pratique d'une industrie où les travaux commencés doivent être continués sans interruption jusqu'à leur entier achèvement ; « ils veulent faire la fête d'un jour ouvrier et besogner aux jours de fêtes » ; mariages, baptêmes, enterrements, tout leur est prétexte à chômage ; enfin, pour les griefs les plus futiles, il suffit que l'un d'entre eux laisse l'ouvrage pour qu'ils fassent un *tric*. Dans de pareilles conditions, la situation des chefs d'industrie n'offre plus aucune stabilité.

Sur la question des salaires, les maîtres répondent aux plaintes des compagnons par une proposition assez curieuse. Ils prétendent qu'il y a dans leurs ateliers des individus qu'on ne peut absolument pas « contenter de nourriture ». Aussi demandent-ils à renoncer au système alors en vigueur pour adopter celui qui a prévalu depuis, c'est-à-dire relever les gages et laisser les ouvriers se nourrir à leurs dépens. Nous savons même ce qu'ils offraient à une catégorie d'ouvriers, aux compositeurs : 6 sols 6 deniers tournois par journée de travail. — Il est très malaisé de donner de cette somme une évaluation quelconque et d'établir quel était alors, à Lyon, son pouvoir d'achat. Plusieurs écrivains lyonnais contemporains de ces événements nous disent que le prix moyen du blé était, dans la première partie du siècle, de 10 sous tournois le bichet, c'est-à-dire une mesure pesant un peu plus de 60 livres [1]. Le salaire du compositeur aurait donc atteint une somme échangeable contre 20 kil. de blé environ. Or, si même le prix moyen du blé était aujourd'hui fixé, suivant le vœu de la commission des douanes, à 25 fr. les 100 kil., 20 kil. de blé pourraient s'échanger contre 5 fr. ; c'est donc à une somme équivalente à un salaire *actuel* de 5 francs par jour au maximum que correspondent les 6 sous 6 deniers offerts aux compositeurs. Ce n'est pas là, on l'avouera, un très fort salaire, surtout si l'on songe qu'il est ici question des ouvriers qui devaient toucher les plus hautes payes [2]. En outre, ce prétendu prix moyen de 10 sous ne nous est indiqué comme tel que par des historiens appartenant au parti consulaire, et ne repose sur aucune donnée statistique ; on ne nous cite jamais un moment du xvi° siècle où le prix réel ait été inférieur à 8 sous ; par contre, nous connaissons des années où le bichet s'est vendu à Lyon 25 et 26 sols, et même, en 1531, il est monté au prix de 50 ou de 60 ; en 1529, nous voyons que c'est par une mesure de faveur qu'on en distribue au

---

(1) H. Hauser, *Étude critique sur la rebeine de Lyon* (*Revue hist.*, 1896).

(2) Est-il besoin de dire que nous ne hasardons ces calculs qu'à titre de conjecture ? On ne vit pas que de blé, et nous ignorons absolument quelle était la valeur sociale d'un revenu journalier égal à 20 kilos de blé. Voy. plus haut, ch. vi.

peuple au prix de 16 sols. Nous avons donc de bonnes raisons pour n'accepter que sous bénéfice d'inventaire le prix de 10 sous, et pour trouver assez maigre le salaire offert aux compositeurs.

Dans ces conditions, il n'est pas surprenant que les compagnons aient refusé d'accepter la combinaison proposée par les maîtres. Ils donnent de leur refus des raisons singulières, d'où il ressort, semble-t-il, qu'ils préféraient en principe le système que nous appellerions des économats au versement intégral du salaire : les conditions particulières de leur industrie les obligent, disent-ils, « à vivre ensemble en la maison du maître ». S'ils allaient manger chez eux ou à la taverne, il ne leur serait guère possible de se trouver tous à l'atelier à la même heure ; et il suffit que l'un deux soit absent pour que les autres ne puissent commencer la tâche. A cette raison, ils en ajoutent une autre, d'ordre purement moral, et fort jolie : « Si leur serait donné occasion d'eux débaucher, allant ainsi vivre par tavernes. » Que répondre à de pareils arguments ?

L'une des raisons qui devaient pousser le sénéchal à rendre sans retard sa sentence, c'est que le *tric* avait eu pour premier effet de réduire à la misère les compagnons imprimeurs. Ils n'avaient pas, paraît-il, de fonds de grève, leur permettant d'attendre la reprise du travail, et la « bourse » de la confrérie était sans doute tout juste suffisante à couvrir les frais du procès. Aussi les femmes et enfants des compagnons étaient-ils tombés à la charge de la *grande aumône*. On appelait de ce nom une institution modèle, une véritable Assistance publique, créée par la générosité de la bourgeoisie lyonnaise à la suite de la famine de 1531[1]. Mais si riche que fût le bureau

(I) Voy. l'Appendice.

de l'Aumône, il ne pouvait subvenir pendant plus de quatre mois à tous les besoins d'une population ouvrière qui devait être très nombreuse. Aussi les « recteurs » de l'Aumône sont-ils venus déclarer que leurs ressources sont sur le point d'être épuisées.

Le sénéchal rendit enfin sa sentence, le 31 juillet. Contre les ouvriers il prononce l'interdiction des réunions de plus de cinq personnes, supprime le droit de coalition et le droit de grève, sous peine de bannissement et d'amendes arbitraires. Il condamne expressément le port d'armes, toutes les entraves à la liberté du travail, et en particulier les menaces contre les apprentis. Il sera loisible aux maîtres de prendre et de faire travailler « autant d'apprentis que bon leur semblera », et eux seuls auront le droit de les corriger. On punit de même toute excitation à cesser le travail.

C'est seulement sur la question des salaires que les compagnons obtiennent en partie satisfaction. Le sénéchal maintient, à côté du salaire-argent, le salaire-nourriture, et il admet que les patrons ont abusivement restreint la valeur de ce dernier [1], car il déclare que l'on devra fournir aux compagnons, à chacun suivant son rang, « pain, vin et pitance, eu regard à ce qu'on leur fournissait auparavant cinq ou six ans dernièrement passés », et

(1) « Seraient aussi venus par devers nous honorables hommes Jehan Doulhon (*et un blanc de six lignes*), conducteurs et ayants la principale charge et conduite de la grande aumône dud. Lion, qui nous auraient remontré que puis trois ou quatre mois en çà que lad. imprimerie cesse, plusieurs femmes et enfants desd. compagnons imprimeurs seraient venus requérir leur bailler l'aumône, disants qu'ils meurent de faim par faute que lesd. compagnons imprimeurs, leurs maris, pères desd. enfants, ne besoignent, et qu'ils ne besoignent à l'imprimerie et ne gagnent rien : dont lad. grand aumône est tant chargée qu'elle ne le peut plus supporter, requérants y être pourvu. »

(2) A moins que ce texte, tout au contraire, ne veuille dire que, depuis cinq ou six ans, les exigences des ouvriers sont devenues intolérables et qu'il faut les ramener à la sobriété ancienne (?).

sans avoir regard aux usages qui ont été suivis depuis 1534 ou 1535. Il sent si bien que les patrons sont très capables de ne pas revenir sur ce point aux coutumes anciennes, qu'il institue une espèce d'inspection d'aliments : toutes les contestations sur la nourriture seront examinées par le bureau de l'Aumône, qui devra en référer à justice.

A ce jugement proprement dit est annexé un véritable règlement d'atelier. Le principe qui le domine est le suivant : tout travail commencé doit être terminé, sans interruption, par les mêmes ouvriers : 1° Les compagnons ne peuvent quitter leur tâche, individuellement ou collectivement, sous peine de payer au maître et la forme qu'ils auront fait perdre et la valeur des journées de chômage. — 2° Inversement, dès que « la presse » est commencée, les maîtres leur doivent leurs salaires jusqu'à entier achèvement de la besogne, et ne peuvent les renvoyer que s'ils ne font pas leur devoir. — 3° Les maîtres peuvent remplacer l'ouvrier qui tombe malade en cours d'œuvre, et par qui bon leur semble. On ne songe même pas à dire, mais il est évident qu'il ne paye au malade que les journées pendant lesquelles il a effectivement travaillé. — 4° En cas de hâte dans l'exécution d'une commande, le maître peut adjoindre aux ouvriers déjà chargés de cette commande d'autres ouvriers, à qui il distribuera une partie du travail, sans que les compagnons puissent s'en plaindre et en tirer prétexte pour quitter l'atelier. — 5° Il est interdit de travailler les jours de fêtes, et de cesser le travail plus tôt qu'à l'ordinaire les veilles de fêtes. — 6° En dehors des fêtes, il n'y aura chômage que pour la mort du maître ou de sa femme.

Il n'est pas difficile de voir que le représentant de la justice royale favorise les maîtres. La violation du contrat de travail est punie, lorsqu'elle est commise par les ouvriers, de peines pécuniaires et corporelles qui peuvent aller jusqu'au bannissement. Et cependant il est loisible aux maîtres de modifier arbitrairement les conditions du travail, soit en augmentant le nombre des apprentis, soit même en introduisant dans l'usine de nouveaux ouvriers. Or, si l'un des éléments du salaire, la nourriture, est juridiquement fixé, on ne voit point qu'on édicte un minimum pour le salaire-argent, qui continue sans doute à être régi par la loi de l'offre et de la demande [1]. (S'il en eût été autrement, on ne comprendrait pas pourquoi les ouvriers auraient continué à protester contre le nombre des apprentis [2].) Le droit de coalition est retiré aux compagnons, tandis qu'on ne supprime nullement la confrérie patronale. Aucune garantie n'est accordée à l'ouvrier malade, et on porte gravement atteinte à la solidarité qui liait alors très étroitement entre eux les compagnons d'une même corporation, puisqu'on leur retire le droit même de suivre le convoi de l'un d'entre eux.

§ 2.

Cet ensemble de dispositions parut au sénéchal si difficile à réaliser, qu'aussitôt après avoir rendu la sentence il en suspendit l'exécution et soumit l'affaire au Conseil privé. La réponse ne se fit pas longtemps attendre, car des « lettres royaulx » furent signées « par le roy en son conseil » le 21 août 1539. — Le pouvoir central se place surtout au point de vue de l'intérêt public : 1° la continuation de la grève aurait pour résultat la dispari-

(1) On s'en réfère également ici à la « coutume ancienne », mais sans instituer une surveillance comme pour les aliments.

(2) Si le salaire avait été légalement fixé, l'augmentation du nombre des apprentis aurait eu pour effet de restreindre le nombre des travailleurs payés, mais non de faire baisser le taux des salaires.

tion de l'imprimerie lyonnaise et peut-être son transfert hors de France ; 2° les compagnons se sont mis en état de rébellion et troublent l'ordre public. Aussi le roi ratifie pleinement, dans toutes ses parties, la sentence et ordonnance du sénéchal, et en prescrit l'exécution immédiate, nonobstant tous appels et oppositions. En second lieu, le roi organise contre les délits commis ou à commettre par les compagnons une procédure particulière. Toutes les informations commencées par la justice ordinaire pour monopoles ou violences seront remises entre les mains du sénéchal, qui procédera contre les délinquants par ajournements personnels. Il pourra les condamner non seulement à la prison et au bannissement, mais même à la torture et à la peine capitale. Dans ces deux derniers cas, il devra juger avec le concours de « notables personnages, avocats ou autres, expérimentés en fait de judicature », au nombre de six pour les sentences de torture, de dix pour les sentences définitives[1]. Les jugements ainsi rendus seront exécutoires sans appel.

On voit avec quelle dureté le pouvoir royal intervenait dans le conflit. C'est dans ce même mois d'août 1539, à une date que nous ne pouvons fixer avec précision, que fut signée la célèbre ordonnance dite de Villers-Cotterets. Il est difficile de ne pas établir une relation entre cette ordonnance organique et les lettres du 21 août, datées de la même résidence. Celles-ci retiraient le droit de coalition aux imprimeurs lyonnais, celle-là édicte une série de dispositions générales (art. 186-191) qui suppriment complètement ce droit dans tout le royaume[2]. Il est bien

---

(1) Ibid., f° 67 et v°. *Lettres royaulx pour exécuter la sentence de Monsgr le sénéchal de Lyon, donnée entre les maîtres imprimeurs de Lyon et les compagnons imprimeurs sur leurs différends, nonobstant oppositions et appellations quelconques.*

(2) Voy. plus haut, p. 175.

vraisemblable que les événements de Lyon, et les troubles du même genre qui — on le verra tout à l'heure — avaient également lieu à Paris, n'ont pas été étrangers à cette décision royale. Par leur exceptionnelle gravité ils ont appelé sur ces questions l'attention de François Iᵉʳ ; joints à d'autres incidents du même ordre (grèves des garçons boulangers à Paris, des bouchers, etc.), ils ont dû le déterminer à prendre cette mesure générale. — Remarquons cependant que le roi, dans sa sévérité, est du moins plus équitable que le sénéchal, car il supprime les confréries de patrons en même temps que les confréries d'ouvriers [1].

Ni les lettres du 21 août, confirmatives de la sentence du sénéchal, ni même l'ordonnance générale de Villers-Cotterets n'eurent d'ailleurs le pouvoir de rétablir l'ordre à Lyon, puisque le 29 septembre, de Compiègne, le roi fut obligé de donner de nouvelles lettres, presque identiques aux premières. En dépit des dispositions qui ordonnaient d'exécuter sans surséance les jugements du tribunal, les délinquants avaient interjeté appel au Parlement de Paris : un conflit de juridiction menaçait d'éclater entre la cour souveraine et le sénéchal. Aussi le roi, de nouveau et d'une façon plus impérative, donne-t-il à son lieutenant la commission d'informer, de procéder, d'instruire et de prononcer contre ceux qu'il trouvera « chargés et coupables desdites assemblées, monopoles, ports d'armes, meurtres, homicides, rébellions et désobéissance à justice », toujours avec l'assistance de six ou dix personnages. Les sentences de ce tribunal auront même autorité que « si c'était par arrêt de nous ou de l'une de nos cours de parlement », et il est interdit au

____

(1) Voy. ci-dessus.

Parlement et à toute autre juridiction de connaître de ces faits[1].

Dès lors on était vraiment autorisé à croire que toutes les résistances céderaient devant l'expression formelle de la volonté royale. C'était compter sans la ténacité des ouvriers à défendre leur droit, et aussi sans l'ardeur du Parlement de Paris à maintenir son autorité contre les empiétements des juridictions secondaires. Au mois de septembre et d'octobre 1540, le Parlement vint tenir des Grands Jours à Moulins[2]; les ouvriers lyonnais, dont la confrérie subsistait sans doute encore au mépris des ordonnances, obtinrent de la Cour un arrêt qui rétablissait, en matière d'apprentissage, les anciennes règles corporatives : « Les apprentis ne besogneront à composer et mettre les lettres, qu'ils n'aient demeuré trois ans apprentis. » Forts de cet arrêt, les compagnons poursuivirent en justice (nous ignorons par quel procédé, puisqu'ils n'avaient plus légalement d'existence collective) les maîtres qui ne voulaient pas s'y conformer, et voulurent les actionner en dommages-intérêts.

C'était pour ces derniers une véritable défaite; peu leur importait maintenant d'enrôler de nouveaux apprentis, puisqu'ils ne pouvaient les employer à aucun travail utile. Aussi décidèrent-ils d'un commun accord de quitter Lyon et de se retirer à Vienne. Soit dit en passant, ce projet d'exode prouve que, pas plus que les ouvriers, ils ne s'étaient conformés à l'ordonnance de Villers-Cotterets,

---

(1) Ibid., f° 67 v° et 68. *Lettres pour procéder contre les compagnons imprimeurs et autres mal vivants, monopolés et portants bâtons et armes, en dernier ressort jusques à torture, appelés six assesseurs, et à définitive, appelé dix assesseurs, et exécution nonobstant oppositions ou appellations.*

(2) Voy. sur ces Grands Jours Papon, *Recueil d'Arrests,...* p. 111, 172, 176.

et qu'ils continuaient « à prendre intelligence les uns avec les autres du fait de leur métier[1] ». — Le 10 novembre, le consulat, averti de leur décision, résolut d'éviter à tout prix la disparition d'une industrie qui enrichissait la ville. Avec moins de sans-gêne encore que le pouvoir central, l'autorité municipale intervient ouvertement dans ce conflit économique. Elle ne songe même pas à dissimuler sa partialité, puisqu'elle décide qu'au prochain consulat seront mandés les maîtres imprimeurs, avec lesquels on avisera en commun. Dès la première

(1) Actes consulaires de la ville de Lyon : BB, 58, *reg. d'expéditions* f° *115. — 18 nov. 1540 :* « Pour ce que l'on dit que les maîtres imprimeurs de cette ville se veulent retirer à Vienne, à cause de quelque différend et procès qu'ils ont avec les compagnons d'icelle imprimerie ; qui serait un gros dommage à cette ville de perdre une si belle chose qui est led. art. de l'imprimerie, qui est le plus beau et plus grand en cette ville qu'il soit en la chrétienté, où grand partie du peuple gagne honnêtement sa vie. A été ordonné mander lesd. maîtres imprimeurs au prochain consulat pour aviser avec eux si l'on les pourra détourner qu'ils ne s'en voisent, et qu'ils demeurent. »

Ibid. f° *116, 16 nov.* « Les maîtres imprimeurs ont été mandés et sont venus, esquels a été remontré qu'il est bruit qu'ils se retirent à Vienne à cause des procès et questions qu'ils ont avec les compagnons imprimeurs, et leur a été remontré qu'ils ne s'en doivent aller et que le consulat les aidera à faire les remontrances nécessaires pour avoir provision du Roi au contraire de l'arrêt dernièrement donné aux grands jours de Molins dernièrement tenus ; ce que le consulat offre faire avec eux s'ils se veulent aider de leur côté et envoyer un personnage en cour pour en faire la poursuite; qui ont dit qu'ils aviseront et viendront jeudi dire leur avis et ce qu'ils pourront faire. »

Ibid. f° *117 v. 25 nov. :* « Jehan de Cambray et autres maîtres imprimeurs de cette ville sont venus rendre réponse de ce que leur fut dernièrement dit au consulat de mardy. Et ont dit qu'ils ont avisé avec mess" les libraires qu'ils pourront eux aider et fournir la moitié des frais qu'il conviendra faire doresnavant contre les compagnons imprimeurs pour faire réformer un article de l'arrêt donné aux grands jours de Molins, faisant mention que les apprentis ne besoigneront à composer et mettre les lettres qu'ils n'aient demeuré trois ans apprentis, qui est chose si contraire à lad. Imprimerie que lesd. maîtres ne sauraient servir ne demeurer en cette ville si cet article n'était corrigé. Parquoi ont prié le consulat y pourvoir, car ils ne peuvent plus supporter ce faix. »

Ibid., f° 118 v° et 119, 25 nov. ; 130, 30 déc.; 134, 6 janv. 1541; 137 v°, 10 fév. ; 140, 17 fév.; 147, 8 mars ; 148, 9 mars ; 150, 29 mars ; 173, 24 juin; 1° , 30 juin ; 181, 14 juillet ; 190, 16 sept. BB 59 f° 138, 27 déc. ; f° 270, 12 juillet 1542; f° 315 v°, 1er déc.

conférence, qui eut lieu le 16, le consulat promit de les
aider « à faire les remontrances nécessaires pour avoir
provision du Roi au contraire de l'arrêt dernièrement
donné aux grands jours de Moulins »; il leur proposa
d'envoyer en cour un agent de la ville qui négocierait
de concert avec le représentant de la maîtrise. — Le 24,
Jean de Cambray, agissant au nom de ses collègues et
après entente avec les libraires, offrit de payer la moitié
des frais qu'occasionnerait la réformation de l'arrêt, à
condition que le consulat en fît autant de son côté. Enfin
on décida d'envoyer, pour la ville, Pierre Granier, fils
du secrétaire communal, et, pour les imprimeurs et
libraires, Hector Pernet. Tous deux étaient à la cour le
17 décembre 1540.

Alors commencèrent d'interminables négociations qui
devaient durer une année entière, et dont le détail ne
nous est un peu connu que par les mentions des registres consulaires relatives aux lettres de Pierre Granier.
On lui envoie un certificat établissant que « par faute
d'apprentis ou compagnons plusieurs maîtres des métiers
cessent en cette ville ». Mais tout va si lentement à la
cour que, le 6 janvier, il réclame un nouveau délai (on
ne l'avait d'abord commissionné que pour les mois de
décembre et janvier) et de l'argent. On proroge ses pouvoirs d'un mois « attendu qu'il mande que l'affaire est
sur le point de la vuidange ».

Hélas ! elle en était bien loin, si loin que les consuls
eux-mêmes commençaient à s'en désintéresser. Ils avaient
bien d'autres soucis. Lyon était menacée d'être frappée
par l'imposition foraine, ce qui eût gravement compromis
sa situation de grande place de commerce. Pierre Granier
est chargé de suivre cette affaire concurremment avec
l'autre, et de plus en plus il est visible que la ville et son

mandataire font passer la question de la taxe avant celle des apprentis imprimeurs. Le 9 mars, on lui adjoint deux autres délégués, mais qui doivent s'occuper uniquement de l'imposition foraine. Il envoie bien, de Blois, en mars et en juin, deux lettres « faisant mention de ce qu'il a fait touchant les imprimeurs », mais les secrétaires ne songent même pas à les analyser.

Enfin, le 30 juin, il rentre à Lyon et fait un rapport général sur sa mission. Ce rapport n'est guère satisfaisant, car de nouvelles difficultés se sont produites. Pernet et lui avaient obtenu du chancelier un édit permettant aux maîtres « de faire et tenir des apprentis autant qu'ils voudraient et pourraient mettre en œuvre ». Mais alors intervinrent les maîtres-imprimeurs parisiens qui avaient eu, eux aussi, à souffrir d'une grève, et qui s'étaient vu opposer l'arrêt de Moulins ; ils réclamèrent pour eux le privilège qu'on accordait à leurs confrères lyonnais. Le chancelier décida alors de renvoyer maîtres et ouvriers parisiens devant le lieutenant civil et d'attendre l'avis de ce dernier pour statuer définitivement sur la requête des Lyonnais.

C'était un ajournement qui menaçait d'être indéfini. D'autre part, le consulat était fatigué de suivre cette affaire. Avant même que rien fût terminé, il avait déjà des difficultés avec les imprimeurs pour le règlement des frais. Cependant Granier fut renvoyé à la cour où il se trouvait le 16 septembre 1541 « pour les affaires des imprimeurs » et il y était encore le 1er décembre 1542. Mais ces « affaires des imprimeurs » paraissent n'avoir tenu dès lors qu'une place fort restreinte dans ses préoccupations, car il n'en est plus une seule fois fait mention dans les registres consulaires, où cependant ses lettres sont mentionnées ou analysées.

Il n'en est pas moins vrai que ses efforts — ou ceux d'Hector Pernet — obtinrent un entier succès. Un édit du 28 décembre 1541, enregistré à Lyon le 12 avril de l'année suivante, trancha souverainement toutes les questions pendantes.

Le préambule déclare que cet édit est rendu à la requête et à « l'humble supplication de nos chers et bien aimés les consuls, échevins, manants et habitants » de Lyon, et à celle des maîtres typographes. Il est fait allusion aux procédures et arrêts du Parlement, et au règlement de la grève analogue survenue à Paris, « où aussi les serviteurs et compagnons imprimeurs faisaient tout de même que ceux-ci, s'étant élevés contre les maîtres, avec telles occasions que dessus ». C'est même le règlement de la grève parisienne qui va servir de modèle à celui du *tric* lyonnais, « de mot à mot, mué ce qui faisait à muer [1] ».

L'édit, contrairement à l'arrêt de Moulins, supprime toutes les restrictions apportées au nombre et au travail des apprentis. Il reproduit toutes les sentences, lettres et ordonnances antérieures, mais avec plus de dureté encore. Il confirme l'interdiction du *tric*, des coalitions et des assemblées de plus de cinq personnes, même des cotisations pour messes et banquets, du chômage des vigiles et du travail des fêtes, l'autorisation donnée aux maîtres de distribuer, en cas de hâte, une partie de l'ouvrage à des ouvriers nouveaux. Sur la question des aliments, au lieu de fixer, comme le sénéchal, une année-type à laquelle on devra se référer, il se contente de dire vaguement que la nourriture devra être fournie « raisonnablement et suffisamment... comme on a fait de coutume

---

[1] Comparer à ces dispositions celles du *Règlement de l'Imprimerie de Lyon*, 1696, qui limite le nombre des apprentis, et laisse huit jours aux ouvriers renvoyés.

louable ». Il maintient cependant aux compagnons le droit de recourir au sénéchal. Pour les gages, l'ordonnance n'en fixe pas le taux. Sur cette double question, le roi donne même complètement tort aux ouvriers, qu'il accuse de s'être « bandés ensemble pour contraindre les maîtres imprimeurs de leur fournir plus gros gages et nourriture plus opulente *que par la coutume ancienne ils n'ont jamais eus* ». Le roi est aussi plus dur et plus net que le sénéchal sur les questions de départ et de renvoi, car il déclare que le compagnon ne peut quitter son travail sans prévenir huit jours à l'avance, tandis que le maître a le droit absolu de le congédier s'il est « de mauvaise vie, comme mutin, blasphémateur du nom de Dieu, ou qu'il ne fasse son devoir... ». — Ces règles sont étendues à la corporation des fondeurs de caractères, considérée comme solidaire de l'art d'imprimerie. Pour ces derniers, l'édit va jusqu'à fixer législativement la durée de la journée de travail : elle doit commencer à 5 heures du matin pour finir à 8 heures du soir, ce qui fait au moins treize heures de travail effectif; nous savons que les imprimeurs étaient assujettis, dans la pratique, à un travail plus long encore.

II

Dans les documents analysés plus haut, il est souvent fait allusion, à propos de la grève lyonnaise, à un conflit analogue, qui faillit, vers la même époque, arrêter le travail de l'imprimerie parisienne. Le 30 juin 1541, maître Pierre Granier, délégué à Paris par les consuls, leur rapportait que le chancelier n'avait pas voulu accorder définitivement un édit sur la matière avant que le lieutenant civil eût prononcé sur le cas des maîtres et compagnons imprimeurs de Paris. Et l'ordonnance royale du 28 décembre 1541, qui met fin à la grève lyonnaise, rappelle ce qui s'est passé à Paris, « où aussi les serviteurs compagnons imprimeurs faisaient tout de même que ceux-ci, s'étant élevés contre les maîtres, avec telles occasions que dessus ».

Les deux conflits de Lyon et de Paris sont donc à la fois contemporains et parallèles.

§ 1.

Le tric lyonnais avait commencé au printemps de 1539[1]; il semble que le conflit parisien lui soit postérieur de quelques semaines au moins. — Le roi ne s'exprime pas avec une minutieuse exactitude lorsqu'il écrit, en novembre 1541, que la lutte dure depuis « deux ans en çà ». Mais, tandis que le sénéchal de Lyon avait déjà rendu sentence sur le cas des imprimeurs de cette ville à la date du 31 juillet 1539, sentence confirmée par le roi dès le 21 août, c'est seulement le 31 août qu'est signé le premier édit relatif aux imprimeurs de Paris[2]. Au reste il n'est pas impossible d'établir une liaison entre les deux mouvements ; je ne sais si les ouvriers parisiens ont été excités à la rébellion par l'exemple et les conseils de leurs camarades d'entre Saône et Rhône, mais à coup sûr les maîtres imprimeurs de la capitale ont suivi très attentivement ce qui se passait chez leurs confrères, car la requête qu'ils présentèrent au roi est copiée, parfois littéralement, sur la sentence précédemment prononcée

(1) Depuis, trois ou quatre mois en çà, » disait-on le 31 juillet » et, le 21 août, on écrit : « depuis quatre ou cinq mois en çà. » Cela nous reporte aux mois de mars-avril.

(2) Yix fos 162 vo à 166 et Lespinasse, t. III, p. 707 : « Edit touchant les imprimeurs du royaume de France. »

à Lyon par Jean du Peyrat. Le roi ne paraît jamais avoir considéré ces deux affaires que comme liées l'une à l'autre, les édits qu'il rend pour Lyon reproduisent ceux qu'il rend pour Paris et réciproquement ; les uns et les autres, au moins en tant qu'ils suppriment les confréries d'ouvriers, s'inspirent également de la grande ordonnance de Villers-Cotterets, qui est aussi du mois d'août 1539.

La requête présentée au roi par les maîtres de Paris nous a été conservée intégralement dans l'édit du 31 août ; elle y est incorporée [1], et l'édit ne fait guère que lui donner force de loi. Cette requête, qui contient dix-sept articles, nous renseignera sur le vrai caractère du conflit.

Notons d'abord que les choses ne se passent pas exactement à Paris comme à Lyon. Tout d'abord est-il certain que le travail ait effectivement cessé dans l'imprimerie parisienne dès le début du conflit? C'est ce que le texte ne nous dit nulle part. On se borne à nous faire savoir, dans le préambule, que « les compagnons et ouvriers dudit état d'imprimerie, besognants sous lesdits maîtres, au moyen de certaine confrérie particulière qu'ils ont élue entre eux, ont par monopole et voie indirecte fait délibération de ne besogner avec les apprentis ». Il s'agit donc bien d'une coalition ayant pour objet la cessation concertée du travail, mais la grève avait-elle déjà éclaté, ou bien était-elle simplement menaçante? Il est vrai que, dans le cinquième article, on interdit aux compagnons de faire « aucun *tric*, qui est mot pour lequel ils laissent l'œuvre » : d'où l'on pourrait inférer que la chose avec le mot était venue de Lyon jusqu'à Paris, si précisément cet article n'était la reproduction pure et simple

(1) Mais elle a été préalablement remaniée par le conseil.

de l'article huitième de la sentence du sénéchal. En outre la question des apprentis semble avoir joué à Paris un rôle tout à fait prépondérant, bien plus important que celle des salaires[1].

Le tric lyonnais avait donné lieu à un procès devant le lieutenant du sénéchal, représentant local de la justice du roi ; François Ier était intervenu, d'abord pour confirmer la sentence, ensuite pour conférer à son délégué l'autorité nécessaire pour châtier les récalcitrants ; il fixe les détails de la procédure et édicte des pénalités. Rien de tel à Paris. Ce ne sont pas deux parties, représentées par un certain nombre de mandataires nommément désignés qui comparaissent devant un tribunal pour y soutenir contradictoirement leurs prétentions ; ce sont les maîtres qui saisissent directement le roi de leurs plaintes ; celui-ci leur donne complètement raison, et laisse aux tribunaux ordinaires, Châtelet et Parlement, le soin d'assurer l'exécution de son ordonnance. Cette différence entre les deux textes vient-elle de ce que la confrérie des ouvriers typographes n'avait pas, à Paris comme à Lyon, une organisation aussi puissante que celle des maîtres[2] ? On leur interdit bien « de faire aucuns serments, monopoles, et n'avoir aucun capitaine entre eux, lieutenant, chef de bande ou autres, ni bannières ou enseignes, ni s'assembler hors les maisons et poêles de leurs maîtres ni ailleurs en plus grand nombre de cinq » ; mais c'est peut-être là une clause de style, car elle se trouvait déjà dans la sentence

---

(1) Les maîtres parisiens ne proposent pas de remplacer le salaire-nourriture par un salaire-argent. Le contrôle des aliments est remis au prévôt de Paris, et non à une institution charitable.

(2) Le préambule de l'ordonnance atteste l'existence de la confrérie, avec bourse commune, qu'alimentent en partie les cotisations imposées aux apprentis comme aux ouvriers, avec serments, assemblées, banquets, etc.

de Lyon. Il peut en être de même de l'interdiction de porter « aucunes épées, poignards ni bâtons invasibles ». Les atteintes à la liberté du travail ne semblent pas avoir eu à Paris le même caractère de gravité qu'à Lyon. On ne signale pas, du moins au début, de violences contre le guet. La grève, même lorsqu'elle eut lieu, n'a pas été une sédition, et le roi ne songe pas à menacer les compagnons de la torture ou de la peine capitale. C'est un simple procès civil qui se débat entre les deux confréries.

Entre les imprimeurs lyonnais et le roi, il y avait le consulat, c'est-à-dire une forte oligarchie municipale, très soucieuse de conserver à la ville son renom et sa richesse. Il envoie un délégué en cour à côté de celui des maîtres, et l'édit du 28 décembre 1541 sera rendu en partie à « l'humble supplication de nos chers et bien amés les consuls, échevins, manants et habitants ». Mais Paris n'a pas de véritables institutions communales ; le roi s'y trouve en contact immédiat avec ses sujets ; c'est le prévôt de Paris, et non le prévôt des marchands, qui seul est compétent pour s'occuper du *tric*, à la fois comme justicier et comme conservateur des privilèges de l'Université, car les imprimeurs se rattachent à ce grand corps. Aussi les maîtres s'adressent-ils directement au roi, sans passer par l'intermédiaire du prévôt des marchands et du bureau de la ville ; ils ne songent pas à effrayer les Parisiens par la menace d'un exode collectif, et l'on ne voit même pas que le corps municipal s'intéresse à cette crise. Les maîtres sollicitent du roi non seulement la dissolution de la confrérie ouvrière, mais un règlement général de leur industrie ; ils insèrent dans leur requête des réclamations absolument étrangères au *tric* : l'une relative à la propriété des marques, l'autre aux correcteurs de latin ; ils s'interdisent aussi de se débaucher réciproquement leurs ouvriers. C'est en leur nom seul que ces diverses plaintes sont présentées au roi, et c'est uniquement à « l'humble supplication de nos bien amés les maîtres imprimeurs de notre bonne ville et cité de Paris » qu'est promulgué l'édit du 31 août.

Quelles sont les raisons qui poussent le roi à accepter purement et simplement tous les articles de cette requête ? Il paraît n'avoir en vue qu'un seul intérêt, celui de la culture littéraire et scientifique. Dans un fort beau langage (où l'on peut reconnaître la main du contresignataire de l'édit, Guillaume Budé), il célèbre les services rendus par l'imprimerie à l'esprit humain ; elle travaille aussi à « l'honneur et louange de Dieu notre créateur, manutention, soutènement et dilatation de la sainte foi catholique et sainte chrétienté par l'universel monde ». Il rappelle tout ce qu'il a fait lui-même pour développer cet art en son royaume, et comment il a naguère institué à Paris des « imprimeurs royaux ès langues latine, grecque et hébraïque [1] ».

§ 2.

Donné à Villers-Cotterets le 31 août, cet édit devait être deux fois lu et enregistré : d'abord en l'auditoire civil du Châtelet, sur les registres de ce tribunal ; puis encore dans ce même auditoire, mais sur les registres de la conservation des privilèges royaux de l'Université. Le premier enregistrement n'eut lieu que le 13 septembre, le second le 14 novembre seulement, car les ouvriers avaient fait opposition à l'un comme à l'autre, et le roi s'était vu dans la nécessité d'adresser au prévôt des lettres pour ordonner l'enregistrement de son édit.

Le registre où nous lisons l'édit du 31 août porte en

(1) Conrad Néobar avait été institué imprimeur pour le grec le 17 janvier 1539, et Robert Estienne pour le latin et le grec le 24 juin.

effet deux fois cette mention : « Vues et publiées en jugement, en ensuivant autres secondes lettres par lesdits maîtres imprimeurs obtenues du roi notre sire », et nous possédons ces secondes lettres, données à Compiègne, le 14 octobre 1539 [1].

Il est curieux de noter l'attitude prise par les ouvriers depuis la signature de l'édit du 31 août. Ils ne se sont pas seulement opposés à l'enregistrement, mais ils « s'efforcent à continuer les monopoles, assemblées illicites, forces, violences et ports d'armes, autant ou plus qu'ils auraient accoutumé de faire ». Les expressions royales indiquent même une recrudescence d'agitation : les ouvriers tiennent « les maîtres imprimeurs en plus grande sujétion, captivité et crainte qu'auparavant, les injuriant et menaçant tant en public que en privé, troublant leurs maisons et familles et faisant discontinuer le train de l'imprimerie ». On le voit par cette dernière phrase, le travail avait définitivement cessé, et c'est à un *tric* que l'on avait affaire.

Les Parisiens étaient-ils encouragés à la résistance par l'exemple des Lyonnais, qui venaient d'interjeter appel au Parlement ? Le 29 septembre, le roi donne au sénéchal de Lyon tous pouvoirs pour juger sans appel les faits de grève ; le 14 octobre, il accueille de nouveau les plaintes des maîtres parisiens, ordonne l'enregistrement et l'exécution de son édit du 21 août, et permet au prévôt de juger et punir les contrevenants ; on pourra appeler de ses sentences, mais seulement au roi et au conseil privé [2]. La plus forte peine que puisse prononcer le prévôt est l'emprisonnement.

---

(1) Bannières. Yix f⁰⁵ 166-167 : « Touchant les imprimeurs ».

(2) L'interdiction d'en appeler à toute autre juridiction indique peut être que le roi craignait de voir le Parlement soutenir les compagnons, comme il le fit à Moulins.

Si dur que fût le texte de ces nouvelles lettres, le droit d'en appeler au roi offrait aux ouvriers un nouveau moyen dilatoire; ils s'en saisirent aussitôt. Tandis que leurs camarades lyonnais profitaient des grands jours de Moulins pour faire rendre par le Parlement, sur la question des apprentis, un arrêt contraire aux décisions royales, ceux-ci adressèrent au conseil privé une opposition contre les articles III, VI, XIII et XVII [1] de la requête des imprimeurs, c'est-à-dire de l'édit du 31 août. Ces articles sont relatifs : 1° au nombre des apprentis, que le roi refuse de limiter ; 2° au droit qu'a l'imprimeur de donner une partie des travaux qui pressent à d'autres ouvriers ; 3° au travail des vigiles et au chômage des fêtes ; 4° au droit de renvoi ; 5° au travail des fondeurs [2].

Nous n'avons de détails précis que sur la première de ces cinq questions. Les ouvriers avaient sollicité du roi la limitation légale du nombre des apprentis : il serait interdit à chaque maître d'en employer plus de deux ou trois par presse. Le roi en son conseil décida la formation d'une commission d'enquête chargée de rechercher si cette limitation serait ou non avantageuse. L'enquête paraît avoir été faite avec soin du côté des compagnons ; à côté de leurs propres témoignages, ils apportèrent ceux de leurs anciens camarades qui avaient quitté la profession « et s'étaient mis à être taverniers [3] ou d'autre métier ». Mais les maîtres se refusèrent à une contre-enquête, sous prétexte qu'ils ne pouvaient avoir « d'autres témoins qu'eux-mêmes [4] ».

(1) Le texte dit XVIII, mais il n'y en a que dix-sept en tout.

(2) Tous ces articles reparaîtront dans l'édit donné pour Lyon le 28 décembre 1541.

(3) Est-ce déjà le type aujourd'hui classique du « cabaretier en grèves » ?

(4) Il est regrettable que nous ayons perdu les procès-verbaux de l'enquête ; nous y trouverions sans doute un tableau de la situation de cette industrie.

Dans ces conditions, l'information ordonnée par le roi ne pouvait aboutir à un résultat sérieux. Les parties furent renvoyées devant le lieutenant civil, chargé « d'aviser sur le fait de ladite limitation d'iceux apprentis ». Le roi revenait donc en partie sur son dernier édit, par lequel il avait interdit à ses justiciers de tout ordre de recevoir les appels ou oppositions.

Il n'est pas du tout certain que ce nouveau procès, s'il s'était poursuivi régulièrement, se serait terminé par l'échec des ouvriers. Ils demandaient en somme l'introduction dans l'art d'imprimerie d'une règle en vigueur dans tous les métiers organisés, et le Châtelet, gardien-né des institutions corporatives, pouvait très bien leur donner raison. Ils se crurent assurés de la victoire ; ils se laissèrent emporter à des violences contre ceux qui voulaient continuer le travail, si bien que plusieurs grévistes furent emprisonnés. Ce n'était pas le moyen de disposer le roi en leur faveur. — D'autre part, leur sort se trouvait de plus en plus étroitement lié à celui de leurs camarades lyonnais. En effet, les maîtres de Lyon, au mois de juin 1541, avaient obtenu du chancelier un édit qui révoquait l'arrêt de Moulins. L'édit était déjà « octroyé et corrigé » par le chancelier, lorsque les maîtres parisiens eurent vent de la chose ; ils réclamèrent aussitôt pour eux-mêmes ce qu'on accordait à leurs confrères, et le chancelier suspendit toute décision jusqu'à ce que le lieutenant civil eût prononcé son jugement.

Tout porte à croire que ce jugement ne fut jamais rendu [1] et que, par un dernier revirement, le roi accueillit une nouvelle requête des maîtres et trancha

---

(1) L'ordonnance du 19 novembre annule les « procédures faites de la part des serviteurs et compagnons imprimeurs et *qu'ils font encore de présent* contre lesdits maîtres ». F° 231 à 233 : « Lettres d'édit touchant les imprimeurs. »

souverainement le litige. Il se rendait fort bien compte qu'en demandant la limitation légale du nombre des apprentis les ouvriers réclamaient, par voie indirecte, une augmentation de salaire. Il fallait alors environ cinq hommes employés à chaque presse ; si on ne permettait pas au maître d'y occuper plus de deux apprentis, il était contraint de faire appel à trois ou au moins à deux ouvriers salariés. Cette mesure aurait eu pour résultat un renchérissement considérable de la main-d'œuvre. En effet, ce texte nous donne à entendre qu'il arrivait souvent que les maîtres fissent desservir une presse uniquement par des apprentis, ou par quatre apprentis et un seul compagnon ; la nouvelle réglementation aurait donc augmenté de deux ou trois cinquièmes la part laissée au travail salarié. Une telle augmentation ne nous paraît pas exorbitante et, ce qui nous confond au contraire, c'est que les apprentis aient pu être employés aux presses dans la proportion de quatre contre un, et même de cinq contre zéro. Mais François Ier ne jugeait pas comme nous : les patrons, pensait-il, seront par le nouveau système forcés « d'acheter » leurs ouvriers, qui deviendront les maîtres du marché du travail, et qui, en usant de la grève¹, pourront faire monter indéfiniment le taux de leurs salaires. Il ne veut pas souffrir ce qu'il appelle une « extorsion » et une « exaction », ni tolérer que les compagnons puissent prélever sur leurs salaires des sommes qui leur permettaient de résister à leurs maîtres et de plaider contre eux. Aussi, par un acte arbitraire, il rejette « l'incivile requête » des compagnons, et, recevant au contraire celle des maîtres, confirme pour la

---

(1) « Lesquels au plus fort de leurs besognes, par commune intelligence... laisseraient iceux maîtres, pour eux faire rechercher encore à grandes prières avec paiement et salaires tels qu'ils voudraient extorquer à leur discrétion... »

dernière fois ses précédents édits, notamment en ce qui concerne la non-limitation du nombre des apprentis. Les procédures engagées par les compagnons, même celles qui étaient alors en cours, sont mises à néant ; « silence » leur est imposé, et défense leur est faite de se concerter et cotiser pour plaider contre le nouvel édit ; le droit de grève leur est retiré plus formellement que jamais.

Comme on le voit, la défaite des compagnons était complète après cet édit du 19 novembre, enregistré au Châtelet le 9 janvier 1542. A cette dernière date, le roi avait déjà étendu à Lyon, par l'édit du 28 décembre 1541 [1], les mêmes mesures de rigueur et de compression. Commencés à peu près à la même époque, et pour les mêmes causes, étroitement liés ensemble pendant près de trois ans, les deux mouvements échouaient presque en même temps. La confrérie parisienne, moins fortement organisée que la lyonnaise, sans doute moins nombreuse, à coup sûr moins mêlée d'éléments étrangers, turbulents et hardis, plus directement soumise au roi, avait été la plus facile à vaincre ; le triomphe des maîtres parisiens précipite celui des maîtres lyonnais.

III

Si le roi avait pensé que ses édits mettraient fin au conflit, il ne tarda à s'apercevoir qu'il s'était bercé d'une vaine espérance.

§ 1.

L'édit du 28 décembre 1541 déclarait applicables à Lyon les prescriptions promulguées pour Paris. Mais les

(1) Copié sur celui de Paris « de mot à mot, mué ce qui faisait à muer ».

compagnons lyonnais avaient la tête dure. Ils firent opposition à la publication de l'édit et, « voulant continuer leurs monopoles, troubles et discords », ils attaquèrent de nouveau l'article 3. Les consuls de Lyon s'adressèrent au roi pour le prier d'intervenir, ce qu'il fit par « lettres-patentes portant commission au Sénéchal de Lyon, adressées pour l'observation et l'entretènement de l'Édit », datées de Neauphle, le 19 juillet 1542[1]. Le roi, qui était résolu à « régler lesdits imprimeurs de Lyon, comme iceux de Paris, avec ordonnances ou constitutions semblables pour l'exercice de leur art », ne pouvait que donner raison aux consuls et, par là, aux maîtres imprimeurs eux-mêmes. Il se contenta de reproduire les considérants dont il s'était servi pour Paris ; il confirma de nouveau l'article 3, annula toutes les oppositions faites ou à faire par les compagnons contre les maîtres ; défense est faite aux compagnons de Lyon comme à ceux de Paris de se cotiser pour plaider contre l'édit.

Lues et enregistrées en la sénéchaussée de Lyon, le 12 août 1542, ces lettres-patentes n'eurent, pas plus que les édits antérieurs, pour effet d'imposer définitivement silence aux parties. Les compagnons imprimeurs appelèrent de la publication de ces lettres, et ils eurent l'habileté d'intéresser à leur cause le procureur du roi en la sénéchaussée de Lyon ; celui-ci se porta aussi « appellant de ladite publication et ordonnance faite en son absence et sans qu'il fût ouï ». Voilà donc le Parlement de Paris amené à s'occuper de nouveau de cette interminable question. On craignait, sans doute, que la Cour ne se montrât favorable aux compagnons, du moins sur l'article de la limitation du nombre des apprentis : les com-

____

[1] Fontanon, t. IV, p. 469.

pagnons ne faisaient que demander l'extension à leur industrie d'une règle qui était en vigueur dans tous les métiers jurés [1]. Toujours, est-il que, le 2 septembre, les consuls de Lyon présentèrent une requête au Conseil privé, pour faire déclarer nuls et de nul effet les appels interjetés en cour de Parlement par le procureur du roi et les compagnons imprimeurs.

Le Conseil privé fit comparaître les procureurs des consuls et des compagnons. La ville de Lyon présenta la défense de l'Édit, les compagnons l'attaquèrent, en s'appuyant sur divers arrêts rendus par le Parlement. Une nouvelle enquête eut lieu, à la suite de laquelle, le 7 janvier 1543, le roi évoqua les deux procès pendants, l'un en Parlement, l'autre en Conseil privé, et renvoya les parties devant le Grand-Conseil, pour le 15 février. Ce nouveau procès fut encore long. Le Conseil ne retint la connaissance de l'affaire que le 19 mars 1543. Le procureur des ouvriers était Michel Sosson, nous ignorons qui représentait les consuls ; il paraît que seuls les consuls produisirent leurs dires, les ouvriers s'y refusèrent. Le 13 mars 1544, après plus d'un an d'attente, on donna un dernier délai d'un mois à Sosson. Alors les ouvriers, qui évidemment avaient voulu traîner les choses en longueur, se décidèrent enfin à faire comme leurs adversaires, et la sentence fut prononcée le 11 septembre 1544 [2].

Après un long préambule qui résume toute l'histoire de cette querelle, le roi rappelle et maintient tous ses édits antérieurs ; il met à néant les appels des compagnons et de son propre procureur, et les condamne aux dépens.

Enfin, il « fait défense, sur peine de cent marcs d'or à

(1) Voy. p. 192.
(2) Fontanon, t. IV, p. 470.

nous appliquer et autres amendes arbitraires, de ne contrevenir en aucune manière à iceluy Edict ».

La défaite des ouvriers imprimeurs était complète cette fois, et paraissait irrémédiable.

§ 2.

L'arrêt du Conseil du 11 septembre 1544 ne guérit pas encore les maux dont souffrait l'imprimerie. En effet, près de trente ans plus tard, les imprimeurs et les consuls de Lyon, aidés des imprimeurs et de l'Université de Paris, adressaient au roi Charles IX des plaintes absolument semblables à celles qu'ils avaient tant de fois fait entendre à son aïeul. Des articles étaient présentés au Procureur de la sénéchaussée de Lyon par les consuls de cette ville, et transmis au roi en vertu d'une délibération du 24 avril 1571, dont voici le texte :

« Les conseillers échevins de la ville de Lyon, qui ont vu les remontrances des maîtres imprimeurs avec les conclusions de M. le Procureur du roi en la sénéchaussée de Lyon, et sur icelles considéré la grandeur de la manufacture de l'imprimerie, laquelle ils désirent être retenue et rétablie au même état florissant que l'on l'a autrefois vue, requièrent et supplient tant Sa Majesté que nos seigneurs de la cour du Parlement et autres qu'il appartiendra, continuer et ordonner règlement au fait susdit en la forme et manière ci dessus contenue et requise par led. s^r procureur du roi. En témoin de ce nous avons fait expédier et signer ces présentes [1]. »

Ces articles, après avoir été examinés et approuvés par l'Université de Paris, étaient déférés au Conseil privé, et

____

(1) *Arch. Communales* BB 89, f° xcvi « Touchant l'imprimerie ». On a vu plus haut (p. 130) que le consulat lyonnais avait, à cette date, des tendances à règlementer les industries de la ville.

le roi en faisait sortir l'édit « perpétuel et irrévocable » de Gaillon, en mai 1571 [1].

Dans les articles présentés au sénéchal, dans les audiences du Conseil privé (où furent ouïs le Procureur de la sénéchaussée et les délégués des consuls, mais non ceux des ouvriers), l'imprimerie, surtout l'imprimerie lyonnaise, se plaignit de nouveau d'être acculée à la ruine. Les libraires qui avaient l'habitude de faire imprimer à Lyon « sont contraints faire imprimer hors notre Royaume la meilleure partie de leurs livres ; puis, sous une première feuille qu'ils font faire avec leurs nom et marque, les vendent, et à meilleur marché que s'ils étaient imprimés en notre royaume ».

Pourquoi les frais d'impression sont-ils devenus plus élevés en France que dans les autres pays pourvus d'ateliers typographiques, Allemagne, Flandre, Italie ? Cela tient, à en croire les avocats du patronat, à deux causes principales : d'abord au renchérissement du papier ; ensuite et surtout, à la conduite des ouvriers, qui ne se sont nullement conformés aux prescriptions, cependant si impératives, de l'Édit de 1544. Il est impossible, disent-ils, de satisfaire les compagnons « de vivres, gages et salaires », plus difficile encore « de les tenir en devoir ». Malgré les peines portées, par la grande ordonnance de Villers-Cotterets et par tous les édits spéciaux à l'imprimerie, contre les coalitions, ils ont persisté à « user de divers monopoles et complots qu'ils font ensemblement ». Le roi a eu beau décider que les ouvriers qui auraient commencé un travail n'auraient plus le droit de quitter la presse avant l'achèvement de ce travail, les compagnons sont les plus forts. Et « il est impossible

____

(1) Fontanon, t. IV, p. 473. *Arch. du Rhône* (Sénéch.), reg. 1571-73.

aux notables marchands... de s'assurer que ce qui aurait été commencé par tels imprimeurs mal obéissants à nos édits soit parachevé ». Par suite, les maîtres n'osent plus entreprendre de longs labeurs, et la crise s'aggrave de jour en jour. Il ne faut donc pas s'étonner si, dans ses 18 premiers articles, le nouvel édit reproduit textuellement quelques-unes des prescriptions contenues dans les 17 articles de l'Édit de 1539 : interdiction des coalitions, du port d'armes, des confréries, des banquets (spécialement pour entrée et issue d'apprentissage) : défense aux compagnons de laisser l'œuvre sous prétexte que leur maître en cède une part à l'un de ses confrères ; défense de travailler aux jours de fêtes et de se reposer en dehors des fêtes chômées ; obligation pour le compagnon de donner congé huit jours avant l'achèvement du labeur, et droit pour le maître de remplacer sans délai l'ouvrier mutin, etc.

Les seules modifications apportées à ces articles ont pour effet d'aggraver encore la situation de l'ouvrier. L'article 6 (ancien 5), à côté de l'interdiction du *tric* (de la grève), énonce l'interdiction de « faire journée blanche », c'est-à-dire de se donner un jour de vacances : dans un cas comme dans l'autre, les compagnons seront frappés d'une retenue de salaire égale au dommage subi par le maître. Le compagnon qui changera d'atelier (art. 15, ancien 14) ne pourra trouver à se placer que s'il présente un certificat de son ancien maître.

Sur les articles 9 et 10 (salaires), les ouvriers, en 1539-1544, avaient en somme obtenu gain de cause : les maîtres voulaient, au lieu de les nourrir, leur payer uniquement leurs salaires en argent ; les ouvriers avaient tenu bon pour conserver leur droit au « pain, vin et pitance », et le roi leur avait donné raison. Charles IX, par les articles 10 et 11 du nouvel édit, leur donne tort : les gages seront payés au mois ou à la semaine, selon que maîtres et compagnons le décideront d'un commun accord ; mais, « pour obvier aux plaintes qu'ont ci-devant faites lesdits compagnons pour leurs vivres..., dont s'ensuivaient plusieurs débauches et querelles, lesdits compagnons se nourriront dorénavant eux-mêmes, ainsi qu'ils font aux Allemagnes, Flandre, Italie et ailleurs, soit dans leurs maisons ou autrement en pension, comme bon leur semblera, sans que lesdits maîtres soient tenus de les nourrir ». Naturellement, cette suppression du salaire-nourriture aura pour contre-partie un relèvement du salaire-argent ; mais le taux de ce relèvement sera fixé par une commission arbitrale composée des libraires-jurés de l'Université, des maîtres imprimeurs et « de notables bourgeois non suspects aux parties », c'est-à-dire par une commission dans laquelle les ouvriers ne seront même pas représentés !

Quant au fameux article 3 (non-limitation du nombre des apprentis), qui avait fait couler, sous François Iᵉʳ, de véritables flots d'encre, s'il est modifié, ce n'est nullement pour donner satisfaction aux compagnons, c'est simple-ment dans une pensée de philanthropie : le maître con-serve le droit d'avoir autant d'apprentis qu'il lui convient ; mais, s'il en met plus d'un à chaque presse, l'un d'eux devra être un des orphelins élevés par l'hôpital de la Trinité (à Lyon, un des adoptifs de l'Aumône) [1].

Les articles 19 à 24 innovent, et sur certains points

____

[1] L'article 12 (anc. 11) maintient le principe que les salaires courent à partir du moment où la presse marche, mais ajoute que le contrôle sera fait sur les copies, qui resteront aux mains des maîtres. L'ar-ticle 17 (anc. 16) impose l'obligation d'avoir non seulement des correc-teurs « savants en latin », mais « en latin *et autre langage* », sans doute en grec.

gravement. François Ier, dominé sans doute surtout par les influences lyonnaises, avait tenu à laisser à l'imprimerie son caractère de métier « franc et libre », où quiconque peut devenir maître. Au contraire, l'édit de 1571 paraît avoir été rédigé surtout à un point de vue parisien, sous l'influence de l'Université : on se contenta d'étendre à Lyon ce qui était décidé pour Paris [1]. Or, les industries parisiennes aimaient les règlements et l'organisation des métiers-jurés. On décide donc (art. 19) que nul ne pourra désormais être compagnon imprimeur s'il n'a été apprenti ; la durée de l'apprentissage n'est pas fixée, mais l'apprenti devra produire un certificat signé de son maître « et de deux autres bourgeois chefs de famille »; ce certificat lui permettra d'exercer valablement sa profession par toutes les villes du royaume. Pour devenir maître, il faudra de toute nécessité avoir été apprenti ; il faudra, de plus, présenter un certificat de capacité signé par deux libraires-jurés et deux maîtres imprimeurs. Ce n'est pas encore l'obligation du chef-d'œuvre ; ce n'est déjà plus la liberté de l'imprimerie. Ce certificat sera délivré gratuitement.

Les ouvriers du xvie siècle devaient déjà soutenir la théorie que certains de leurs chefs essaient de faire triompher aujourd'hui : à temps égal, salaire égal. L'édit donne au contraire aux maîtres le droit d'accorder un sursalaire aux ouvriers qui produisent plus de travail dans le même temps, « sans que ceux qui, pour leur paresse et moindre dextérité,

(1) Il est question de la Trinité, et non de l'Aumône. On fixe (art. 24) le prix maximum des livres pour Paris, et non pour Lyon. La commission des salaires contiendra des libraires-jurés, ce qui n'est applicable qu'à Paris. Après avoir décidé pour Paris la création d'une commission pour empêcher l'impression des livres hérétiques et veille à l'exécution des règlements, on ajoute : « Autant en feront ceux de Lyon. » On a vu plus haut que Lyon même désirait alors le développement de la réglementation industrielle.

ne pourront rendre tant de besogne s'en puissent plaindre ».

Enfin, par l'article 22, le roi confirme et aggrave les peines portées à l'article 13, contre le compagnon qui laissera son labeur. Le maître pourra le remplacer par « tel compagnon ou apprenti qu'il pourra recouvrer » ; le défaillant sera condamné aux dommages et, s'il est insolvable, au fouet. Tout infraction à l'édit sera punie de 200 livres d'amende, et, en cas de récidive, d'une peine corporelle et d'une amende arbitraire.

§ 3.

« Perpétuel et irrévocable ! » Vaine formule qui ne devait pas assurer à l'édit une vie plus longue, ou du moins plus paisible qu'à ses aînés. Elaboré uniquement à la suite d'une entente entre le pouvoir royal, les autorités municipales de Lyon et le corps des maîtres, sans que les ouvriers eussent été ni consultés ni même entendus, il ne pouvait être accepté comme une solution que par l'une des parties.

Enregistré à la Chambre des vacations le 4 septembre, il devait être publié par cri public à la fois à Paris et à Lyon, « à ce que les maîtres imprimeurs, compagnons et apprentis n'en pussent prétendre cause d'ignorance [1] ». Par lettres adressées au sénéchal de Lyon, et données en la Chambre le 22 septembre, le roi constate « que la publication a été faite audit clos Bruneau, et reste seulement à la faire en notre dite ville de Lyon » ; il ordonne qu'elle ait lieu dans cette ville.

Or, dès le 1er octobre, le procureur du roi était obligé de présenter requête à la même Chambre [2] : il était, en

____

(1) Arch. du Rhône. Sénéch. Reg. 1571-73. — Les *Arch. communales* (HH., Inv. Chappe, VI) contiennent un placard de l'Edit de Gaillon, « imprimé à Paris, par Federic Morel, imprimeur du Roy, par commandement de la cour ».

(2) Fontanon, t. IV, p. 476.

effet, « averti que en haine de l'édit, aucuns des compagnons imprimeurs auraient commencé à faire monopoles et assemblées illicites avec armes : et que, même ledit jour de la publication (17 septembre), lesdits compagnons imprimeurs auraient voulu outrager l'un desdits maîtres qui ont délibéré se régler suivant ledit édit ». Le procureur du roi demandait que les maîtres imprimeurs et libraires de Paris fussent autorisés à élire un procureur-syndic, chargé de poursuivre, par les voies de droit, l'exécution de l'édit, et de faire informer contre les contrevenants. La Chambre fit droit à cette requête.

Des scènes analogues se passèrent à Lyon[1], où l'édit fut enregistré en décembre. En dépit des nombreux édits qui leur interdisaient de se coaliser, de se « monopoler », d'avoir « bourse commune » pour plaider, les compagnons de Paris et de Lyon réussirent à s'entendre et à présenter au Parlement une requête collective, dirigée contre l'édit de Gaillon[2]. Cette pièce est fort curieuse, car elle exprime les sentiments, les colères, les rancunes de la classe ouvrière, avec une violence qu'on s'étonne de trouver dans un document si ancien. Ce n'est pas un simple exposé de souffrances individuelles, c'est un acte d'accusation contre le capitalisme ; et les patrons y sont dénoncés comme des exploiteurs, s'engraissant de « la sueur », — le mot y est, — de ceux qui les font vivre par leur travail. Nulle part dans aucun texte du xvie siècle, je ne

(1) Voy. plus bas le « Mémoire pour l'imprimerie ».

(2) Bibl. nat., Impr., recueil Thoisy 328 : « Université, t. XI. Libraires » f°s 138-143. Pièce in-4°, paginée 1 à 12 : « Remonstrances et mémoires, pour les compagnons imprimeurs de Paris et de Lyon : opposans, contre les libraires, maistres imprimeurs desdits lieux, et adjoints. » N'a conservé ni feuille de titre, ni date ou nom d'auteur ou d'imprimeur. La pièce de vers terminale est signée : « A peine y suis ». Cette plaquette fut présentée au Roi le 17 juin 1572. (Voy. la *Déclaration* du 10 septembre.) Elle ne se trouve pas (ou je n'ai pas su la trouver) dans les dépôts publics de Lyon.

trouve aussi nettement exposée, en termes aussi précis, l'antithèse, chère aux socialistes modernes, du capital et du travail : frères ennemis, qui devraient collaborer pacifiquement à une œuvre commune, et qui ne songent qu'à s'entrecombattre.

« Si l'on a jamais, disent les compagnons, remarqué en aucuns états et métiers les maîtres et supérieurs tâcher, par infinis moyens, de subjuguer, assujettir et traiter avec toute rigueur et servitude les compagnons et domestiques de leur vacation, cela a été pratiqué de tout temps et à présent en l'art d'imprimerie. En laquelle les libraires et imprimeurs (et notamment de la ville de Lyon), ont toujours recherché toutes voies obliques et dressé tous leurs engins, pour opprimer et vilement asservir les compagnons. »

Et cependant, que ferait le capital sans l'alliance féconde du travail ? Dans l'imprimerie, en particulier « les compagnons font société avec les maîtres et *sont les vrais imprimeurs* à proprement parler : là où la plupart des libraires et maîtres prétendus sont plutôt marchands, fournissant les matières, outils et instruments », c'est-à-dire le capital. — Ne croirait-on pas entendre un leader socialiste fustigeant les actionnaires d'une grande compagnie ?

Ce sont ces travailleurs qui ont acquis aux maîtres et leur « acquièrent journellement de grandes et honorables richesses, *au prix de leur sueur* et industrie merveilleuse, et même plus souvent de leur sang ». Car si les compagnons « peuvent suffire aux fatigues extrêmes de leur état si violent, ils n'en rapportent en leur vieillesse, chargés de femmes et d'enfants, pour tout loyer et récompense que pauvreté, gouttes et autres maladies, causées par les travaux incroyables qu'ils ont été contraints d'endurer ».

Les auteurs du factum se complaisent à développer ce tableau dramatique : d'une part, le maître enrichi et heureux ; d'autre part le compagnon, au travail duquel il doit sa fortune, misérable et épuisé. « Chacun a pu voir par toute la France et ailleurs plusieurs libraires et maîtres imprimeurs parvenir à de grandes richesses et facultés ; aussi l'on ne voit que trop d'exemples de pauvres compagnons imprimeurs réduits après une longue servitude en une nécessité calamiteuse et indigne, après avoir consommé leur âge, jeunesse et industrie audit état ». Ici, les compagnons à qui ne reste plus « qu'une vie pénible et comme fièvre continue » ; là, les libraires qui, « avec un grand repos de corps et d'esprit, doublent et triplent quelquefois leur argent au bout de l'année ». A en croire les ouvriers il suffirait, pour arriver à ce résultat, de vendre trois deniers la feuille d'impression (c'est le prix fixé par l'édit de 1571) ; or, beaucoup la vendent plus de quatre. Ils s'enrichissent donc en prélevant un véritable impôt sur le travail, par « leur avarice immodérée et désir de gain excessif, qui est pour le moins 150 p. 100 ». Enorme à Paris, cette marge entre le prix de revient et le prix de vente est encore plus grande à Lyon, où l'encre, le papier et les caractères sont à meilleur marché et où les ouvriers sont soumis à un travail plus écrasant. « Les compagnons de Paris se plaignent justement d'être sujets à rendre pour tout le jour 2.650 feuilles.... A plus forte raison ceux de Lyon ont matière de se douloir et désespérer, étant astreints à rendre chaque jour 3.350 feuilles, ce qui surpasse toute créance. » Pour faire face à ces exigences, les typographes lyonnais sont forcés d'être « debout depuis deux heures après minuit jusque environ 8 ou 9 heures de soir, tant l'hiver que l'été » : ce qui, en retranchant le temps des repas, donne encore

16 à 17 heures de travail ! Encore ce travail, les maîtres voudraient-ils le leur enlever, en s'adressant à la main-d'œuvre étrangère, qui est moins chère : « Il y a des libraires à Lyon si acharnés qu'ils ont songé un moyen et déjà commencent à le pratiquer pour rendre vos arrêts (qui ne seront donnés à leur appétit) illusoires, qui est de faire imprimer à Montluel, Genève, Lausanne et ailleurs », en mettant le nom de Lyon sur la feuille de titre. Ici les ouvriers, on le voit, confirment un fait signalé par le roi dans son édit, mais ils n'en donnent pas la même interprétation. Les maîtres, disent-ils, sont si âpres au gain « qu'ils aiment plus cher de voir la ruine des compagnons et de l'imprimerie en France, pour l'avancer en pays étranger, que d'y voir fleurir les lettres, études et imprimerie, et en s'enrichissant faire gagner avec si grand travail la vie auxdits pauvres compagnons et à leur famille ». La preuve que la cherté des livres a pour cause les bénéfices excessifs prélevés par les vendeurs, c'est que les libraires de Genève, d'Anvers, d'Allemagne les vendent meilleur marché, « combien qu'ils soient contraints de se servir de nos papiers, encres, caractères et fondeurs » ; mais « ils se contentent de médiocre et honnête profit ». — Il est visible que les compagnons ici ne montrent qu'une des deux faces de la question ; ils ne disent pas que les libraires genevois, flamands ou allemands paient leurs ouvriers moins cher que les libraires français [1] ; c'est pourtant ce qui ressort avec toute évidence de ce fait que les maîtres lyonnais trouvent avantage à faire imprimer à l'étranger.

(1) Du moins Montchrestien (p. 01) l'affirme-t-il positivement en ce qui concerne les Hollandais. M. Funck-Brentano me paraît n'avoir pas correctement interprété ce passage. Par « vingt et cinq cens », j'entendrais 2.500 *feuilles* (2.050 à Paris avant 1571) ; les Hollandais « obligent les compagnons à quinze cens par jour plus que les Français », c'est-à-dire qu'ils font tirer par leurs ouvriers 4.000 feuilles par jour, encore plus qu'à Lyon.

Quoi qu'il en soit, il semble bien que les compagnons étaient dans leur droit quand ils avançaient que leurs salaires étaient insuffisants, et que les maîtres prélevaient un bénéfice sur la partie du salaire qui était payable en aliments; car ils ont ici pour garants des arrêts du Parlement, donnés tant à Paris qu'aux grands jours de Moulins. L'un de ces arrêts disait par exemple : « Si les maîtres se fussent voulu contenter du gain qu'ils avaient accoutumé de faire, *qui toutefois était immodéré et excessif*[1], voulu nourrir les pauvres appelants (de la sueur et industrie desquels ils jouissent) ainsi qu'ils doivent, et les entretenir en leurs droits : notre Cour n'eût été empêchée en leurs différends. » Les compagnons font remarquer avec beaucoup d'à-propos que la Cour appelle « droits » ce que les maîtres qualifient de « gourmandise ». — « Au même arrêt est faite mention d'un quidam maître imprimeur, notamment de Lyon, lequel dès l'année 1536 voulait retrancher la nourriture accoutumée desdits compagnons, depuis condamné par arrêt du conseil privé, comme aussi de la désordonnée avarice desdits maîtres, ne tâchant que de s'enrichir et ranger à l'aumône lesdits compagnons et leurs familles : car ce sont les propres mots dudit arrêt. » Mais les maîtres « suscitèrent leurs apprentis pour rendre ledit arrêt illusoire », et le firent annuler par les ordonnances de 1542 et 1544.

Tout cela, les pauvres compagnons — ce sont eux qui parlent — l'auraient encore supporté, « si aucuns libraires et maîtres imprimeurs pouvaient borner leur

____

(1) N'oublions pas l'hostilité traditionnelle professée par les Parlements, et en particulier par celui de Paris, pour toutes les professions où l'on gagne beaucoup d'argent. Aux yeux de nos vieux parlementaires, le bénéfice de l'entrepreneur, s'il est considérable et rapidement acquis, devient un vol.

cupidité et animosité par quelques richesses, sans
les vouloir ranger en une condition vile et barbare,
et par manière de dire à un désespoir ». Mais le
dernier édit, « subrepticement obtenu », menace de
mettre le comble à leurs maux : « Non seulement les
pauvres compagnons doivent craindre leur certaine misère
et ruine totale ; mais aussi toute personne qui a l'esprit
marqué de quelque gentillesse, l'anéantissement, diminution, voire la dissipation et abolition dernière de l'art
d'imprimerie. »

Ce dernier argument est mis là pour frapper l'esprit
du roi. Si le roi est intervenu, c'est uniquement pour conserver à l'État une grande et noble industrie. Il s'agit de
lui prouver que l'exécution de son édit, loin de la sauver,
ne pourrait qu'en consommer la perte. Déjà, au dire des
ouvriers, les intéressés eux-mêmes s'en rendent compte :
« car une partie des libraires et maîtres-imprimeurs, des
premiers et plus notables, par requête présentée au roi
et à sa cour, ont déclaré en jugement et témoigné qu'ils
ne pouvaient observer l'édit, étant impossible de l'entretenir *sine delectu ;* refusant par ce moyen la réformation
qu'ils ont si longuement et vivement poursuivie [1] ».

Les auteurs du factum se livrent à une discussion
serrée de cet édit, qui a été délibéré avec « les échevins
de Lyon et l'université de Paris, sans ouïr ni appeller
lesdits compagnons, ni même leur rien communiquer ».
Ils montrent que cet édit est une loi partiale, d'une évi-

(1) Les ouvriers accusent encore les maîtres de Paris d'avoir attendu,
pour faire publier l'édit, le 7 (lisez 17) septembre « dernier jour du
Parlement, afin qu'iceux compagnons n'eussent aucuns moyens de se
pourvoir », et ceux de Lyon, « pour n'être vu céder en cautèles à
ceux de Paris », d'avoir attendu la veille de Noël : les compagnons,
d'ordinaire, étant nourris par les maîtres durant ce chômage, n'étaient
pas atteints par le renchérissement des vivres produit par les fêtes ;
mais cette fois ils n'eurent qu'un salaire en argent.

dente iniquité : « Il est bien et saintement défendu de ne faire monopoles, disent-ils : mais cela se doit non seulement adresser aux compagnons, mais aussi aux libraires et maîtres, qui ont toujours conjuré, comme monopoleurs, la ruine desdits compagnons ». En effet, pleine liberté de coalition pour les maîtres, interdiction de se coaliser pour les compagnons, c'est ce qu'on trouve dans cet édit. De même la défense du port d'armes doit être « réciproque, pour insolence d'aucuns maîtres ».

Sur le 3ᵉ article, l'opposition des compagnons se fonde sur les mêmes motifs qu'en 1539 : les maîtres se servent d'apprentis pour diminuer arbitrairement le prix de la main-d'œuvre. « Il adviendrait par telle licence que les maîtres ne se serviraient que d'apprentis, auxquels tant s'en faut qu'ils donnent de gages, qu'ils ne leur baillent que la seule nourriture, et encore parfois sous main en tirent profit, à la ruine d'infinis pauvres compagnons, de leurs femmes et enfants, ayant usé leur âge et industrie audit état, qui seraient contraints s'en aller à l'aventure, et ranger au désespoir. » Et comme il ne faut pas oublier les arguments qui touchent particulièrement le pouvoir, on ajoute que l'intérêt du public est d'accord avec celui des compagnons : « l'insuffisance et bêtise des apprentis » ne permettraient plus d'avoir des livres bien imprimés. Les maîtres ne tiennent d'ailleurs aucun compte de la règle qui leur impose de prendre un apprenti parmi les adoptifs des hôpitaux. Il serait bon que l'apprentissage fût fixé à quatre ans pour les ouvriers à la presse, à cinq ans pour les compositeurs. Les commissions qui délivreront les brevets de maîtrise devraient comprendre des compagnons, « qui sont les vrais imprimeurs, faisant la plus laborieuse et plus grande partie de l'imprimerie ».

Sur l'article 11, les compagnons déclarent qu'il leur

est impossible de se nourrir eux-mêmes, en raison de la perte de temps que leur imposerait cette façon de faire : « Les compagnons sont astreints, par une usurpation des libraires et maîtres sur eux, de rendre chacun jour une certaine besogne, à laquelle à peine peuvent-ils suffire, ores qu'ils ne bougent bonnement, comme l'on dit, de la selle... S'ils étaient contraints d'aller quatre ou cinq fois à la ville,... il est certain qu'ils consumeront une partie de leurs journées en leurs allées et venues... Joint qu'on n'est logé aux grandes villes et n'y trouve-t-on le repas prêt comme l'on voudrait... Considéré aussi que les fonctions et charges des compagnons sont tellement annexées et unies ensemble que l'absence ou retardement d'un seul fera cesser les autres, qui sont quatre ou cinq à chaque presse ». Cependant, ils offrent de céder sur ce point et de se nourrir eux-mêmes, à condition que l'on diminue une partie de la tâche qui leur est imposée pour la journée.

Pour les salaires, ils font remarquer (avec beaucoup de raison, semble-t-il) que ceux-ci ne doivent pas être fixés « au gré et jugement des libraires et maîtres imprimeurs, qui... seraient juges en leur cause », mais par une vraie commission arbitrale : « un nombre égal et pareil des maîtres et compagnons plus anciens, qui savent et connaissent le labeur », auxquels s'ajouteront « quelques notables bourgeois ou marchands nommés par les deux parties ».

A côté du souci de leurs intérêts matériels, on voit apparaître dans cette pièce le sentiment de la dignité personnelle. Ils demandent que les fautes soient punies par des amendes, et non « par peine corporelle et ignominieuse ». Car ce « serait violer indignement la liberté naturelle des hommes... Et comme personnes libres s'emploient volontairement à un état si excellent et noble, et de telle importance pour les sciences et les lettres, et non comme esclaves ou galiots [galériens] et forsaires [forçats]... [1] ».

Les maîtres ripostèrent à cette attaque par un très court « *Mémoire pour l'Imprimerie* », qui ne répondait pas aux arguments de leurs adversaires, mais qui était très habilement fait. Ils tâchaient d'y établir une distinction entre les vrais travailleurs, satisfaits, à les en croire, de l'édit de 1571, et les quelques mutins qui terrorisaient leurs camarades. Pour démasquer les fauteurs du désordre, ils conseillaient au roi de recourir à des moyens de policier, de faire prendre les noms des soumissionnaires et ceux des récalcitrants. Ils dénonçaient l'existence d'une coalition et celle d'une caisse commune, alimentée par des cotisations hebdomadaires obligatoires. Ils demandent que dans le prochain procès les compagnons soient contraints de donner caution, car ils ont l'habitude de ne pas payer les amendes et dépens quand ils sont condamnés. Voici ce curieux mémoire [2] :

« Les compagnons imprimeurs de la ville de Lyon qui travaillent tous pour le jourd'hui sont contraints de confesser que l'édit dernier donné à Gaillon est un moyen pour rétablir ce noble art en ladite ville, mais quelques partiaux et mutins en bien peu de nombre tiennent tous les autres en bride, les contraignant suivre tous leurs monopoles, quelques déréglés qu'ils soient.

---

(1) Les autres réclamations portent sur les points suivants : article 22, il ne faut pas qu'on puisse remplacer le compagnon par un apprenti ; article 7, avant les fêtes, les maîtres peuvent frauder les ouvriers en donnant leur besogne à d'autres ; article 13, le compagnon ne peut donner congé huit jours avant l'achèvement du labeur puisque, n'ayant pas les copies, il ne peut savoir quand ce labeur sera terminé, etc.

(2) Arch. communales de Lyon, série HH, Inv. Chappe, VI. Minute d'une page et demie.

« Serait bon, pour obvier à ce que les bons ne fussent empêchés de faire leur devoir, qu'il fût mandé à Monsieur le sénéchal ou à son lieutenant de prendre le nom et surnom de tous les ouvriers de l'imprimerie qui veulent se ranger selon l'édit, et semblablement aussi de ceux qui veulent aller au contraire. Si lesdits noms ne se baillent devant le magistrat, lesdits mutins n'ont garde de faillir de les faire donner à leur dévotion en leurs monopoles, et qui pis est de leur faire payer tous les samedis cinq ou six sols par tête pour fournir aux dépens que lesdits partiaux et mutins font tant en justice qu'autrement, et bien souvent les bonnes gens sont contraints laisser leur pauvre famille sans pain pour bailler d'argent à la confrarie, aultrement ils seraient en danger d'être incontinent chassés hors d'avec eux, comme il advient à toutes les fois. Ce qui même est advenu, et non pas une seule fois, à Julien Monchat, pour le jourd'hui leur conducteur, qui ne fait toutes les poursuites qu'il fait à autre fin que pour rentrer à bon escient en grâce.

« Avant qu'entrer en plaid sera bon que les compagnons baillent caution et répondant, d'autant qu'ils sont bien aises de tout renverser et brouiller selon leur ancienne coutume, sans avoir égard à équité ni à raison, ce que peut-être ils craindront de faire quand ils verront le danger qu'ils encourront de payer les dépens.

« Messieurs les échevins obtinrent aussi un arrêt contre lesdits compagnons, de l'an mil quarante quatre, dont les dépens ne sont encore taxés et moins refondus par lesdits compagnons, duquel arrêt on vous communiquera par delà [1] l'original afin qu'au préalable avant

____

(1) C'est-à-dire à Paris. Ce mémoire doit servir d'instruction aux délégués que les consuls de Lyon envoient en cour.

qu'entrer en nouvelle contestation de plaid ils soient tenus et contraints payer lesdits vieux dépens.

« Quant à l'observation de l'édit dernier sur le réglement de l'imprimerie en cette ville de Lyon, les compagnons ne peuvent alléguer incompétence, insuffisance, ni impossibilité, d'autant que tant de compagnons qui sont par deça travaillent tous suivant ledit édit et font les mêmes labeurs qu'ils ont fait autrefois, soit à la casse soit à la presse, et les gens de bien sont bien aises qu'il soit ainsi, d'autant qu'ils ont le moyen de vivre avec leur famille, et si épargnent plus d'argent qu'ils ne faisaient auparavant, et toutefois ils n'en osent ouvrir la bouche de peur des mutins.

« Noter aussi l'impudence desd. compagnons qui osent bien appeller d'un édit de roi. »

§ 4.

Il y avait probablement quelques vérités dans ce factum des maîtres. Mais il est non moins certain que les ardentes revendications de la classe ouvrière contenaient plus d'une juste plainte. La preuve en est que le roi lui-même crut nécessaire de compléter et de corriger son « édit perpétuel et irrévocable ».

En effet, le 24 février 1572, il accordait des lettres de commission aux compagnons imprimeurs de Lyon [1]. Les compagnons lui ont exposé que, le 13 décembre 1571, Claude de Rubis, agissant au nom du consulat, mais dans l'intérêt des maîtres imprimeurs et libraires, avait requis l'exécution de l'édit. Les compagnons avaient fait opposition et décidé de se pourvoir en Parlement. Le 15

(1) Arch. communales de Lyon, II II. vi, copie.

mars, les consuls de Lyon furent assignés à comparaître au Parlement pour le 8 avril.

Mais les compagnons ne se contentèrent pas d'assigner les consuls, ils assignèrent également les maîtres ; car, le 19 mars 1572[1], nous voyons Barthélemy de Gabiano, syndic des marchands libraires, Guillaume Rouville, Philippe Tinghy, tant pour lui que pour les héritiers de Jacques Juncte, Antoine Gryphius, Symphorien Vivant, René Ponstelier, Etienne Michel, Claude Ravot, Jean Huguetan, Jean de Tournes, libraires, et Jean du Sault, Jean Marcorelle, Jean d'Ogerolles, François Durelle, Pierre Roussin, Etienne Silvain, Jean Carré et Jean Mairel, imprimeurs, constituer des procureurs pour comparaître en cour « suivant l'assignation à eux donnée de la part des compagnons imprimeurs de Lyon ». Ils tiennent à faire constater qu' « ils sont follement adjournés et intimés, d'autant qu'il ne se trouvera point en aucune façon que led. édit ni la publication d'iceluy ayent esté poursuivis et obtenus à leur requête et pourchas, comme aussi il appert entièrement du contraire par l'exposé dud. édit. » Déclaration hypocrite, car si l'édit, il est vrai, fut rendu à la requête du consulat, nous avons vu que le consulat n'avait agi que sur l'initiative des maîtres.

Ils professent un respect illimité, mais non désintéressé pour cet édit : « Ils disent et protestent vouloir ensuivre de point en point la volonté du roi portée et manifestée par icelui édit, qu'ils ne veulent aller au contraire d'icelui soit en croissant, diminuant ou altérant les articles. » Ils considèrent que cet édit a « justement et saintement été décerné, s'assurant que, s'il est observé selon sa forme et teneur, avant peu de temps l'imprime-

____

(1) Copie (ou plutôt minute) de procuration... Arch. communales de Lyon, IIII. Voy. sur tous ces noms : Baudrier, *Bibliogr. lyonnaise*.

rie florira autant ou plus en ce royaume et notamment en cette ville de Lyon qu'elle y fit jamais ».

En dépit de ces belles paroles, le roi accorda d'importantes satisfactions aux ouvriers par une *Déclaration*, donnée à Paris le 10 septembre 1572, et enregistrée le 17 avril 1573 [1].

Le roi commence par rappeler « les beaux règlements » qu'il avait faits pour relever et développer l'industrie typographique. Malheureusement les deux parties n'ont pas « respectivement gardé et observé » son édit. Après nouvelle enquête, le roi apporte à cet édit les modifications suivantes, dont quelques-unes sont favorables aux compagnons :

Sur l'article 3, — la principale pierre d'achoppement de toutes les tentatives précédentes, — les maîtres sont définitivement déboutés de leurs prétentions. Ils ne pourront avoir désormais « plus de deux apprentis à chacune presse travaillante, c'est à savoir, l'un à la presse et l'autre à la casse ». Nombre qui ne pourra être dépassé que si les ouvriers y consentent, et à condition que ces apprentis surnuméraires ne seront employés qu'à des travaux de peu d'importance. Les maîtres devront se charger eux-mêmes de l'instruction de leurs apprentis, au lieu de rejeter ce soin sur les compagnons.

Si les compagnons ne doivent pas interrompre le labeur commencé, cette obligation est réciproque pour les maîtres, sauf le cas de force majeure. En ce cas ils seront tenus de fournir aux compagnons besogne pareille. Si l'interruption durait plus de trois semaines, les deux parties recouvreraient leur pleine liberté.

Outre les fêtes commandées par l'Eglise, les compa-

(1) Fontanon, t. IV, p. 476.

gnons auront droit à deux jours et demi (St-Jean Porte-Latine, vendredi saint et demi-journée le jour de carême prenant) « francs et exempts de labeur », c'est-à-dire qu'ils seront payés sans travailler.

Le roi maintient l'interdiction aux maîtres de nourrir les compagnons. Mais il ne leur laisse plus le droit de fixer eux-mêmes le taux des salaires. Il le fixe lui-même à 18 livres t. par mois (un peu plus de 7 sols [1] par jour, soit moins d'un franc en valeur intrinsèque) pour Paris ; à Lyon, ce taux sera déterminé par le sénéchal.

L'obligation de se donner congé huit jours d'avance devient réciproque.

L'article 19 de l'édit ne fixait pas clairement la durée de l'apprentissage : elle devra être de trois ans. Les maîtres de Paris et de Lyon pourront choisir, parmi les apprentis munis du brevet, les ouvriers qui leur plairont ; le seul privilège des compagnons de Paris et de Lyon sera d'être toujours préféré aux non-Français, pourvu qu'ils se contentent du salaire légal.

La peine du fouet disparaît de l'article 22.

Défense est faite aux maîtres de faire imprimer hors de France et de mettre sur les feuilles de titre de fausses indications d'origine.

Cette *Déclaration*, on le voit, est loin de satisfaire à tous les desiderata des ouvriers. Elle laisse subsister : l'interdiction unilatérale des coalitions ; celle des confréries ; l'obligation pour les ouvriers de se nourrir eux-mêmes. Mais elle établit : la limitation légale du nombre des apprentis [2] ; la durée de l'apprentissage ; la fixation d'un taux légal des salaires (il est vrai que c'est un maximum) ; la réciprocité

---

(1) En 1539, les maîtres lyonnais offraient de donner à leurs compositeurs 6 sols 0 deniers.

(2) Cette prescription ne fut pas toujours exécutée sans résistances : témoin un arrêt de 1609, dans Fontanon, t. IV, p. 482.

des clauses relatives à l'exécution du contrat de travail.

Cette déclaration était un compromis. Elle dut paraître, tellement quellement, supportable aux deux parties. Car nous ne rencontrons plus de réclamations du même genre après 1573 : il est vrai que l'imprimerie parisienne et lyonnaise, épuisée par cette longue crise, ne retrouva pas la splendeur d'autrefois, et le silence qu'elle garde pendant la fin du xvi⁰ siècle ressemble singulièrement à un silence de mort.

Quoi qu'il en soit, la déclaration de 1573 resta la charte de l'imprimerie. Les exécuteurs de l'édit de 1581 voulaient comprendre les imprimeurs parmi « les artisans méchaniques ». Henri III, par lettres du 30 avril 1583, les excepta de l'édit. Henri IV en fit autant par arrêt du Conseil d'Etat, le 17 décembre 1594, et par lettres-patentes, le 20 février 1595 [1]. C'est seulement par lettres-patentes du 13 juillet 1618 que fut donnée aux libraires-imprimeurs et relieurs de Paris une organisation nouvelle, qui assimilait plus ou moins « l'art d'imprimerie » aux métiers constitués en jurande [2]. Une organisation analogue fut établie à Lyon, le 26 octobre 1619 [3].

IV

Ainsi donc, dans ce xvi⁰ siècle où l'on croirait qu'une forte organisation corporative rendait impossibles les con-

---

(1) Fontanon, t. IV, p. 478-480. Voy. aussi dans Baudrier, t. III, p. 1-14, l'opposition des ouvriers lyonnais aux lettres du 5 juillet 1580.

(2) Imprimées à Paris, en 1610 et 1621, se trouvent dans les papiers d'Anisson (Bibl. nat. Mss. Ffr. 22171), t. I, f⁰ 243.

(3) *Articles et règlements des impr. de Lyon, 1619,* imprimés à Lyon, Ducreux, 1618. Voy. aussi dans les Arch. communales de Lyon, série H H. un curieux *Dialogue* (ms. de 4 p.) *entre Jacques et François sur les abus qui se commettent dans l'imprimerie...* c'est-à-dire sur la surabondance et l'avilissement de la main-d'œuvre, causés par la désertion des campagnes.

flits entre le travail et le capital, nous voyons une des principales industries troublée, dans les deux villes où elle est le plus prospère, par une interminable grève. Seules, de nombreuses études de détail permettraient de dire si les conflits étaient, dans les autres industries, aussi fréquents et aussi graves. Ce qu'il faut dire, c'est qu'il y avait des raisons pour que l'industrie typographique fût une des premières à donner le spectacle de ces luttes. Le roi François Ier lui-même indique très nettement la principale de ces raisons : « Ce n'est point métier que l'imprimerie, dit-il, et n'y fait-on aucun chef-d'œuvre, mais est maître qui veut... » En effet, l'imprimerie n'avait jamais été soumise aux règles corporatives ordinaires, elle vivait sous le régime de la libre concurrence. Ce n'est pas seulement par là qu'elle différait des autres industries de l'époque : elle employait des machines, si rudimentaires qu'elles fussent encore, et cela seul était une nouveauté ; pour conduire ces machines, il lui fallait un personnel très nombreux d'ouvriers et d'apprentis, et les « poëles » des maîtres ressemblaient déjà moins à un ouvroir du moyen âge qu'à un atelier d'aujourd'hui ; l'imprimerie produisait un très grand nombre d'objets du même type, elle les vendait à bon marché, et, sous la pression de la concurrence, elle était amenée à baisser sans cesse les prix de vente, et par suite les prix de revient. Pour toutes ces raisons, elle exigeait de gros capitaux ; s'il ne fallait pas, pour y devenir maître, faire un chef-d'œuvre, il était nécessaire d'y engager des fonds bien plus importants que dans les métiers réglementés. L'imprimerie inaugurait le futur régime mécanique et capitaliste de l'industrie moderne. Elle ne pouvait guère réaliser de bénéfices qu'en réduisant les frais de production : d'où la tentation d'économiser sur la main-d'œuvre, de diminuer les salaires ou, ce qui revient au même, d'augmenter la part du travail non payé, puisque la loi ne limitait pas cette part dans cette industrie comme dans les autres.

Le récit que nous avons fait de cette lutte, et qui s'appuie uniquement sur des documents officiels, étonnera peut-être ceux qui se font une image idyllique des relations entre le capital et le travail il y a trois siècles et demi. Malgré les changements considérables que notre temps a vu se produire dans la constitution de la société et dans les conditions de l'industrie, les intérêts, les passions, les moyens d'action étaient à très peu près les mêmes ; c'est surtout le langage qui a varié. Si l'on prenait la peine d'étudier quelques mouvements analogues à celui de 1539, on s'apercevrait sans doute que les conflits entre patrons et ouvriers n'étaient pas rares, qu'ils acquéraient vite une intensité, une âpreté extrêmes, et qu'ils dégénéraient très facilement en désordres publics. Dans ces conflits la victoire restait généralement aux patrons, non pas seulement parce que les confréries d'ouvriers étaient trop pauvres encore pour pouvoir à la fois mener la lutte contre les maîtres et nourrir leurs familles pendant le chômage, mais aussi parce qu'une puissance supérieure, ville ou royauté, ne tardait pas à intervenir en faveur de leurs adversaires. Dans une grève, la commune voyait exclusivement le dommage que la cessation d'une industrie florissante apporterait à la cité ; tout naturellement elle se tournait contre les chômeurs, sans trop examiner les raisons du chômage ; ajoutez qu'au xvie siècle le pouvoir communal se recrutait surtout parmi les maîtres de métiers, qu'à Lyon les maîtres étaient seuls chargés de l'élection des consuls, et que tous les membres de cette oligarchie étaient solidaires les uns des autres. Quant à l'État, il était loin de respecter la stricte neutralité que l'on considère aujourd'hui comme son plus essentiel devoir. La royauté du xvi° siècle était un pouvoir avide d'action, qui prétendait enserrer toutes choses dans le domaine où s'exerçait son envahissante énergie. Il ne se contentait pas de réprimer les troubles. Il intervenait arbitrairement dans le conflit, modifiant les contrats de travail, édictant des règlements d'atelier. S'inspirant uniquement de son propre intérêt et n'ayant d'autre souci que de maintenir prospères les industries qui faisaient sa force, tantôt il invoquait les lois du vieux régime corporatif, tantôt il les détruisait sans hésitation, suivant qu'elles étaient ou non favorables aux auteurs du chômage. En vertu de son droit, qu'il considérait comme supérieur à tous les droits, il tranchait souverainement toutes les questions débattues, et mettait au service de l'une des deux parties en présence le poids écrasant de son autorité.

A côté de l'imprimerie, qui faisait ainsi dès sa naissance le fécond mais périlleux apprentissage de la liberté, un grand nombre d'autres métiers restaient emprisonnés dans ce réseau de règles qui constituaient pour les maîtres et pour les ouvriers à la fois des garanties et des entraves ; mais tous étaient plus ou moins atteints par la révolution économique qui se produisait alors, en particulier par l'avilissement des métaux précieux. Aussi craignait-on que la rébellion des compagnons imprimeurs ne fût imitée par d'autres corps d'état : « Car c'est donner, disait François Ier, un exemple et occasion aux autres compagnons et serviteurs de métier qui sont en notre royaume de faire quelquefois le semblable, qui est un vrai fondement et entretènement de mutineries et séditions, qui tournent à la fin au grand détriment de la chose publique. » Telle est la raison de la sévérité déployée par le roi contre les imprimeurs grévistes de Lyon et de Paris [1].

(1) Des désordres analogues avaient failli se produire, en 1559, dans l'imprimerie genevoise. Voyez *Reg. du Conseil*, 1559, 28 août, p. 87 : « *Imprimeurs.* — Ici spectable M° Nicolas des Gallars et spectable Théodore de Bèze ont proposé que combien que déjà on ait été assez importuné à cause des imprimeurs, toutefois il y a des désordres et divisions entre iceux, mêmement les maîtres et compagnons, dont ils ont avisé de faire les remontrances suivantes : c'est qu'il semblerait bon que Messieurs députassent quelques-uns par devant lesquels seront appelés les maîtres imprimeurs pour être ouïs en ce qu'ils voudraient déclarer de l'ordre qui se pourrait établir pour éviter les confusions et fâcheries qui peuvent entre eux advenir, et puis après soient aussi ouïs les compagnons en leurs doléances, afin que sur le tout soit dressé un ordre, qui sera observé ci-après, dont ils supplient y pourvoir, et aviser combien cet art importe. Arrêté que cela soit fait, et sont commis les sgrs Bernard, syndic, François Chevalier et Jehan Chautemps. »

APPENDICE

L'ASSISTANCE PUBLIQUE IL Y A TROIS CENTS ANS

(La *grande Aumône* de Lyon, 1531.)

C'est une bizarre manie de notre temps de croire qu'il a inventé bien des choses, que connaissaient nos aïeux. Sous prétexte que dans notre société, telle que nous l'ont faite la Révolution française et l'industrie mécanique, on a vu la *question sociale* revêtir un caractère particulier d'acuité et réclamer plus impérieusement une solution, bien des gens s'imaginent qu'il n'y a pas eu de question sociale dans les époques antérieures à la nôtre. Tout ce livre tend précisément à prouver le contraire.

Ce qui est vrai de la question sociale, de la misère des classes ouvrières, l'est aussi des tentatives faites pour diminuer cette misère. Nos contemporains se figurent avoir créé une religion nouvelle, ignorée, paraît-il, des temps passés : la religion de la souffrance humaine. Ils devraient se souvenir que la charité est au contraire une vieille maladie. Ne savent-ils pas combien de fois, depuis les temps où le Christ prêchait sur les bords du lac de Génézareth la sainte dignité du pauvre, combien de fois on a essayé, avec des succès divers, de diminuer la souffrance humaine ? Les essais étaient timides et furent imparfaits. Ce que nous avons créé vaut-il beaucoup mieux ? On en douterait, à lire les études publiées ré-

comment sur le fonctionnement de l'Assistance publique
à Paris. Ces études ne permettent guère d'affirmer que
tout soit pour le mieux dans la meilleure possible des
organisations de la charité : on en retire l'impression
d'une machinerie immense et lourde, qui peine beaucoup,
dépense davantage et produit peu. Avec des moyens plus
simples et des rouages plus rudimentaires, sans tant de
règlements, de paperasses et de fonctionnaires, on a su
jadis, dans notre France, lutter contre la misère. Nous
allons tâcher de montrer comment se posait et comment
on essaya de résoudre la question, dans une de nos plus
grandes villes, au début du xvi° siècle.

I

Les années 1529 et 1530 avaient été particulièrement
dures pour Lyon et pour la région lyonnaise[1]. Une série
de sécheresses et de mauvaises récoltes, des faits économiques dont le plus important paraît bien avoir été une
transformation hâtive des emblavures en vignobles et
l'usure de la terre que, faute de paille, on ne fumait plus ;
l'immigration croissante d'une population ouvrière venue
des autres provinces de France, de Savoie, de Suisse,
d'Allemagne et d'Italie, attirée par l'appât des hauts
salaires : toutes ces causes, et sans doute aussi d'autres
qui nous échappent, avaient rendu très difficile le ravitail-
lement en blé de la ville de Lyon. Au printemps de 1529
la famine se déclara : le bichet de blé (soit un peu plus
de 60 livres pesant), dont le prix moyen était de 8 à

---

(1) S. Champier, *L'antiquité de la cité de Lyon...* 1529, réimpr. (M. C.
Guigue) en 1884. — G. Paradin, *Mémoires de Lyon*, 1573. — Cl. de
Rubys, *Privilèges de Lyon*, 1574, et *Histoire véritable...* 1604.

10 sols tournois, monta « au prix assez hautain » de 25 sols. Des accusations d'accaparement (peut-être moins injustifiées qu'on ne veut le croire) furent lancées contre quelques-uns des membres de l'oligarchie bourgeoise. Une émeute éclata : elle est connue dans l'histoire sous le nom de *grande Rebaine*[1]. Trois jours entiers, le populaire resta maître du centre de la ville ; il osa même aller piller l'abbaye de l'île Barbe. La répression, selon la coutume du temps, fut terrible. Le corps municipal ou *consulat* pendit les meneurs ; mais cela ne faisait pas disparaître la famine. Alors on fit venir de Bourgogne 2 000 charges de blé (la charge, ou ânée, était de six bichets, soit 380 ou 400 livres). Ces palliatifs ne servirent pas à grand'chose, car, pendant les mois qui suivirent, la question du blé fut perpétuellement à l'ordre du jour de l'assemblée communale. La peste, qui sévit dans la ville pendant l'automne de 1530, aggrava encore la situation, et une nouvelle sécheresse fit monter le bichet au prix énorme de 56 et même de 60 sols tournois.

Le plus terrible, c'est que la misère n'était pas moindre dans les campagnes, et que, de toutes parts, les affamés refluaient vers la grande ville, où ils espéraient trouver de quoi ne pas mourir. Vers mai, on les vit chaque jour arriver « en grandes troupes et à pleins bateaux », figures hâves, corps décharnés, proie toute prête pour la contagion. Les consuls étaient partagés entre la crainte et la charité : il était difficile d'expulser ces malheureux, impossible de ne pas songer avec angoisse à la situation de Lyon, « où jour et nuit vous n'eussiez ouï que : « Je meurs de faim », qui était piteuse chose à ouïr » ; la ville « ressem-

---

(1) Voy., outre les ouvrages cités ci-dessus, Péricaud, *Notes et documents*, 1840 ; Guigue, *Archives du Lyonnais*, t. I, et *Revue historique*, 1896, p. 265.

blait plus à un famélique hôpital qu'à une si bonne cité ».

La charité privée n'avait pas tardé à se montrer impuissante à soulager efficacement de telles misères. Les ressources des hôpitaux ne pouvaient suppléer à cette insuffisance. Les consuls résolurent d'adopter une organisation provisoire d'assistance, et convoquèrent une assemblée de notables au couvent des Cordeliers, le 18 mai. On décida tout d'abord de répartir les pauvres, qui vaguaient par les rues, en quatre ou cinq hôpitaux. Les frais de leur entretien furent couverts par une quête ; huit commissaires furent nommés pour recueillir les fonds. Tout d'abord ils prièrent tous les Lyonnais non indigents, y compris les clercs, de s'inscrire sur une liste, en indiquant le chiffre des contributions volontaires qu'ils entendaient verser, et que l'on perçut ensuite régulièrement semaine par semaine. Il faut dire à la louange de la bourgeoisie lyonnaise qu'elle ouvrit très généreusement sa bourse. Même les nombreux étrangers, banquiers, drapiers, imprimeurs, qui étaient venus chercher fortune à Lyon, ne voulurent pas qu'on pût leur reprocher de se désintéresser des malheurs publics : Florentins, Lucquois, Siennois, Génois, Allemands, payèrent très largement leur dette d'hospitalité, et la plus forte cotisation fut celle d' « un bon Allemand », qui donna 500 livres. Le *bon Allemand* était un homme d'humble extraction, nommé Scheuenpflug ; il s'était enrichi et se faisait appeler Jean Kleberg ; veuf de la fille du célèbre Nurembergeois Willibald Pirkheimer, il deviendra plus tard tout à fait Français par son mariage avec la veuve d'un marchand parisien, brûlé pour hérésie.

Les cinq hôpitaux qui devaient centraliser les secours une fois désignés, on fit faire dix mille jetons qui portaient chacun le nom d'une de ces cinq maisons, et les notables avancèrent immédiatement, sans attendre le premier recouvrement des cotisations, l'argent nécessaire à la fabrication de pains de deux livres. Le lendemain, 19 mai, tous les indigents furent convoqués aux Cordeliers, on remit à chacun un pain — c'était le plus urgent — et un jeton ; au fur et à mesure de la distribution, on enregistrait les noms de tous ces malheureux. Le jeton leur donnait droit de se présenter à l'hôpital dont il portait le nom, et d'y recevoir chaque jour « aumône de pain, potage et chair ». Cette première distribution ne se fit naturellement pas sans amener quelques désordres. Au bruit qu'on allait nourrir les pauvres, beaucoup découvrirent tout soudain qu'ils l'étaient, et le nombre de ceux qui se présentèrent aux Cordeliers dépassa toutes les prévisions : il en vint 7 ou 8000 ; il fallut leur distribuer le pain qui avait été préparé pour deux jours, et encore s'en procurer chez les boulangers. De six heures du matin à deux heures les distributeurs de pains et de jetons ne chômèrent pas un instant.

Ce n'est qu'à partir du lendemain que le nouveau service put régulièrement fonctionner : à partir de huit heures du matin, on remit à tout porteur de jeton une livre et demie de pain, une soupe, « et une petite pièce de chair, et fut donné quelque peu de vin aux étrangers ». Car les indigents étrangers n'avaient pas droit, en principe, aux avantages conférés aux Lyonnais ; ils n'étaient pas logés dans les cinq hôpitaux, mais dans des « cabanes d'ais », c'est-à-dire des huttes en planches qu'on leur avait construites près d'Ainay, et qui étaient intérieurement garnies de paille. On ne pouvait d'ailleurs éternellement garder près de la ville cette population flottante ; le 9 juillet, c'est-à-dire après environ deux mois de séjour, on les congédia, non sans les avoir munis d'une « bonne aumône ».

Ce premier et timide essai d'assistance publique réussit à merveille, au moins à en croire l'enthousiasme manifesté par les contemporains. Un érudit Lyonnais fort connu, Jean de Vauzelles, écrivait dès la fin de mai (1531) un petit livret, qui fut publié la même année, sur la *Police subsidiaire de cette quasi infinie multitude des pauvres survenue à Lyon sur le Rhône*[1]. Il déclare qu'on a vu se renouveler à Lyon le miracle de la multiplication des pains ; il demande que, pour éviter le retour de la disette, tout notable soit tenu de conserver chez lui, outre sa provision personnelle, dix ânées de blé, et qu'on reçoive les mendiants dans un hôpital suffisamment renté. Ainsi, il n'y aura plus de vagabonds, les enfants des pauvres apprendront des métiers, une vraie communion mystique unira bienfaiteurs et assistés, et l'on apaisera par ce moyen la colère divine, qui a déchaîné contre la chrétienté deux grands fléaux : les Turcs et Luther. Vauzelles désire donc, en somme, qu'on rende permanente l'organisation adoptée le 18 mai ; il la trouve si parfaite qu'il a publié son livre pour que les autres villes soient tentées d'imiter Lyon : « le tout, dit le titre, fort exemplaire pour toutes autres cités ». La *Police* est imprimée sans doute à Toulouse par un Lyonnais émigré, elle est adressée à un marchand de cette ville, « pour la communiquer aux habitants d'icelle ». — Au début de 1532, c'est le célèbre hébraïsant Sanctes Pagnini qui demande au consulat de continuer ce qu'il a si bien commencé. Les consuls promettent de faire le possible avec les fonds municipaux et de se renseigner auprès des commis de la première « aumône ».

---

(1) Réimpr. en 1875 par le président Baudrier.

II

La souscription de 1531 avait laissé un reliquat de 386 livres. En conséquence on vota, le 18 janvier 1532, la transformation en un service régulier de ce qui jusqu'alors n'avait existé qu'à titre extraordinaire ; et tel fut l'humble début de la puissante organisation d'assistance connue sous le nom de « *Grande Aumône* de Lyon [1] ».

L'administration centrale de l'Aumône fut confiée à un très petit nombre de fonctionnaires. Huit commissaires, soit quatre pour le côté de Saint-Jean (rive droite de Saône), quatre pour Saint-Nizier (entre Rhône et Saône), prirent le titre de *Recteurs de l'Aumône*. Élus à l'origine pour deux ans, ils furent ensuite renouvelés par an et par moitié ; ils étaient responsables de tout ce qui concernait l'Aumône. Deux d'entre eux, qui étaient trésoriers, avaient chacun une clef de la caisse, mais ne pouvaient faire aucun paiement sans un mandat signé de leurs six autres collègues ; tous les ans, à la Noël, ils présentaient leurs comptes et dressaient l'inventaire des biens de l'Aumône ; à l'expiration de ses deux années de charge, chaque trésorier devait mettre son successeur au courant. Les fonctions des recteurs étaient purement honorifiques et ne donnaient droit à aucun salaire : « Pour tout loyer et récompense ils attendent la grâce de Dieu. » — Sous les ordres du *bureau* se trouvaient un marchand de blé et onze employés payés : un secrétaire, qui devait être notaire royal ; un clerc, un « aumônier » (c'est-à-dire

---

(1) Le règlement officiel, plusieurs fois publié au xvi⁰ siècle, se trouve dans Paradin, qui l'a reproduit presque en entier (p. 285-296), comme Rubys (*Hist.*, p. 366) l'en accuse.

un distributeur d'aumônes) ¹, quatre bedeaux chargés de
la police des pauvres, un meunier et un boulanger, et (car
on voulait aussi distribuer aux enfants pauvres le pain de
l'esprit) un maître et une maîtresse d'école. — Les locaux
se composaient uniquement, en dehors des hôpitaux, d'une
chambre aménagée pour les séances du bureau dans le
couvent de Saint-Bonaventure (Cordeliers), d'une bou-
langerie, d'un grenier, d'un serre-bois et d'un moulin sur
le Rhône. Enfin, comme il faut tout prévoir, les consuls
affectèrent une des tours de l'enceinte à l'incarcération des
pauvres qui se mutineraient. — Le bureau tenait chaque
dimanche matin une séance fermée, et le dimanche après
midi il y avait « bureau public », c'est-à-dire que les
recteurs recevaient et examinaient toutes les demandes
de secours.

Les ressources de l'Aumône se divisaient en ordinaires
et extraordinaires. En premier lieu on inscrivit sur deux
registres (l'un pour les clercs, l'autre pour les laïques)
le nom des personnes qui s'engageaient à verser une cotisation régulière, avec le montant de cette cotisation. Les
sommes étaient recueillies, de mois en mois ou de semaine en semaine, par soixante-quatre bourgeois appelés
quaterniers, nommés à raison de deux par quartiers. Ce
système était spécial aux habitants de nationalité française ; les étrangers se groupaient par nation, faisaient
leur collecte entre eux, et en remettaient directement le
montant aux trésoriers de l'Aumône.

Les ressources extraordinaires étaient très variées. Des
troncs furent disposés dans toutes les églises, généralement gardés par deux orphelins, qui devaient faire appel
à la générosité de la foule. Les jours de fête, c'étaient les

____

(1) On lui adjoignit quatre aumôniers pour la ville, plus un « aumônier des passants étrangers ».

recteurs eux-mêmes qui se rendaient, un tronc à la main, dans les endroits les plus fréquentés, dans les églises et sur le pont de Saône. On alla même jusqu'à placer d'autres troncs, des boîtes en bois portant cette inscription : Pour les Povres, dans toutes les hôtelleries et boutiques. Tous les trois mois, six recteurs levaient tous les troncs et en portaient le contenu aux trésoriers. L'Aumône recevait encore des dons, parfois anonymes. Jean Kléberg passe pour lui avoir ainsi donné secrètement, en trois ans et demi, plus de 2 300 livres. Les notaires de Lyon étaient tenus, lorsqu'ils avaient à rédiger un testament, de recommander à leurs clients les legs en faveur de l'Aumône. C'est ainsi que le célèbre imprimeur Guillaume Roville, mort en 1589, institua sa fille aînée héritière universelle à charge de payer à l'Aumône cent écus d'or[1]. Déjà Etienne de la Forge, le beau-fils du *bon Allemand*, avait légué, en 1563, bien qu'il vécût alors à Genève, cent livres tournois à l'institution que son beau-père avait contribué à fonder.

Quel usage les recteurs faisaient-ils de ces richesses ? Au premier rang de leurs préoccupations figure la protection des orphelins. Les garçons furent logés au prieuré de la Chana, sous la direction d'un maître d'école ou pédagogue pour les instruire et « endoctriner ». Les filles étaient à Sainte-Catherine, sous la direction d'une maîtresse, et ne pouvaient sortir que conduites par elle. Elle leur apprenait « à filer, à coudre en divers ouvrages, à aucunes à lire, selon ce à quoi elle juge leur esprit être enclin et propre ». Notons en passant, ce qui a son intérêt

---

(1) Plus 50 écus à l'Hôtel-Dieu. Sa maison *de l'Ange* devait être administrée par les recteurs, pour les revenus en être remis tous les cinq ans aux plus pauvres de ses descendants ; en cas d'extinction, elle reviendrait à l'Hôtel-Dieu. Ces conditions sont encore observées. Voy. Flurer, *la Fondation de Rouville (Société des Amis de l'Université de Lyon*, déc. 1897).

pour l'histoire de l'industrie lyonnaise, qu'elle doit aussi leur enseigner « à dévider la soie, qui maintenant se fait à Lyon ». Mais les recteurs ne se croyaient nullement dégagés de leurs obligations vis-à-vis des orphelins lorsque ceux-ci avaient terminé leur éducation. Tous les dimanches six d'entre eux se rendaient à la Chana et se faisaient présenter par le maître « les enfants qui se trouveront d'âge pour servir quelques gens de bien, afin d'en bailler à ceux qui en demandent, soit pour servir, ou pour apprendre métiers, ou pour enfants adoptifs ». Au besoin on peut les placer à l'essai, pour huit ou quinze jours; s'ils sont agréés au bout de ce temps, l'Aumône les habille à ses frais pour la première année. S'ils quittent leurs maîtres, s'ils tombent malades, et que leurs maîtres « ne les veuillent nourrir », ceux-ci doivent immédiatement le notifier au bureau, dont le secrétaire tient registre exact de ces pupilles. C'est une véritable tutelle, matérielle à la fois et morale, que l'Aumône exerce sur eux; il est vrai que s'ils meurent en service l'Aumône se porte héritière de leurs biens.

De même pour les filles. Il n'avait pas paru convenable que six graves bourgeois s'en allassent chaque dimanche inspecter le virginal troupeau; mais leur maîtresse était mandée au bureau pour faire connaître celles qu'on pouvait placer. Une fois par an, les recteurs devaient faire une « revue » de toutes celles qui étaient en place, s'enquérir soigneusement, tant auprès de leurs maîtres qu'auprès des voisins, de leur situation et de leurs faits et gestes, rechercher « si elles font leur devoir, et si leurs maîtres et maîtresses font le leur de les instruire et apprendre, comme ils ont promis en les prenant ». On ne nous dit pas, mais il est vraisemblable, que, s'ils étaient mécontents de cet examen, les recteurs retiraient aux maîtres indignes ou négligents les orphelines qui leur avaient été confiées.

A côté de l'éducation, du placement et de la surveillance des orphelins, le bureau avait à s'occuper du soin des malades, qui étaient hospitalisés à l'Hôtel-Dieu. On imagina — tant la charité est ingénieuse — de les faire servir par des « femmes repenties » : c'était soulager, d'un seul coup, deux misères. Avec ceux de la ville on admettait également les malades étrangers et, lorsqu'ils étaient guéris, on leur remettait quelque somme d'argent, proportionnelle au chemin qu'ils avaient à faire pour se rapatrier.

Restaient les secours à distribuer aux indigents proprement dits. Ces secours, en pain et en argent, étaient réservés aux résidants, « pauvres ménagers chargés de femme et d'enfants et de maladie ». Pour éviter l'encombrement, on conserva le règlement de 1531, soit la distribution en cinq lieux différents (la Chana, Saint-Georges, Saint-Bonaventure, les Jacobins et les Carmes); chaque pauvre, muni d'un billet signé de deux recteurs et du secrétaire, avait droit, par semaine, à douze livres de pain et à un sol tournois. Ceux qui avaient une nombreuse famille pouvaient recevoir une aumône double ou triple, « à la discrétion des seigneurs recteurs »: Les âmes charitables avaient même, en ces rudes époques, de singulières délicatesses : on s'avisa que les pauvres vieillards édentés « ne peuvent manger pain »; on leur donna, au lieu de pain, quatre ou cinq sols. Les veilles des fêtes, tous les indigents recevaient un double secours en argent, afin qu'en leur âme de gueux rayonnât un peu de cette joie qui resplendissait par les rues de la grande cité.

Pour sincère qu'elle fût, la charité des recteurs ne dégénérait ni en prodigalité ni en faiblesse. Chaque année ils devaient faire une visite domiciliaire de tous les assistés, à la suite de laquelle ils rayaient des listes tous ceux qui étaient en état de subvenir à leurs besoins par le travail. A Pâques avait lieu une procession générale de tous les pauvres, destinée à la fois à permettre au bureau de passer la revue de tous ses protégés, et « à montrer publiquement au peuple les charges de ladite aumône et le nombre des pauvres ». Après Pâques, les recteurs vont eux-mêmes surveiller les distributions; et s'ils remarquent dans la foule un pauvre assez valide pour « gagner sa vie le long de l'été », pendant le temps des moissons, vendanges et semailles, ils doivent « le casser de l'aumône », quitte à le reprendre à la Saint-Martin, s'il n'a pu d'ici là s'assurer un travail régulier.

Cette organisation si simple et si sage[1] fut complétée et fortifiée par l'intervention du pouvoir central, qui procéda, selon son usage en ce temps-là, par voie de prescriptions impératives et dures. Le 3 mars 1533, le lieutenant du Peyrat interdit la mendicité, en même temps qu'il défend de donner aux mendiants; les « marauds », ceux que nous appellerions les *sans-travail*, devront quitter la ville dès le lendemain, ou bien aller travailler aux fossés, le tout sous peine de fouet et de bannissement; les pauvres « qui sont enrôlés et qui ont billets pour avoir aumônes », c'est-à-dire les assistés, doivent se rendre aux lieux qui leur sont désignés, sans mendier aux églises et aux portes des maisons, ceci encore sous peine de fouet; on devra dénoncer au commis de l'aumône tout possesseur d'un billet « où il n'y aura pitié », c'est-à-dire tout faux pauvre; les indigents de passage

---

[1] Et presque purement laïque. On a été parfois jusqu'à y voir une création protestante, mais sans preuves.

pourront se présenter aux Cordeliers pour y recevoir une seule aumône par jour, et pour une fois seulement.

La sévérité de ces mesures est assurément peu conforme aux idées et aux mœurs de notre temps; notre sensibilité répugne à cette réglementation de la misère. Mais, dans l'ensemble, l'Aumône était une institution bien conçue, efficace et peu coûteuse; l'hospice lyonnais de la Charité est une de ses créations; sa fortune a été le point de départ de celle que possède aujourd'hui l'administration hospitalière de Lyon. Enfin, grâce à son organisation méthodique et à son fonctionnement aisé, elle a servi de modèle à bien des essais de ce genre, notamment, comme Louis XV le reconnaissait par lettres patentes de 1729, à l'Hôpital général de Paris. Elle n'était pas parfaite, mais qui sait si les réformateurs modernes auraient tort d'étudier d'un peu près le mécanisme de cette vénérable institution ?

TABLE DES MATIÈRES

jointe à celle des pouvoirs publics, a eu pour effet de maintenir la stabilité des salaires, c'est-à-dire, en réalité, de les déprimer.

ments entre eux, p. 198. 2° Résistance des ouvriers, p. 202. Edit du 19 novembre 1541, p. 207.

III. *Les suites de la grève*, p. 207. 1° Procès de 1542-44. 2° Edit de Gaillon, de 1571, p. 210. 3° Factum des ouvriers, p. 215. Factum des maîtres, p. 224. 4° Déclaration de 1572, p. 226.

IV. Conclusion, p. 230.

I. La famine de 1529-1530, p. 236. Cotisations. Distribution des secours.

II. Organisation régulière de l'*Aumône*, p. 240. Les recteurs, le bureau. Recettes et dépenses. Les adoptifs de l'Aumône, p. 243